VIDA Y PENSAMIENTO DE MÉXICO

INVENTORES DE TRADICIÓN:
ENSAYOS SOBRE POESÍA MEXICANA MODERNA

SERIE
ESTUDIOS DE LINGÜÍSTICA Y LITERATURA
XXXVIII
CENTRO DE ESTUDIOS LINGÜÍSTICOS Y LITERARIOS
EL COLEGIO DE MÉXICO

ANTHONY STANTON

Inventores de tradición: ensayos sobre poesía mexicana moderna

EL COLEGIO DE MÉXICO

FONDO DE CULTURA ECONÓMICA
MÉXICO

Primera edición, 1998

D. R. © 1998, EL COLEGIO DE MÉXICO
Camino al Ajusco, 20; Pedregal de Santa Teresa
10740 México, D. F.

D. R. © 1998, FONDO DE CULTURA ECONÓMICA
Carretera Picacho-Ajusco 227; 14200 México, D. F.

ISBN 968-16-5323-8

Impreso en México

A Corina,
hacedora de tradiciones

El hecho es que cada escritor *crea* a sus precursores.

BORGES

Ese culto a los muertos me repugna. El *ayer* hay que buscarlo en el *hoy*.

ANTONIO MACHADO

Qui pourrais-je imiter pour être originel?, me decía yo. Pues, a todos.

DARÍO

La crítica es lo que constituye eso que llamamos una literatura y que no es tanto la suma de las obras como el sistema de sus relaciones.

PAZ

PRÓLOGO

Reúno en este libro una selección de mis ensayos sobre poesía mexicana moderna. De los nueve textos, dos son totalmente inéditos, un tercero lo es en su mayor parte y los restantes fueron publicados en versiones más breves en revistas y libros colectivos. El lector encontrará, en la nota final de cada ensayo, los datos pertinentes sobre publicaciones previas. El título proviene del texto más viejo, el que ahora se llama "Tres antologías: la formulación del canon", escrito en 1988, pero no sería exacto decir que el libro nació en obediencia a un plan preconcebido. En realidad, fue después de haberlos escrito y de haber pensado en su denominador común cuando me di cuenta de que estos ensayos respondían a una misma preocupación que hoy parece ser más bien una obsesión: ver cómo se crean y cómo se modifican las tradiciones poéticas.

Persiste todavía cierta visión maniquea según la cual existe un conflicto irreconciliable entre la renovación poética propuesta por la modernidad y lo que llamamos tradición. Para los que piensan así, la modernidad está condenada a destruir lo tradicional para poder afirmarse al mismo tiempo que las tradiciones deben ser conservadas de manera artificial para protegerlas de los embates de la fuerza modernizadora. Mi punto de vista es muy distinto. Lejos de ver la tradición como una inercia que se hereda pasivamente del pasado o como un dogma impuesto por la autoridad, he preferido subrayar su aspecto creador: las tradiciones también se inventan y las que son capaces de sobrevivir se transforman para adecuarse al presente. Por otro lado, la modernidad ha tenido tiempo para volverse tradición. Algunas de las innovaciones literarias más radicales son *renovaciones:* se hacen a partir de la actualización de un autor lejano o de una corriente olvidada. La poesía no siempre cambia mediante la incorporación de elementos novedosos extraídos del presente; con frecuencia se modifica al rescatar recursos o formas del pasado, sobre todo los que han perdido su prestigio o posición jerárquica (como

9

en los casos de Góngora y Sor Juana en el mundo hispánico antes de 1927). Reconozco la deuda que tiene esta visión de la evolución literaria tanto con las reflexiones de Harold Bloom sobre el funcionamiento de las influencias poéticas como con las búsquedas pioneras de los formalistas rusos, uno de cuyos miembros más lúcidos, Jurij Tynjanov, señaló en 1929 que la ruptura con el pasado inmediato implica muchas veces la identificación con un pasado más remoto: "En la lucha con su padre, el nieto acaba por parecerse a su abuelo".

Sin embargo, aclaro que no me identifico de manera incondicional con ninguna postura teórica en particular y todavía menos con lo que se suele llamar un "método". Las fuentes de inspiración para las ideas desarrolladas aquí han sido, en primer lugar, los poemas y ensayos de los mismos poetas y, en segundo lugar, algunas de las interpretaciones y lecturas realizadas por la crítica. Es triste comprobar en los estudios literarios de las últimas décadas que la relación —potencialmente fructífera— entre teoría y crítica termina con frecuencia en empobrecimiento mutuo. La crítica que se subordina a una teoría determinada, pensando que esta afiliación le garantiza seriedad científica, tiende a producir aplicaciones mecánicas y reduccionistas. El prestigio de la teoría engendra repetidamente una actitud de idolatría cuando no de soberbia dogmática, sobre todo en un ámbito como el académico, en el cual abundan las certezas sistemáticas y escasean la duda, la desconfianza y la independencia. Y es un hecho (lamentable pero incontrovertido) que el estudio de la poesía (y de la literatura en general) tiende a realizarse cada vez más en los reducidos recintos de las universidades.

Mi aversión a la uniformidad y rigidez metodológicas tiene como corolario una repugnancia por la jerga especializada que utilizan algunas sectas doctrinarias. En ciertas ocasiones los tecnicismos son necesarios, pero las más de las veces la adopción de una terminología abstrusa funciona como una máscara pretenciosa que sólo beneficia a los que quieren dar gato por liebre. La función de la crítica debe ser la de *iluminar* su objeto de estudio y no oscurecerlo bajo pesadas capas de abstracción ni tomarlo como pretexto para la comprobación del Método. He escrito para ser comprendido por cualquier lector que tenga conocimientos mínimos de la poesía y aun por el que no posea más que un auténtico interés —llámese curiosidad o pasión— en el arte de escribir y leer versos. Cada objeto de estudio requiere un acercamiento específico, un mapa intransferible. Al mismo tiempo, reconozco que cada uno de estos ensayos postula y comparte una visión muy singular de la tradición poética, visión que intentaré resumir a continuación. El poeta moderno da vida a ciertos poetas muertos y a algunas tradiciones del pasado en la medida en que los resucitados se vuelven parte constitutiva de la modernidad. La línea de causalidad opera en dos sentidos. Como señala el epígrafe de Borges, los modernos crean a sus precursores reescribiendo el pasado a la vez que los antecesores parecen rehacer el presente en cada actualización. El adelantado, el que anticipa lo que vendrá, sólo aparece como tal al sucesor y éste sólo cobra sentido en relación con aquél. Se trata de un complejo proceso dinámico que puede abarcar unos cuantos años o muchos siglos. Al considerar este tipo de relación, es de un reduccionismo empobrecedor hablar de un presente activo y de un pasado pasivo, como también lo es sostener que sólo el pasado moldea el presente. Los verdaderos clásicos son siempre actuales. En una tradición literaria *viva* deja de tener sentido la oposición tajante y excluyente entre pasado y presente, de la misma forma en que pierde validez la unidireccionalidad de la influencia. Hay que buscar el pasado en el presente, como diría Antonio Machado. Uno de los aspectos más fascinantes para el estudioso de la evolución literaria es la comprobación de que el testamento que redacta el que lega nunca coincide con el inventario que levantan los herederos. Como en el mundo de los bienes materiales, el legado es materia de disputas y querellas, pero en las transmisiones de la tradición literaria, donde no hay albaceas, los herederos crean sus propias leyes (necesariamente apócrifas) para mostrar la legitimidad y autenticidad de sus reclamaciones.

Tres ensayos de este libro consideran casos de apropiación y actualización de poetas clásicos: la actitud de los Contemporáneos ante Sor Juana Inés de la Cruz; la utilización que hacen Pedro Henríquez Ureña, Xavier Villaurrutia y Octavio Paz de la figura de Juan Ruiz de Alarcón; y la sorprendente lectura transhistórica que hace Paz de una parte de la poesía de Quevedo. En estos casos se ve con claridad que el rescate de figuras y tradiciones es un acto creador animado no por una fidelidad objetiva al pasado sino por necesidades subjetivas de la hora actual. Indagar cómo el *Sueño* de Sor Juana está presente en *Muerte sin fin* de Gorostiza o cómo ciertos poemas religiosos y amorosos de Quevedo son aludidos y transformados por Paz implica estudiar la tradición como un vasto tejido de relaciones intertextuales. Lo que llamamos "originalidad" sólo es posible a partir de una confrontación con textos ya existentes. La confrontación puede tomar la forma de un homenaje o —como en Gorostiza y en Paz— la de una lucha polémica. Los poetas son, en primer lugar, lectores de otros poetas y tal vez sea cierta la idea de que empiezan a escribir al no encontrar en los demás el poema que quieren leer.

Otro tema que atraviesa estas páginas es el de los vasos comunicantes entre la poesía mexicana moderna y otras tradiciones, sobre todo la española y, en menor medida, las de lengua francesa y de lengua inglesa. Los propios poetas han demostrado la necesidad de relacionar la tradición nacional con autores, corrientes y obras de otras latitudes, en lugar de verla como un sistema cerrado. A partir del siglo XVI México vive un diálogo intenso con otras culturas y no sería una exageración decir que incluso las dos posiciones extremas de la imitación y el rechazo de modelos foráneos son actos que han propiciado el autoconocimiento. Si los intercambios, préstamos e influencias son el estado natural de una cultura viva, hay que reconocer que la traducción ha desempeñado un papel esencial en el dinamismo de este fenómeno. La traducción ha sido entendida y ejercida por muchos poetas mexicanos (Reyes, Villaurrutia, Novo, Paz, García Terrés, Segovia, Pacheco, Rivas...) no como imitación pasiva sino como recreación difícilmente distinguible de la creación original.

Este libro aspira a ser una exploración de algunos hitos importantes en la evolución de la poesía en México en la primera mitad de nuestro siglo, a la vez que un estudio de las distintas manifestaciones de la idea rectora de la invención y reformulación de tradiciones. He privilegiado el análisis detenido sobre la descripción panorámica pensando que así se puede ganar en profundidad lo que inevitablemente se pierde en amplitud. En vez de levantar un mapa exhaustivo o un inventario repleto de nombres, obras y fechas, he preferido instalarme en ciertos lugares estratégicos —los cruces de caminos, los puntos de intersección—

y, desde allí, salir a despejar unas cuantas zonas poco exploradas, a pesar de que sus nombres son conocidos. Lo que me interesa no es tanto la extensión espacial de una tradición poética como su profundidad histórica, el espesor de las capas superpuestas que se pueden desenterrar en las calas y los sondeos del análisis.

No es difícil ver en estas páginas los nombres recurrentes de mis intereses: Reyes, los Contemporáneos, Paz... Estos gustos nacen de una convicción general: si algún poeta y ensayista domina la primera mitad del siglo xx en México, esta figura se llama Alfonso Reyes; creo que Octavio Paz cumple un papel semejante en la segunda mitad del siglo. No cuestiono, desde luego, la validez y la necesidad de estudiar todas las otras figuras, incluso las menores o más marginales, pero me pregunto si no es poco lo que podemos decir acerca de una tradición poética si todavía no conocemos bien la obra de esas presencias axiales que han trazado los caminos que otros recorren. De ahí mi interés en los artífices mayores.

Fiel a la lógica combativa de cierta poesía moderna, el hilo que enlaza a los escritores nombrados no es de mansa continuidad sino de ruptura. Los que inician esta lógica polémica son los modernistas, los fundadores de nuestra modernidad poética. En las sucesivas rupturas que constituyen la modernidad, la tradición se pluraliza, la homogeneidad monolítica se fractura y se abren más posibilidades a la creación. La imagen que se me ocurre como la más idónea para describir esta multiplicación heterogénea nada caótica es la arborescente: del tronco central del árbol fijo en la tierra de la tradición colectiva nacen ramas, hojas y flores que se diversifican en busca de libertad individual sin perder jamás su nexo con el origen. La fuerza del árbol reside en la columna compacta, pero la belleza está en las ramificaciones.

Reyes, los Contemporáneos y Paz ejemplifican otra inquietud que atraviesa estos textos: la relación entre creación poética y reflexión sobre la poesía. En la época moderna tiende a predominar el modelo del poeta que elabora en prosa sus ideas acerca de la poesía. México no es excepción a esta regla general. Sus mejores ensayistas suelen ser poetas: Gutiérrez Nájera, Nervo, Reyes, Torres Bodet, Villaurrutia, Novo, Cuesta, Paz, Segovia, Zaid y Pacheco. Al sentir con frecuencia la tentación o la necesidad de incursionar en la prosa, el poeta no siempre está consciente de que el discurso ensayístico puede funcionar no sólo como imitación y prolongación de la lírica sino también como réplica y hasta contradicción. Poesía y ensayo: dos géneros que viven en comunicación fecunda, unidos por una relación de oposición complementaria. Cuando en mis textos busco confrontar la poesía y la prosa de un mismo autor o de varios, lo que me interesa indagar son no tanto los espejos simétricos entre creación y reflexión como las discordancias y tensiones que resultan —creo— más reveladoras.

Octavio Paz nos ha enseñado que una tradición poética no es un simple conjunto de obras sino un sistema de relaciones que permite articular ciertos textos entre sí y situarlos frente a otros de la misma o de distintas tradiciones. La creación y la crítica son diferentes modos de explorar, construir y modificar este tejido de relaciones que conforma el organismo vivo de la tradición. En este sentido, el título de este libro abarca dos de los significados de la palabra invención: descubrimiento y creación. *Inventores de tradición* quiere contribuir a la tarea de forjar perspectivas. Tales son los objetivos que animan estos ensayos. Al igual que el creador, el crítico sólo puede describir sus intenciones.

El libro tiene cuatro divisiones: una "Entrada en materia" y tres partes. La "Entrada" consta de un solo ensayo —el más extenso del libro—, "Tres antologías: la formulación del canon". Es un examen del papel fundamental de tres antologías en la constitución del canon de la poesía mexicana moderna. A caballo entre la creación y la crítica, la antología es un tipo de texto poco estudiado. Sin embargo, se trata de un instrumento importantísimo para la creación y modificación de tradiciones poéticas. Analizo con detenimiento la *Antología de la poesía mexicana moderna*, la selección fundadora firmada por Jorge Cuesta en 1928, y dos de sus descendientes: *Laurel* (1941) y *Poesía en movimiento* (1966).

La primera parte, "Apropiaciones", reúne dos ensayos que exploran sendos casos de redescubrimiento y utilización de poetas clásicos por parte de poetas modernos. Quise entender, en "Sor Juana entre los Contemporáneos", cómo y por qué algunos poetas mexicanos (Cuesta, Villaurrutia, Ortiz de Montellano y, sobre todo, José Gorostiza) se acercaron a la figura y la obra de Sor Juana Inés de la Cruz. Las páginas finales estudian, en varios niveles, las semejanzas y diferencias entre el *Sueño* de Sor Juana y *Muerte sin fin* de Gorostiza, tarea que nadie ha llevado a cabo hasta ahora. "Alarcón y la construcción de la tradición poética nacional" examina la forma en que escritores de tres generaciones (Pedro Henríquez Ureña, Xavier Villaurrutia y Octavio Paz) utilizaron a Alarcón para justificar la existencia de una poesía nacional con sus "notas distintivas". Se trata de un ejemplo revelador de proyección retrospectiva de rasgos del "alma nacional" con el fin de mostrar una supuesta continuidad histórica entre la Nueva España y el México moderno.

"Fundaciones", segunda parte del libro, consta de tres ensayos que analizan otros tantos momentos decisivos en la conformación de la tradición poética moderna en México. En "Poesía y poética en Alfonso Reyes" se estudian tanto las ideas de Reyes sobre la poesía como su práctica poética en aquellos textos que tienen por tema la poesía misma. Mi interés en la figura de Reyes obedece a la posición incómoda de este poeta y ensayista cuya visión de la tradición es anterior, independiente y alternativa a la que propugnan las vanguardias. En vez de ser un anacronismo, el clasicismo de Reyes aparece como una estética de conciliación entre lo nuevo y lo viejo: es decir, constituye una forma distinta de entender y practicar la tradición. Por otra parte, no es difícil percibir en la literatura mexicana un linaje que tiene su matriz en la obra fundadora de Reyes. El texto sobre "Los Contemporáneos y el debate en torno a la poesía pura" examina otro fenómeno poco comentado: el de las distintas versiones de "poesía pura" que circulan en los años veinte y treinta entre los miembros del grupo mencionado y la manera en que el debate acerca de la estética purista se lleva a cabo en las reseñas y notas que escriben unos sobre otros. Este ensayo de poética comparada puede verse como un intento de destacar la unidad heterogénea del "grupo sin grupo": a partir de un estímulo inicial parecido, cada uno llega a una posición individual diferenciada. En "Salvador Novo y la poesía moderna" quise comprender la trayectoria poética de un escritor más conocido por su escandalosa leyenda personal, por su prosa o por su teatro. Aquí indago también el papel esencial que puede desempeñar la traducción en la renovación de tradiciones literarias: las versiones que hace Novo hacia 1923 de la nueva poesía norteamericana ofrecen un ejemplo de innovación que el propio autor utiliza y perfecciona en sus *XX poemas* antes de medirse en la tradición culta de la lírica amorosa en *Nuevo amor.*

Si Reyes y los Contemporáneos representan modelos distintos de fundación de una modernidad poética, en la obra de Octavio Paz se encuentra una conciencia todavía más aguda de lo que significa la inserción de un poeta moderno en la tradición. Como artífice e intérprete de tradiciones, Paz tiene un lugar central que no se limita, desde luego, al ámbito mexicano y que es comparable a los casos de Borges, Valéry, Eliot y Pound. Gran parte de la obra poética y ensayística de Paz puede verse como una exploración de las múltiples formas en que un escritor descubre y crea a sus precursores. En "Encuentros y desencuentros", tercera y última parte del libro, se analizan tres de los diálogos que Paz ha mantenido con poetas de la tradición hispánica. "Octavio Paz y la sombra de Quevedo" rastrea la intensa fascinación que ejerce el poeta español en dos momentos distintos de la obra de Paz: hacia 1942 se da una influencia avasallante sobre la poesía y la poética del mexicano; hacia 1960 se rinde un homenaje más polémico en forma de una serie de variaciones y transformaciones en torno al más célebre de los sonetos amorosos del poeta barroco. En "Alfonso Reyes, Octavio Paz y el análisis del fenómeno poético" se comparan y se contrastan las poéticas de estos dos escritores que tienen visiones casi totalmente opuestas de la tradición poética moderna. Se confirma así la verdad encerrada en los epígrafes tomados de Antonio Machado: lo uno necesita de lo otro para definirse. "Luis Cernuda y Octavio Paz: convergencias y divergencias" es otro estudio comparativo y contrastante. Después de investigar las afinidades y desemejanzas entre las ideas que sobre la poesía tienen el mexicano y el español de la Generación de 1927, paso a confrontar algunas de sus creaciones poéticas. Se ve de nuevo que la influencia más fecunda genera respuestas y correcciones en lugar de ecos miméticos. Si en algún momento Quevedo, Reyes y Cernuda desempeñan el papel de padres poéticos del escritor en ciernes, hay que reconocer que Paz participa de manera decisiva en la invención de sus propios padres.

Los textos críticos también tienen su genealogía: presuponen unos precursores o puntos de partida y, si logran acicatear el interés de un lector receptivo, pueden engendrar descendientes. Yo mismo señalo con gusto mis deudas y disentimientos (el desacuerdo razonado es otra forma de reconocer al otro y romper el monólogo solipsista). Al hacer un elogio crítico de la poética del robo creador estoy consciente de que tanto en la creación como en la crítica la auténtica apropiación no es un reflejo mimético y pasivo sino una actividad dinámica que entraña una transformación de lo recibido.

Ahora que estos ensayos están dispuestos en el nuevo orden de un libro, saltan a la vista las interrelaciones de textos que fueron escritos como indagaciones autónomas. Si bien cada uno se puede leer como entidad autosuficiente que no necesita de los demás para sostenerse, los reúno porque me parece que conforman un conjunto unitario regido por las mismas preocupaciones e inquietudes. Son búsquedas convergentes, piezas que dialogan entre sí, miembros soberanos de una misma federación, hermanados por un proyecto común. La decisión de seleccionar y publicar el resultado es siempre una apuesta en contra del tiempo, y si someto a la prueba de la actualidad estos ensayos de un obsesivo lector de poesía es porque tengo la esperanza de que la curiosidad, el entusiasmo y la perplejidad plasmados en ellos logren contagiar a otros lectores.*

ANTHONY STANTON

Centro de Estudios Lingüísticos y Literarios,
El Colegio de México

---

* Todavía en manuscrito, el libro tuvo la suerte de contar con lectores exigentes. Aprovecho la ocasión para agradecer las observaciones y sugerencias de Antonio Alatorre, Tomás Segovia, James Valender y Gabriel Zaid.

ENTRADA EN MATERIA

I. TRES ANTOLOGÍAS:
LA FORMULACIÓN DEL CANON

> Tenéis —decía Mairena a sus alumnos— unos padres excelentes, a quienes debéis respeto y cariño; pero ¿por qué no inventáis otros más excelentes todavía?
>
> ANTONIO MACHADO

FUNCIÓN DE LA ANTOLOGÍA

El tema de las antologías poéticas como instrumentos esenciales en la creación, preservación y modificación de tradiciones es un campo relativamente virgen, sobre todo en el mundo hispánico. Es tal la carencia de estudios de tipo teórico que me veo obligado a plantear una pregunta elemental antes de avanzar: ¿qué es una antología? Extraigo una definición como punto de partida: "La antología es una forma colectiva intratextual que supone la reescritura o reelaboración, por parte de un lector, de textos ya existentes mediante su inserción en conjuntos nuevos".[1] Sean individuales o colectivas, obras de creadores o de críticos, hechas con criterio conservador o innovador, las antologías siempre postulan la posibilidad de una relectura de la tradición o de una parte de ésta. Es más: suelen surgir cuando se siente la necesidad de actualizar la relación entre el pasado y el presente. Como no es un texto convencional de creación o de crítica sino una nueva ordenación de un conjunto de textos preexistentes, la antología permite descubrir relaciones desconocidas entre obras conocidas además de establecer nexos entre éstas y obras recientes: su campo de trabajo es la intertextualidad y la recontextualización. Al incluir y excluir, al adoptar una disposición cronológica, temática o formal —o una mezcla de las tres—, al yuxtaponer y ordenar ciertos textos y al justificar con frecuencia su visión y sus criterios en un

---

[1] Claudio Guillén, *Entre lo uno y lo diverso: introducción a la literatura comparada* (Barcelona: Crítica, 1985), 413.

prólogo, los antólogos participan activamente en la creación de perspectivas que son fundamentales en la conformación de tradiciones. Se establecen redes de continuidad y de discontinuidad mediante la reubicación de textos en nuevos conjuntos significativos.

Las culturas suelen constituirse, consolidarse y perpetuarse a través de una selección de textos canónicos, en un principio casi siempre sagrados. En Occidente, la Biblia es el texto antológico por excelencia que cumple con esta función fundadora. La autoridad de los cánones culturales modernos no depende de la revelación divina sino de valores ideológicos seculares. Si pensamos en lo que es un canon literario y en su proceso de formación (digamos en el caso de la poesía, un género que se puede antologar fácilmente), salta a la vista la enorme importancia de las antologías y se entiende por qué los compiladores de éstas son, con frecuencia, los propios creadores, los más interesados en la reformulación del canon porque buscan insertarse en él.

Se ha reflexionado muy poco sobre la naturaleza y la función de las antologías. En el mundo hispánico, a pesar de que hemos contado con excelentes florilegios, el panorama de la conceptualización es decepcionante. En las páginas que siguen, después de hacer un breve repaso de dos hitos en esta reflexión, paso a analizar tres antologías que han tenido un peso decisivo en la conformación de la tradición poética en México. Dedico mucho más espacio a la primera, editada en 1928 por Jorge Cuesta, por tratarse de un texto fundador en muchos sentidos. Además, he tenido la fortuna de descubrir importantes documentos inéditos sobre la misma. En la parte final, exploro algunos hilos de descendencia de este texto matriz en dos antologías posteriores: *Laurel*, publicado en 1941, y *Poesía en movimiento*, editado en 1966.

En un breve ensayo escrito en 1930 Alfonso Reyes sueña con el novedoso proyecto de una especie de historia de la historia literaria: "se me ocurre una manera indirecta de escribir la historia de la literatura española, que consistiera, no en estudiar esta historia directamente, sino en dar noticia de dónde se la debe estudiar".[2] Cuando se pone a trazar la evolución de este nuevo género metaliterario, Reyes comprende que no puede prescindir de la an-

---

[2] "Teoría de la antología" [1930], en *La experiencia literaria*, recopilado en *Obras completas*, vol. 14 (México: Fondo de Cultura Económica, 1962), 137.

tología ya que ésta, al igual que las revistas de grupo, funciona simultáneamente como producto y como fuente de una visión de la historia literaria. Antes de sugerir caprichosamente algunos de los infinitos tipos de florilegio que se le antojaría hacer, el mexicano distingue entre dos clases de antología —"las hay en que domina el gusto personal del coleccionista, y las hay en que domina el criterio histórico, objetivo"— y sobre las primeras opina que "pueden alcanzar casi la temperatura de una creación, como lo sería una antología de buenos versos aislados que alguna vez he soñado hacer con la poesía de mi país".[3] Es evidente que Reyes ya jugaba con esta idea radical —que nunca llevó a la práctica— varios años antes de plasmarla por escrito puesto que les sirvió a algunos de los Contemporáneos como estímulo para la planeación de su antología, como lo demuestra el hecho de que Xavier Villaurrutia la menciona en "Cartas a Olivier", texto publicado en el número 2 de la revista *Ulises* en junio de 1927.[4]

Fiel al estilo ensayístico, Reyes no desarrolla sus intuiciones, pero cuatro años después, en 1934, con motivo de la aparición de una segunda edición de *Poesía española. Antología 1915-1931*, la famosa selección de Gerardo Diego que dio fisonomía y cierta unidad a la Generación del 27 en España, Pedro Salinas elabora una reflexión más sistemática y distingue entre tres tipos de antología: "la antología personal donde priva por completo el gusto del seleccionador... aquellas que representan una escuela o tendencia literaria, con exclusión de las restantes... [y] las que podríamos llamar históricas".[5] Para el poeta y crítico español, es de suma importancia tomar en cuenta el destinatario del florilegio: el primer tipo ignora al público, el segundo se dirige a un grupo minoritario de artistas y el tercero está dirigido a un público extenso al cual aspira a dar un amplio panorama lo más neutral e imparcial posible. Es error frecuente a la hora de juzgar una antología el aplicarle criterios distintos a los que rigieron su confección y el no darse cuenta de que el único criterio general de evaluación es

---

[3] Reyes, 138, 139.
[4] Esto ha sido señalado por Guillermo Sheridan, *Los Contemporáneos ayer* (México: Fondo de Cultura Económica, 1985), 313.
[5] "Una antología de la poesía española contemporánea", en *Literatura española siglo xx* [1941] (Madrid: Alianza, 1970), 132, 133.

el contenido, es decir, "la cantidad y la calidad de las poesías escogidas".[6] Con su característica perspicacia Salinas identifica la motivación y el sentido de las extensas revisiones y ampliaciones introducidas en 1934 en la segunda edición del libro de Diego y concluye: "la antología de Gerardo Diego ha dejado de ser una antología de grupo, de estilo, de aquellas que colocábamos en el segundo tipo de nuestra división, con la aspiración de convertirse en una antología histórica, de las del tercer tipo".[7]

Es posible que la primera y más combativa versión de la antología de Diego, editada en 1932, se haya inspirado en la *Antología de la poesía mexicana moderna* que apareció en México, en 1928, bajo el nombre de Jorge Cuesta. Aunque firmadas por un solo miembro del grupo, ambas selecciones son, en buena medida, obras colectivas, hecho que los dos antologistas subrayan en sus respectivos prólogos. Ejemplifican lo que Salinas llamaría antologías de grupo con una intencionada parcialidad y un afán exclusivista. Además, Octavio Paz ha observado que los dos libros comparten una visión de la poesía que podríamos resumir como purista.[8]

Los movimientos literarios modernos suelen expresar sus principios y metas, sus preferencias y odios, a través de manifiestos y programas doctrinarios. En este sentido, la revista y la antología han sido utilizadas como canales de transmisión de estas posturas colectivas, sobre todo entre los grupos vanguardistas. Aunque no se puede calificar unilateralmente de vanguardistas ni a la Generación del 27 en España ni a los Contemporáneos en México, es indudable que sus miembros se apropian, durante una etapa, de técnicas, recursos y rasgos de la sensibilidad de los novísimos movimientos de renovación. En el caso del grupo mexicano, no es fortuito que la revista del mismo nombre (*Contemporáneos*) haya nacido en forma casi simultánea en aquel año de 1928. Tanto la revista como la antología son intentos de darle al grupo identidad cohesiva y prominencia polémica. Si el estridentismo había representado desde 1921 la vertiente más ostentosa

---

[6] Salinas, 134.

[7] Salinas, 136.

[8] Véase "*Laurel* y la poesía moderna", el epílogo de Octavio Paz a *Laurel: antología de la poesía moderna en lengua española*, pról. de Xavier Villaurrutia, 2ª ed. (México: Trillas, 1986), 483-510.

(y exterior) del impulso vanguardista en México —con todos los atavíos futuristas de hélices y aeroplanos— les tocaría a los Contemporáneos asimilar y digerir algunas de las innovaciones de la vanguardia y, lo más importante, elaborar una visión crítica de la tradición anterior, situándose a sí mismos dentro de ella, en lugar de rechazar el pasado en bloque o presentarse sólo como un punto de partida, como ya lo habían hecho los estridentistas. El estridentismo, podemos decir hoy, fue más importante como actitud, como gesto de rebelión e inconformidad que por las obras que nos dejó.

La "Antología de la poesía mexicana moderna" (1928)

La *Antología de la poesía mexicana moderna* se imprimió con el sello de Contemporáneos en la editorial Cvltvra el 3 de mayo de 1928. La portada ostenta el nombre de Jorge Cuesta como editor y el prólogo, sin firma, lleva la indudable huella del polemista y ensayista más lúcido del grupo. Sin embargo, el prólogo, redactado en primera persona del plural, habla de "una labor colectiva que casi quisiéramos llamar impersonal".[9] Las dudas sobre la verdadera autoría del libro fueron tan pronunciadas que los primeros editores de las obras completas de Cuesta decidieron no incluir ningún texto del mismo en su recopilación de 1964 y ofrecieron la siguiente argumentación:

> No se incluyen el prólogo y las notas de la *Antología de la poesía mexicana moderna*, pues aun cuando Cuesta aparece firmando como responsable de la edición, se desprende por algunos testimonios de él mismo y de otros compañeros suyos que la redacción fue una obra colectiva. Si bien se tiene noticia de que las notas sobre algunos poetas se deben a Cuesta, es prácticamente imposible precisar con exactitud cuáles sean.[10]

[9] Prólogo a Jorge Cuesta, *Antología de la poesía mexicana moderna*, nueva ed., con una presentación de Guillermo Sheridan (México: Fondo de Cultura Económica, 1985), 41-42.

[10] Miguel Capistrán y Luis Mario Schneider, "Nota editorial" a Jorge Cuesta, *Poemas y ensayos*, 4 vols. (México: UNAM, 1964), 1: 8. En un evidente cambio de opinión los mismos editores deciden incluir el prólogo a la *Antología* —el cual, afirman erróneamente en una nueva "Nota de los editores", estuvo "firmado por Cuesta"— en la más reciente edición: Jorge Cuesta, *Obras*, ed. Miguel Capistrán *et al.*, 2 vols. (México: Ediciones del Equilibrista, 1994), 1: 8. Por su parte, en una

Estas dudas le han dado al libro un aura de misterio que complementa la nota de escándalo que provocó. El prólogo insiste, desde el principio, en la parcialidad de la perspectiva ofrecida. Justifica la ausencia de ciertos nombres con el criterio de evitar "repeticiones ociosas" y de destacar "diferencias necesarias", a la vez que argumenta que no es una antología de escuelas o de grupos sino de individuos que han logrado separarse de aquéllos: "Quien no abandona la escuela en que ha crecido, quien no la traiciona luego, encadena su destino al de ella: con ella vive y con ella perece".[11] Importa destacar la novedosa resignificación del concepto tradicional de influencia, según la cual los modelos positivos y benéficos no son los que generan repeticiones miméticas sino los que exigen prolongaciones, correcciones y hasta contradicciones:

> ¡Qué error pensar que el arte no es un ejercicio progresivo! Sólo dura la obra que puede corregirse y prolongarse; pronto muere aquella que sólo puede repetirse. Hay obras que no son sino una pura influencia, una constante incitación a contradecirlas, a corregirlas, a prolongarlas. Otras cuya influencia es estéril y que no producen fuera de ellas más que inútiles ecos.[12]

El criterio selectivo de la antología propone atender más a los poetas individuales que a las escuelas, y más a los poemas individuales que a los poetas. Se plantea la idea de que la personalidad única, liberada de grupos y corrientes, se expresa con plena libertad en poemas autónomos: "nuestro único propósito ha sido el de separar, hasta donde fue posible, cada poeta de su escuela, cada poema del resto de la obra: arrancar cada objeto de su sombra y no dejarle sino la vida individual que posee".[13] Privilegiar al poema aislado por encima de la fama o la reputación del poeta o de su obra, es obviamente un criterio esencialista y purista, a la manera de Juan Ramón Jiménez o de Paul Valéry, pero también es un criterio eminentemente crítico, pues implica el cuestiona-

"Nota a la segunda edición de los ensayos críticos de Jorge Cuesta" otra editora decide excluir el prólogo del canon y especula que el texto fue escrito al alimón por Cuesta y Villaurrutia: véase Jorge Cuesta, *Ensayos críticos*, ed. María Stoopen (México: UNAM, 1991), 29-30n24.

[11] Prólogo a la *Antología*, 39, 40.

[12] Prólogo a la *Antología*, 40.

[13] Prólogo a la *Antología*, 40.

miento de todo valor establecido y el afán de revisar y filtrar la herencia del pasado. El "rigor tímido" proclamado por el prologuista procede de la actitud crítica asumida por los jóvenes ante el pasado literario, actitud que Cuesta describe en otro ensayo con las palabras "desconfianza", "incredulidad" y "decepción".[14]

El rigor es "tímido", entonces, porque no nace del libre ejercicio del gusto sino del compromiso de elegir según el interés plasmado en los criterios de selección. Uno de los valores supremos del arte, para Cuesta, es el desinterés puro y se sospecha que el compromiso de un interés es ya una limitación impuesta por las necesidades de la antología. Pero el rigor anhelado se daña también en otro sentido. En medio del escándalo provocado por la antología —sobre todo por la omisión de figuras sagradas de la institución literaria, como Gutiérrez Nájera— hubo algunos reclamos que sí tenían cierta justificación. Como observa Guillermo Sheridan en su presentación a la reedición de la *Antología*, el mismo rigor empleado en las dos primeras secciones no se aplica en la tercera sección del libro, la que recoge la poesía de los miembros del grupo.[15] Aquí los elogios se multiplican en las presentaciones de cada poeta, salvo en los casos de Ortiz de Montellano y del estridentista Manuel Maples Arce, quien da la impresión de haber sido incluido a regañadientes, sólo para ser desprestigiado. Además, como la selección de la poesía de los miembros del grupo fue hecha por algunos de ellos mismos, se obstaculiza de antemano cualquier deseo de objetividad "purista". Si se piensa que la tercera sección acapara casi la mitad de las páginas del libro, es fácil entender las acusaciones de autopromoción, aun cuando éstas ignoraran la visión polémica propuesta por la antología.

En su reseña de la selección, Bernardo Ortiz de Montellano ofrece una visión del libro como un ejercicio de imparcialidad ecuánime, visión con la cual es imposible estar de acuerdo:

En tres partes, que responden a tres tiempos de una unidad musical, se divide el libro, por épocas más que por generaciones, acercándose del pasado al presente, reunidos —junto a los poetas más jóvenes— los que conservan la juventud, los que contienen la semilla de la nue-

[14] Véase Jorge Cuesta, "¿Existe una crisis en nuestra literatura de vanguardia?" [1932], en *Poemas y ensayos*, 2: 91-95.
[15] Presentación, 23-26.

va poesía, aunque la misma vara —el mismo inflexible gusto crítico—
mida a abuelos, padres e hijos en esta casa solariega —pintada y nue-
vecita— de la poesía mexicana.[16]

Ciertamente, es en la segunda sección de la *Antología* donde se
encuentran los verdaderos padres de los jóvenes (Tablada, González Martínez y López Velarde), pero la insistencia en la objetividad así como la imagen final de la familia que vive en felicidad
doméstica resultan francamente ingenuas. La afirmación de Ortiz
de Montellano acerca de "la misma vara" de medición incluso
contradice un argumento muy explícito del prólogo que anuncia
dos criterios distintos: "De los poetas anteriores a la más reciente
generación atendimos exclusivamente a los poemas aislados; de
los poetas jóvenes atendimos también al carácter general de la
obra, lo que mostramos al reproducir de cada quien parecido
número de poemas".[17] La aparente ignorancia de los verdaderos
criterios de selección que esta reseña delata puede ser o bien una
maniobra estratégica para limar asperezas y amortiguar el efecto
de las críticas que la polémica desataría o bien un indicio de que
Ortiz de Montellano tuvo poco que ver con la confección de la
antología.

Hay un último aspecto del libro, o más bien del prólogo, que
no me parece libre de contradicciones: la creencia de Cuesta en la
progresión del arte, en el cambio y en la necesidad de actualizar
constantemente la visión del pasado coexiste difícilmente con su
noción estática e intemporal del poema como un ideal absoluto
de pureza, una esencia libre de las contaminaciones de la historia. El cambio, uno sospecha, no es aquí más que la máscara de
una permanencia secreta e inviolable.

Para considerar el problema de la autoría del libro, conviene
deslindar tres responsabilidades: la selección de poetas y poemas, la elaboración de las notas de presentación y la redacción
del prólogo. Veamos lo que se ha dicho sobre estos aspectos. En
el primer comentario publicado por un miembro del grupo sobre
la antología, Ortiz de Montellano —en su texto ya citado— no
vacila en adscribir a Cuesta tanto las notas críticas como la selec-

---

[16] Bernardo Ortiz de Montellano, "Una antología nueva", *Contemporáneos*, 1
(junio 1928): 77.
[17] Prólogo a la *Antología*, 40-41.

ción misma y niega que el libro refleje el criterio de un grupo, aunque en alguna parte de su reseña se dejan vislumbrar otras posibilidades en la ambigüedad de la redacción: "El gusto de la época, fino y audaz, preside y guía la selección crítica de la *Antología* de Jorge Cuesta".[18]

En el mismo año de 1928 se publicaron dos cartas —una de Villaurrutia y la otra de Jaime Torres Bodet— que intentan justificar la antología frente a los múltiples ataques, insultos y tergiversaciones que marcaron su recepción. Villaurrutia y Torres Bodet coinciden en señalar que el libro es obra de Cuesta y que cualquier apariencia colectiva se explica por el simple hecho de que el autor comparte ciertas opiniones de sus compañeros de grupo. Torres Bodet se solidariza con los juicios de Cuesta, pero rechaza ser el autor o inspirador de éstos, en un evidente intento de deslindarse de responsabilidades, intento parecido al de Ortiz de Montellano; Villaurrutia, por su parte, va más lejos y reconoce una dimensión colectiva cuando indica que "Jorge Cuesta ha ordenado, enriquecido y puesto en marcha progresiva las nuevas ideas sobre la poesía mexicana".[19]

Desde París el propio Cuesta escribe una carta, fechada "julio 23 de 1928", en la cual asume la autoría y abandona la primera persona del plural utilizada en el prólogo en favor de la primera del singular. Sin embargo, confiesa su "aversión por las antologías, pues no encuentro ninguna manera de ocultar que toda antología es una elección forzosamente, es un compromiso, mientras el gusto solamente nace en la libertad".[20] Es decir: la selección no es fruto del gusto personal ejercido en plena libertad sino del interés que nace del compromiso de elegir. En otra parte de la carta, Cuesta habla de la "colaboración" de los juicios ajenos, pero es la única referencia que hace a una participación colectiva.

Un año después, Salvador Novo —un miembro del grupo que se mantuvo ajeno, según todos los testimonios, al proyecto y a su realización— habla irónicamente de "una antología firmada por Jorge Cuesta, que contiene poetas muy del agrado de sí mis-

[18] Ortiz de Montellano, 77.

[19] Carta citada en el Apéndice a la Presentación, 34.

[20] "Carta a propósito de la *Antología de la poesía mexicana moderna*", fechada "París, julio 23 de 1928", en *Poemas y ensayos*, 2: 59. No queda claro si esta carta se publicó en 1928 o en algún momento posterior ya que no aparece en ninguna de las bibliografías hemerográficas del autor.

mos", dándoles en parte razón a aquellos detractores que lamentaban la existencia, en la tercera parte del libro, de un club de elogios mutuos.[21] Durante mucho tiempo ningún otro miembro del grupo se ocuparía del episodio y sólo en 1955, año en que publicó el primer volumen de sus memorias, Jaime Torres Bodet dio su testimonio —muy mediatizado por el tiempo transcurrido— en primera persona del plural:

> La *Antología* de Estrada gozaba de una autoridad que, en ocasiones, nos parecía proceder mucho más de una prescripción del gusto que del mérito intrínseco de los textos recopilados. Pretendíamos revisarla, modernizarla —y, con palabras de Alfonso Reyes, apuntalar nuestras *simpatías* merced a la ostentación de nuestras *diferencias*.
>
> Aquellas veleidades de libertad dieron por resultado otra antología: la que Jorge Cuesta, autor del prólogo, suscribió. Algunas de las notas fueron redactadas por Villaurrutia, otras por González Rojo, otras por Bernardo Ortiz de Montellano, otras por mí. Incluso no estoy absolutamente seguro de que no haya habido colaboración en esos comentarios.[22]

Torres Bodet sostiene que tanto la selección como las notas eran fruto de una labor colectiva y no vacila en adjudicar el prólogo a Cuesta. Así era el cuadro cuando salió el primer estudio completo sobre el grupo: en los años sesenta, Merlin H. Forster hace un apretado resumen de la recepción de la antología con la información disponible en aquel momento.[23] En 1967, Miguel Capistrán da a conocer una carta de Torres Bodet dirigida a Villaurrutia. Fechado tentativamente "1° de octubre [¿1927?]", este documento, que no suele ser citado, tiene el valor de ubicarnos en la fase de la preparación:

> Xavier: Recibí su carta acerca de la *Antología*. El trabajo ha quedado distribuido en esta forma: *Notas* (Enrique, Jorge Cuesta y yo), *Nota preliminar*, usted. Es importante que se defina en ella el por qué de las

---

[21] "¡Veinte años después…!", *Revista de Revistas*, 1000 (30 junio 1929), reproducido por Miguel Capistrán en *Los Contemporáneos por sí mismos* (México: Consejo Nacional para la Cultura y las Artes, 1994), 68.

[22] Jaime Torres Bodet, *Tiempo de arena* (México: Fondo de Cultura Económica, 1955), 254-255.

[23] Merlin H. Forster, *Los Contemporáneos. 1920-1932. Perfil de un experimento vanguardista mexicano* (México: De Andrea, 1964), 15-17.

omisiones y la razón de insertar mayor número de poemas de los jóvenes. Esto no con carácter de una defensa previa, ni como excusa anticipada sino por necesidad de definición.[24]

Aquí se revelan tres datos de interés: los nombres de los que colaboraron en los inicios del proyecto; el hecho de que éste ya estaba en marcha en el otoño de 1927, lo cual desmiente la suposición generalizada de que comenzó a principios de 1928;[25] y, por último, la asignación original de dos responsabilidades que después sufrirían una inversión simétrica (Cuesta sólo iba a participar en la redacción de las notas mientras que Villaurrutia iba a encargarse del prólogo).

Años después se dio a conocer otro texto que proviene igualmente de la época del libro. Constituye, a todas luces, parte de unas memorias que empezó a redactar Enrique González Rojo. El fragmento incompleto, publicado por primera vez en 1981, está fechado "enero-marzo 1928" y cuenta cómo los poetas de lo que el autor llama "el Parnacillo [sic] de Salubridad" (Torres Bodet, Ortiz de Montellano, Villaurrutia, Cuesta y él mismo) se reunían para discutir y enjuiciar a poetas del pasado y del presente. Las reuniones, dominadas por rencillas, celos e intrigas, no eran fáciles, pero había un factor importante que daba al grupo cierta unidad: la seguridad en el valor propio. González Rojo dice claramente que esta confianza petulante fue el punto de partida que los llevó a revisar la tradición poética mexicana y a querer medirse frente a los grandes nombres:

El juicio que hacíamos de nuestros contemporáneos sacaba a relucir sus insignificantes méritos y aumentaba el prestigio de que gozábamos entre nosotros mismos. Nos uníamos por aristocracia, por orgullo, como una medida de defensa de nuestros ideales.

Pero del juicio que hacíamos de los jóvenes de nuestra generación, pasábamos a menudo a la discusión de las anteriores generaciones. Siempre sucede que, con la seguridad de un valor propio, de una sig-

[24] Citado en Capistrán, 52.
[25] Desmentida confirmada por la reciente publicación de otra carta de la época, la que manda Torres Bodet a Gorostiza el 5 de septiembre de 1927 y en la que anuncia: "Con Villaurrutia y González Rojo estoy trabajando en la preparación de una Antología *anónima* de la Poesía Mexicana Moderna". José Gorostiza, *Epistolario (1918-1940)*, ed. Guillermo Sheridan (México: Consejo Nacional para la Cultura y las Artes, 1995), 143.

nificación especial dentro de la obra común, surge la necesidad de buscarse un apoyo, un antecedente en la tradición.[26]

Para este protagonista, entonces, la necesidad de una antología obedecía a una tentativa de autodefinición: los integrantes del grupo, convencidos del lugar central que ocupaban como herederos y fundadores, querían imponer su gusto nuevo sobre el presente y el pasado para demostrar que la tradición (o una parte de esta tradición) era un camino que llegaba hasta ellos.

En 1985 apareció un retrato del grupo que constituye la visión crítica más completa hasta la fecha: en las páginas de su libro *Los Contemporáneos ayer* y en la muy útil presentación que escribió para una nueva edición de la antología, Guillermo Sheridan traza la historia de la gestación del libro, describe las reacciones que suscitó y hace un balance de lo pretendido y lo logrado.[27] No obstante, diversos documentos aparecidos en los últimos años indican que hay más que decir sobre la antología, muy especialmente en lo que se refiere a la autoría de las distintas partes (prólogo, notas, selección) y las reacciones suscitadas dentro del grupo.

En 1987 salió a la luz otro manuscrito incompleto que parece ser, también, de la época de la *Antología* a pesar de no llevar fecha: se trata de un texto divagatorio que escribe Carlos Pellicer cuando recibe lo que llama "La Antología del Señor Cuesta y sus ayudantes".[28] El escrito confirma algo que ya se sabía: al igual que Novo, Maples Arce y Gorostiza, Pellicer no participó en el proyecto. La parte sobreviviente del manuscrito habla más de lo

[26] "Cómo se hace una antología", en Enrique González Rojo, *Obra completa. Verso y prosa: 1918-1939*, ed. Guillermo Rousset Banda y Jaime Labastida (México: Instituto Nacional de Bellas Artes / Secretaría de Educación Pública / Domés, 1987), [368].

[27] *Los Contemporáneos ayer*, 313-321; Presentación, 7-31.

[28] Carlos Pellicer, "La Antología del Señor Cuesta", *La Gaceta del Fondo de Cultura Económica*, 200 (agosto 1987): 14. El texto, que no lleva fecha, está precedido por una presentación —"Un inédito de Pellicer"— en la cual Samuel Gordon y Fernando Rodríguez ubican los apuntes "entre mediados de junio y finales de julio de 1928" (11). Los mismos autores señalan la estrecha vinculación entre este borrador incompleto y una carta escrita desde Roma el 25 de junio de 1928, en la cual Pellicer se queja amargamente de la etiqueta de "poeta impresionista" que le asignan en una antología (la de Cuesta) que califica como "indecente", "sucia", "miserable", "pobre" y cuya selección le parece "repugnante". Para el texto completo de la carta en italiano (y una traducción al español) véase Carlos Pellicer, *Cartas desde Italia*, ed. Clara Bargellini (México: Fondo de Cultura Económica, 1985), 107-108.

que eran —para el poeta— los tristes resultados de la Revolución mexicana que de la antología. De la política y la cultura del momento, sólo se salvan José Vasconcelos y Diego Rivera; de la antología, sólo Gorostiza. Es curioso que Pellicer haya recurrido aquí a los mismos argumentos de descalificación que habían utilizado desde fines de 1924 los enemigos de los Contemporáneos, aquellos que pedían una literatura "viril". Lamenta, por ejemplo, lo que llama la "exquisita feminidad" de la antología y lanza acusaciones de esterilidad y mimetismo en contra de Villaurrutia y Novo así como una denuncia por la ausencia de fuerza, ambición y romanticismo en esta nueva poesía carente de "hombría". Aun cuando haya estado fuera del país a la hora de la elaboración del libro, uno podría esperar indiferencia o hasta irritación en Pellicer por haber sido excluido del proyecto (no así de la *Antología*, donde es presentado en forma muy elogiosa), pero asombra el juicio tan negativo que raya en la descalificación: "Pocas veces una antología ha sido formada con un criterio tan enclenque y con un buen gusto tan sospechoso".[29] Los mismos cargos de "exquisita feminidad" y mimetismo afrancesado se reiteran en dos cartas contemporáneas.[30]

En fecha más reciente se hizo público otro descubrimiento en esta trama que a ratos parece ser la de una novela policial que vamos leyendo en espera de la revelación de un enigma central. En enero de 1994 Guillermo Tovar de Teresa informó de su acceso al ejemplar de la *Antología* que había pertenecido a Torres Bodet y en el cual el poeta había escrito junto a cada texto de presentación unas iniciales, presumiblemente las del autor correspondiente. Según esta información, serían tres los responsables de las notas: Torres Bodet (autor de los textos introductorios sobre Othón, Díaz Mirón, Rebolledo, González Martínez, Arenales, Maples Arce y Gorostiza); González Rojo (autor de los textos sobre Urbina, Tablada, De la Parra, Torres Bodet y Villaurrutia); y Villaurrutia (a cuya pluma se deberían las presentaciones de Nervo, López Velarde, Reyes, Pellicer, Ortiz de Montellano, González Rojo,

---

[29] Pellicer, "La Antología del Señor Cuesta", 14.
[30] Véanse la carta que Pellicer dirige a José Gorostiza, fechada "Roma, el 12 de julio de 1928" —en José Gorostiza, *Epistolario*, 209-211—, y otra escrita en italiano, fechada "25 de junio 1928" y dirigida a Guillermo Dávila —en Carlos Pellicer, *Cartas desde Italia*, 107-108.

Novo y Owen). Quedan dos casos no resueltos: junto al nombre de Franciso A. de Icaza no aparecen iniciales; junto al de Rafael López aparecen iniciales tanto de González Rojo como de Villaurrutia. En este último caso, ¿será que los dos elaboraron la nota al alimón o será que Torres Bodet simplemente no se acuerda?[31]

Este hallazgo realizado por Tovar de Teresa arroja nueva luz sobre un viejo problema. Parece que ahora sí sabemos por fin los nombres de casi todos los autores de las presentaciones. Incluso sería posible buscar pruebas adicionales para confirmar las autorías asignadas por Torres Bodet. El lector que comparara, por ejemplo, la nota sobre Maples Arce en la antología (texto que Torres Bodet reconoce como suyo, según la información proporcionada por Tovar de Teresa) con el párrafo dedicado al mismo poeta en la "Perspectiva de la literatura mexicana actual", publicada por Torres Bodet en septiembre de 1928 en el número 4 de la revista *Contemporáneos*, encontraría indudables semejanzas tanto en el estilo como en el tipo de reparo:

> La poesía de Maples Arce intenta una fuga de los moldes formales del modernismo pero incurre, con frecuencia, en deplorables regresiones románticas. El tono mismo del alejandrino que prefiere —y que desarticula con escasa agilidad— lo ata a esa tradición que continúa precisamente cuando más la ataca. *[Antología]*

> Pero la temperatura que circula en las arterias de sus alejandrinos lo salva en el preciso punto en que lo compromete, ligándolo —a él que hubiera querido aterrizar de un salto hermoso, brusco, sobre el litoral de un nuevo mundo— con la misma tradición de melancolías que el programa lírico de su escuela: el estridentismo hace profesión de abominar. *["Perspectiva"]*

Nueva información sobre la antología ha llegado a mis manos en la forma de cuatro cartas de los protagonistas y un borrador corregido del prólogo.[32] Todas las cartas son de 1928 y anteriores

---

[31] Guillermo Tovar de Teresa, "Hallazgo en torno a los Contemporáneos", *Vuelta*, 206 (enero 1994): 61-63.

[32] Los documentos forman parte del Archivo Jaime Torres Bodet. Los reproduzco con la autorización expresa de la Comisión Técnica del Archivo, la cual me ha pedido que incluya la siguiente leyenda: Este acervo y sus características son propiedad de la Universidad Nacional Autónoma de México y El Colegio de México, A. C. Derechos reservados. ©.

a mayo, fecha en que se publicó la selección. La primera, dirigida a Cuesta, lleva al final las iniciales de Villaurrutia, Torres Bodet y González Rojo; por la redacción de la segunda y la cuarta, dirigidas igualmente a Cuesta, se desprende que el emisor es un Torres Bodet que habla también por los otros dos. La tercera carta, manuscrita y firmada por Cuesta, está dirigida a Torres Bodet; aunque carece de fecha, por su contenido es evidente que se inserta en la secuencia. Reproduzco a continuación las cartas.

*

México, 8 de marzo de 1928.

Sr. D. JORGE CUESTA.
Hacienda "El Potrero", Ver.

Querido Jorge:

La Antología de la Poesía Mexicana Moderna que usted vio nacer y ayudó inteligentemente a formarse está ya lista en absoluto. La integran, agrupados en tres secciones, los siguientes poetas: Othón, Díaz Mirón, Icaza, Urbina, Nervo, Rafael López — Rebolledo, Tablada, De la Parra, González Martínez, Arenales, Reyes, López Velarde — Torres Bodet, Maples Arce, Pellicer, Ortiz de Montellano, González Rojo, Novo, Gorostiza, Villaurrutia y Owen.

El dinero para publicarla está ya reunido. Para ello se hizo una colecta en la que participamos nosotros mismos y algunos de nuestros amigos contribuyeron también. La Antología vendrá a ser, así, el primer tomo de una colección interesante de obras de crítica y de síntesis mexicana e iberoamericana. Como su plan viene a modificar la perspectiva de todas las antologías anteriores, necesitamos de una firma que la sostenga. De todos los jóvenes que una opinión más o menos acorde reúne, usted es el único que no está representado en ella como poeta. ¿Quisiera usted firmarla? Ninguno de nosotros como usted aceptó con entusiasmo las omisiones y las novedades que encierra, que el prólogo que usted escribió y que la encabezará advierte y que son las que le dan un carácter personal al conjunto. Las notas que usted conoció —las que usted mismo hizo— no han variado. De todos modos, si usted quiere, le enviaremos copia de ellas. (¿No cree usted, por otra parte, que, con todos los atractivos del viaje que implica, esta antología podría ser una buena barca para su primera aventura?)

Como el material está en la imprenta y no falta sino su resolución, la esperamos cuanto antes.

Lo abrazan

XV   JTB   E[GR]

*

México, 14 de marzo de 1928.

Sr. JORGE CUESTA.
Hacienda "El Potrero", Ver.

Querido Jorge:
Esta mañana —no habiendo recibido aún su carta— le puse, de acuerdo con Enrique y Xavier, un mensaje que debe usted ya haber recibido.

Mucho le agradecemos todos la forma en que acogió nuestra invitación a figurar dentro de la Antología, dentro del grupo, como usted dice, en el lugar de crítica y de revisión en que el prólogo y las notas lo sitúan.

Con estas líneas le envío una copia del primero para que lo revise conforme lo desea, suplicándole sólo que la revisión no sea tanta que demore la aparición del libro, el cual, como le decíamos en nuestra carta anterior, se encuentra —y no es esto sólo una amenaza literaria— ya efectivamente en la imprenta.

Con saludos afectuosos de todos lo abraza

[sin firma]

*

[sin fecha]

Querido JAIME:
Me sorprende Vd. casi enfermo. Con tanta ligereza como Vd. tiene prisa, no me detengo a copiarle en máquina el prefacio ya revisado, lo que me da un rubor más. Temo que *la tiranía* lo prevenga en contra de él; pero si sus ideas (del prefacio) son contrarias a ella ahora, no se debe a que son nuevas: es el mismo prefacio prolongado, sin violencia, y antes Vd. accedió. Con toda mala fe le propongo también el epígrafe de Gide que está en "Ajax", en Les Morceaux Choisis, y con más mala fe le propongo que, si no le gusta éste, me ayude a buscar en "Julio César" de Shakespeare otro con la misma intención. Claro que si Vd. no acepta el epígrafe entonces no le propongo nada y tendré la oportunidad de ejercitar la virtud anti-tiránica de la que hago en el prefacio tan tímida apología. Lo que me conservaría discutiendo —conversando— con Vd.

Lo abraza

JORGE CUESTA

[En el margen izquierdo de la carta, Cuesta ha agregado: "El prefacio sin firma, claro". Se adjunta a esta carta un borrador corregido del prólogo encabezado por el epígrafe de Gide en letra de Cuesta.]

*

México, 22 de marzo de 1928.

Sr. D. JORGE CUESTA.
Hacienda "El Potrero".

Mi querido Jorge:
      Recibo ahora su carta con la que me llega el prólogo corregido para la Antología. Desde luego lo he hecho copiar en limpio para enviarlo a la prensa. En él figurará el epígrafe de Gide que usted propone. La única modificación que se le ha hecho es la siguiente: en donde dice: "y los poetas agrupados en la última sección del libro son los autores de sus notas y de la selección de sus poemas" dice ahora: "y, en su mayoría, los poetas que constituyen la última sección del libro, a invitación nuestra, seleccionaron ellos mismos las poesías que los representan."
      Esta modificación se debe: 1° A que las notas no son ya de carácter autocrítico sino se han hecho de unos con respecto a otros; 2° A que no todos los poetas agrupados seleccionaron sus poemas, ejemplos: Pellicer, Gorostiza, Maples Arce, Novo. Creo que esta modificación no le significará a usted nada absolutamente puesto que se ha hecho para mayor exactitud, cosa que a todos deberá convenirnos.
      Conforme vayamos teniendo las pruebas corregidas pediremos un ejemplar para que usted las vaya conociendo. Le mando desde ahora algunos ejemplares de los preventivos impresos para la propaganda del libro.
      Saludos de Enrique y Xavier.
      Lo abraza

[sin firma]

De la lectura de estos documentos inéditos hasta hoy se desprenden varias conclusiones que resumiré en seguida. Resulta claro que Cuesta formaba parte del equipo de trabajo desde un momento temprano y que participó con los demás como redactor de las notas de presentación. Además, la primera carta indica que Cuesta participó de manera decisiva —y tal vez exclusiva— en la versión inicial del prólogo. Todo esto confirma la información contenida en la ya citada carta de Torres Bodet a Villaurrutia. Hemos de suponer que en algún momento hubo un cambio y se decidió encargarle el prólogo a Cuesta y no a Villaurrutia.

Tan conscientes de la novedad y del carácter polémico de la antología como aprensivos por las probables reacciones que suscitaría (tienen cuidado de asegurar el autofinanciamiento del libro y Torres Bodet bromea en serio que el libro representa "una amenaza literaria"), los autores de la primera carta le piden a Cuesta que acepte firmar el libro que él mismo había ayudado a concebir. ¿Por qué a él? La misma carta menciona varias razones: su notoria capacidad crítica, su papel protagónico en la planeación de la selección y el hecho importante de no figurar en ella como poeta (a diferencia de los demás miembros del grupo —salvo Gilberto Owen—, Cuesta no había publicado —y nunca lo haría— ningún libro de versos: hasta entonces había dado a conocer un solo poema en la revista *Ulises* en agosto de 1927). A la hora de la inevitable polémica, esta última razón podría esgrimirse como una mínima defensa en contra de acusaciones de autopromoción.

Es evidente que los compañeros de grupo no tuvieron ninguna duda sobre la aptitud de Cuesta para "sostener" el libro. Los ocho textos en prosa ya publicados por éste ofrecían contundentes muestras de su capacidad como polemista (en la "Carta al señor Guillermo de Torre"), como crítico de poesía (en sus reseñas de las *Canciones* de Gorostiza y de *Reflejos* de Villaurrutia) y como teórico de la estética moderna (en el ambicioso ensayo "Un pretexto: *Margarita de niebla* de Jaime Torres Bodet"). Cuando contesta por escrito y acepta "firmar" el libro, Cuesta también insinúa que existe una continuidad entre el prefacio que Torres Bodet conoció y aceptó (presumiblemente en las discusiones del grupo) y la versión actual ("es el mismo prefacio prolongado, sin violencia"). Estas mismas nociones (la influencia como "prolongación" crítica y la frase "sin violencia" para designar la congruencia ambicionada entre la perspectiva adoptada y los nombres incluidos) aparecen en el prólogo y constituyen autocitas. Por lo visto, fue el mismo Cuesta quien insistió en que el prólogo se publicara sin firma.

En lo que se refiere a la elección del epígrafe de Gide, Cuesta lo lanza como un reto y en las últimas oraciones de su carta se puede leer una amenaza velada de demorar la aparición del libro si el epígrafe no es aceptado. Su temor de que a Torres Bodet no le gustara la divisa tenía bases muy reales, según se desprende de las distintas y opuestas lecturas que de Gide hacían Torres Bodet y otros miembros del grupo.[33] Se trata de un epígrafe muy apto para los propósitos de la antología. Como señala Cuesta, la fuente original está en "Ajax", un fragmento de una obra teatral de Gide basada en la mitología griega y que consta de un diálogo entre Ulises y la diosa Minerva. La muerte de Aquiles ha destruido el frágil equilibrio de poder entre los principales guerreros y Áyax, quien ahora ha quedado como el más fuerte. Consternado, Ulises le pide consejos a la diosa porque sabe que el poder desmesurado de Áyax obedece no al pensamiento sino a la pasión instintiva ("sa tête est à la merci de son coeur"). El epígrafe (que subrayo en la cita siguiente) expresa el temor de Ulises de que el poder irreflexivo y absoluto llegue a destruir el equilibrio feliz que es producto de la cohesión fraterna y solidaria de voluntades independientes:

> Or nous ne voulons pas ici de la suprématie d'un seul. Diomède, Idoménée, Ménélas, Agamemnon, moi-même —nous sommes princes, égaux en pouvoir dans l'armée [...] Ici la cohésion de l'armée, en face de l'armée ennemie, est faite de l'équilibre heureux où se maintiennent— émules et non rivales, non sujettes l'une de l'autre, mais secourablement dépendantes, les forces de ces chefs valeureux. *Que l'un vienne à primer, il opprime; l'équilibre est rompu;* et tandis que, dans nos armées, chacune prise à part moins forte en nombre que l'armée troyenne, la cohésion faisait la force, la dissension...[34]

La analogía para la tradición poética mexicana es clara: llega un momento en el cual los valores consagrados se vuelven opresores y destruyen el equilibrio tejido por una pluralidad de individuos que actúan como contrapesos. El sentido de la antología era que el orden tradicional ya no funcionaba: era preciso rebelarse, romper la dominación tiránica para establecer un equilibrio

---

[33] Sobre estas lecturas, Sheridan anota que mientras Villaurrutia elegía al inmoralista que predicaba la liberación interior y la asunción de la homosexualidad, Torres Bodet prefería al moralista didáctico y al estilista ascético (*Los Contemporáneos ayer*, 88-92).

[34] André Gide, "Ajax", en *Morceaux choisis* (París: Nouvelle Revue Française, 1921), 285.

más justo, rehacer la relación entre pasado y presente. El otro desafío que lanza Cuesta a Torres Bodet —de que si no le gusta el de Gide, que busque otro epígrafe con igual sentido en *Julio César* de Shakespeare— entraña un acierto malicioso: la tragedia histórica del isabelino es una variación sobre el eterno tema de cómo los que quieren salvar la república e instaurar un nuevo orden se ven obligados a asesinar al que ambiciona un poder absoluto. La analogía militar indica que se trata de nada menos que una lucha por conquistar la tradición. Así, la fuerza y salud de una tradición poética dependerían no del dominio de una sola voz sino de la cohesión colectiva de personalidades distintas.

Como prueba adicional de que el prólogo es obra de Cuesta tenemos la versión del mismo que se adjunta a su carta. El borrador consiste en tres hojas mecanografiadas (con correcciones a mano de Cuesta) y dos hojas manuscritas (en letra de Cuesta). Parecería, pues, que el prólogo original constaba de los cinco párrafos iniciales que constituyen el texto mecanografiado que se le manda a Cuesta para corregir. Pero éste devuelve, además de estas hojas, dos más manuscritas que contienen los cuatro párrafos finales. Aquí aparece —en otra letra— una primera versión de la importante corrección señalada por Torres Bodet en la carta. Donde Cuesta había escrito: "y los poetas agrupados en la última sección del libro son los autores de sus notas y de la selección de sus poemas", ahora figura la enmienda: "y, en su mayoría, los poetas que constituyen la última sección del libro, a invitación nuestra, seleccionaron ellos mismos las poesías que los representan". La versión que se publicó es ligeramente distinta de esta última en su parte final: "[...] seleccionaron algunas de las poesías que los representan".

Esto me lleva al último aspecto que merece comentarse. Las notas introductorias sobre los poetas de la tercera sección iban a ser, en un principio, autocríticas, es decir, redactadas por los mismos interesados. Cuesta escribió el prólogo pensando que en esta parte todos iban a hacer la selección y presentación de sus propios poemas. Hubo un cambio y se tuvo que optar por un sistema menos comprometedor (la autoselección sólo sería parcial y sólo sería para algunos; las notas introductorias serían escritas por unos sobre otros). Este dato no carece de interés ya que en la *Galería de los poetas nuevos de México* (llamada también *Nueva anto-*

logía de poetas mexicanos), publicada por Gabriel García Maroto en las ediciones de *La Gaceta Literaria* de Madrid en agosto de 1928 (libro que recoge con pocos cambios los textos de los nueve poetas incluidos en la tercera sección de la *Antología* firmada por Cuesta), aparecen siete notas autocríticas (los únicos que no contribuyen son Maples Arce y Pellicer). Así, se llegó a realizar en España una práctica que había sido ideada para el libro mexicano. Este modelo de autopresentación —en una nota que resume la visión del poeta sobre su obra y su concepción de la poesía— sería seguido por Gerardo Diego en su famosa antología de 1932.[35]

Después de este recorrido por la historia de la antología llego a la conclusión de que en un principio hubo cinco involucrados en el proyecto: Cuesta, González Rojo, Ortiz de Montellano (quien se habrá separado pronto porque su contribución parece haber sido mínima), Torres Bodet y Villaurrutia. La no presencia de otros nombres se explica ya sea por ausencia física (Gorostiza y Pellicer estaban fuera del país), ya sea por lejanía o distancia de otro tipo (Novo y Maples Arce). La selección de poemas y la elaboración de notas de presentación fueron actividades compartidas por los cuatro que quedaron en el proyecto, si bien en la tercera sección parece que la participación fue más restringida para las notas (González Rojo, Torres Bodet y Villaurrutia) y un poco más amplia para la autoselección de poemas (Torres Bodet, Ortiz de Montellano, González Rojo, Villaurrutia y posiblemente Gilberto Owen). Es indudable que el prólogo se debe a la pluma de Cuesta, aun cuando haya tomado en cuenta otros puntos de vista.

Apenas es necesario agregar que estas hipótesis se basan en la información disponible en este momento y corren el riesgo de ser modificadas por el descubrimiento de nuevos documentos. No hay textos definitivos, porque tal como lo vio Jorge Cuesta en su prólogo de 1928, la crítica, al igual que la creación, estará "siempre abierta a nuevas correcciones y prolongaciones". Son precisamente estas correcciones y prolongaciones las que se observan en

[35] Sobre la antología firmada por Maroto deben consultarse: Capistrán, 83-102; James Valender, "García Maroto y los Contemporáneos", en *Los Contemporáneos en el laberinto de la crítica*, ed. Rafael Olea Franco y Anthony Stanton (México: El Colegio de México, 1994), 417-430; y Luis Maristany, "La recepción de los Contemporáneos en España", en *Los Contemporáneos en el laberinto de la crítica*, 447-461.

algunas antologías posteriores. La antología firmada por Jorge Cuesta es la selección fundadora que inaugura, en buena medida, la tradición de la poesía mexicana moderna. Ya en 1941 un crítico joven pudo escribir que la de Cuesta era "la primera antología estimable entre nosotros" y que había cumplido su función porque su indudable partidismo había llegado a justificarse plenamente.[36]

"Laurel" (1941)

En 1941 la editorial Séneca, que dirigía en México José Bergamín, el escritor español exiliado, publicó en edición de gran esmero *Laurel: antología de la poesía moderna en lengua española*. En evidente decisión ecuánime, fueron cuatro los poetas encargados de elaborar la antología, dos españoles y dos mexicanos: Emilio Prados, Juan Gil Albert, Xavier Villaurrutia y Octavio Paz. Se acordó que Villaurrutia escribiera el prólogo. El subtítulo señala la amplitud del panorama presentado: el libro incluye a poetas hispanoamericanos y españoles. Este equilibrio entre Hispanoamérica y España se reflejó en la designación de los cuatro responsables e incluso hubo un intento de llegar a un compromiso entre escritores maduros con reconocimiento (Villaurrutia y Prados) y otros jóvenes con poca obra (Gil Albert y Paz).

Laurel constituye una de las primeras muestras de la unidad de la poesía hispánica moderna por encima de las diferencias inevitables entre individuos, estilos, grupos o naciones. La amplitud de la selección permitió una visión de las diversas corrientes y personalidades que conforman esta tradición, limitada sólo por la lengua. En 1943 uno de los protagonistas se extrañó de que la crítica no se hubiera fijado en el logro más impresionante del libro: la evidencia de que la poesía hispánica moderna tiene fisonomía y carácter definidos.[37] El antecedente inmediato más importante era la antología preparada por Federico de Onís y publicada siete años antes por el Centro de Estudios Históricos en

---

[36] José Luis Martínez, *"Laurel: antología de la poesía moderna en lengua española"*, *Tierra Nueva*, 11-12 (septiembre-diciembre 1941): 276-277.

[37] Octavio Paz, "Espejo del alma", *Novedades*, 23 agosto 1943: 4, texto recopilado en *Primeras letras (1931-1943)*, selección, introducción y notas de Enrico Mario Santí (México: Vuelta, 1988), 349-351.

Madrid.[38] En 1934 Onís había definido como su principal empeño el de "estudiar juntamente, con el mismo criterio y la misma medida, la poesía de España y de la América de lengua española".[39] Como se verá más adelante, los paralelismos entre las dos antologías son múltiples y profundos: abarcan todo el esquema conceptual que rige tanto la visión propuesta en los prólogos como la nómina y organización de las selecciones.

El título y el epígrafe de *Laurel* —ambos escogidos, según nos dice Paz, por José Bergamín, director de la editorial—[40] provienen de un verso de Lope de Vega: "Presa en laurel la planta fugitiva". El epígrafe revela el deseo de fijar, inmovilizar y eternizar una tradición que se presenta inicialmente como algo dinámico e inapresable. En el prólogo de Villaurrutia se nota también una preferencia estilística por imágenes que cristalizan y congelan el movimiento temporal: los grandes momentos de la poesía son "mediodías" y se reiteran a lo largo del texto ciertas palabras ("desnudez", "pureza", "depuración", "exactitud", "lucidez" y "precisión") que sirven como señales de que la visión que subyace el prólogo es deudora, como lo fue la de Cuesta, de la poesía pura. El título también delata la intención de consagrar una tradición y es imposible ignorar el significado del momento histórico de esta celebración de la unidad de la poesía hispánica por encima de las diferencias nacionales: recién terminada la Guerra Civil de España, el libro se planea en México a iniciativa de poetas mexicanos y escritores españoles exiliados. Es evidente el deseo de mostrar que la ruptura violenta en el ámbito político no está reñida con una profunda comunidad en la esfera cultural. La misma circunstancia histórico-cultural explica el carácter relativamente ecuménico de *Laurel*, sobre todo si se le compara con la antología mexicana firmada por Jorge Cuesta en 1928.

Después de trazar la crisis de la lírica hispánica en el largo periodo que sigue al Siglo de Oro, Villaurrutia señala el inicio de la renovación artística en el modernismo y luego la degeneración del modernismo en un estilo retórico. En este momento de crisis el prologuista localiza el punto de partida de *Laurel*: los seis poe-

---

[38] Federico de Onís, *Antología de la poesía española e hispanoamericana (1882-1932)* (Madrid: Centro de Estudio Históricos, 1934). Cito de la edición facsímil (Nueva York: Las Américas, 1961).

[39] Onís, xxii.

[40] "*Laurel* y la poesía moderna", 486.

tas de la primera sección —formada con cuidadoso equilibrio simétrico (figuran tres españoles y otros tantos americanos: Miguel
de Unamuno, Antonio Machado, Juan Ramón Jiménez, Enrique
González Martínez, Leopoldo Lugones y Rubén Darío)— anun-
cian, según Villaurrutia, nuevos rumbos para la poesía hispánica.
Argumenta que aunque son poetas tocados por el modernismo,
cada uno de los seis se separa, de alguna manera, del movimiento para seguir caminos más meditativos, hacia la soledad o hacia
la pureza de la expresión poética. Estos poetas constituyen el
primer momento de *Laurel*. Es importante señalar que José Juan
Tablada, muy presente en la antología de Cuesta, brilla por su
ausencia en esta sección.

En el segundo apartado del libro figuran doce poetas cuyo denominador común es, para Villaurrutia, "el alejamiento del modernismo y de sus fórmulas".[41] Se siente que aquí los antólogos
quisieron incluir a poetas que siguieron la tendencia que Onís
había conceptuado como la posmodernista: una reacción que no
sale, en realidad, del ámbito del modernismo. Sin embargo, los
doce incluidos forman un grupo bastante heterogéneo. Aparecen
aquí los mexicanos López Velarde y Reyes, que no son realmente
vanguardistas, junto con otras figuras inseparables de la vanguardia, como Vallejo, Huidobro, Gerardo Diego y Salomón de
la Selva. Surge así el mismo problema conceptual que Onís había
tratado de resolver o más bien diluir: ¿dónde termina el modernismo y dónde empieza el vanguardismo? ¿O es que el modernismo todavía no termina? Y si es así, ¿la vanguardia representaría
apenas una de las muchas fases del modernismo?

La tercera y última sección de *Laurel* es la más extensa, como en
el caso de la antología de Cuesta. Aquí se encuentran miembros
de la Generación de 1927 (Lorca, Prados, Aleixandre, Alberti,
Cernuda y Altolaguirre) y sus contemporáneos en Hispanoamérica (casi todo el grupo de Contemporáneos, los cubanos Florit y
Ballagas, los argentinos Marechal, Borges y Molinari, y el guate-
malteco Cardoza y Aragón, entre otros). Son veinte poetas en total,
nacidos entre 1897 y 1910. Como en la primera antología, esta última sección ocupa casi el cincuenta por ciento de las páginas del
libro, hecho que demuestra una clara intención de favorecer a
este grupo.

[41] Prólogo a *Laurel*, 18.

Como Cuesta, Villaurrutia se muestra reacio a emitir en su prólogo juicios sobre el grupo más joven y termina su texto con tres párrafos breves en los cuales subraya que la falta de perspectiva hace difícil la valoración y clasificación de las obras de su generación. Es revelador que el prologuista hable de una continuidad entre éstos últimos y sus antecesores inmediatos, al escribir que el tercer grupo "recoge y prolonga las tentativas y experiencias de los poetas inmediatamente anteriores o acude a la poesía tradicional española".[42] Cuando se refiere al impacto del surrealismo en los poetas de este grupo, el autor agrega en seguida una cita de Valéry para expresar la profunda ambivalencia —presente en el propio Villaurrutia— entre una poesía de abandono y una poesía de espera. El prólogo concluye con una declaración personal que expresa una resistencia reflexiva ante las fuerzas irracionales:

> Conviene, pues, tener presente que, sin desdeñar la corriente de irracionalismo, antes bien asimilando las nuevas posibilidades y aportaciones de esta forma de libertad, otros espíritus se mantienen —aun dentro del sueño— en una vigilia, en una vigilancia constantes.[43]

Cuesta había evitado una caracterización global de su generación; Villaurrutia se atreve a hacerla pero su cautela y escepticismo frente a las posibilidades de la vanguardia surrealista —como poética y como práctica— lo llevan a terminar con esta declaración más bien personal.

En un fascinante ensayo retrospectivo que apareció como epílogo a la reedición de *Laurel* en 1986, Octavio Paz ha contado la historia de la antología: su gestación, las contribuciones de los diferentes participantes, las forzadas y no forzadas omisiones y las reacciones críticas que el libro provocó. Es un ensayo vasto y complejo que analiza el desarrollo de la poesía hispánica desde el modernismo hasta el pasado reciente, pero aquí me interesa destacar su comentario crítico sobre el prólogo original. Paz observa que "el eje del pensamiento crítico de Villaurrutia está formado por la intersección entre la idea del tránsito de las generaciones —realidad variable y sucesiva— y una visión de la

[42] Prólogo a *Laurel*, 18-19.
[43] Prólogo a *Laurel*, 19.

poesía concebida como una esencia más o menos inmutable".[44] Esta visión esencialista, por lo tanto, tiende siempre a favorecer la unidad y la continuidad a expensas de la diversidad y la ruptura.

Para Cuesta y Villaurrutia, a pesar de las diferencias en la amplitud del *corpus* recopilado, la unidad y continuidad de la tradición se deben a la persistencia de un elemento ideal y autónomo: la pureza que encarna en el poema. La misma esencia, bajo ropajes distintos y en autores y corrientes diversos, vuelve a desnudar su rostro puro y eterno para darle un fundamento de permanencia a la superficie cambiante de la historia. Es cierto que la visión de Cuesta es más polémica y más exigente, pero ambos prologuistas creen que debajo de la historia o en su interior hay un elemento ahistórico que se manifiesta en el poema autónomo.

Es significativo, por ejemplo, que Villaurrutia invoque el esquema lógico de tesis > antítesis > síntesis para describir el desarrollo de la tradición como un proceso cumulativo en el cual cada conflicto se resuelve mediante la transformación de los dos elementos aparentemente opuestos, proceso que termina con la aparición de una nueva entidad que encarna la resolución y superación de la dicotomía original. La dialéctica hegeliana como metáfora en espiral de los avatares del Espíritu Poético. Es reveladora también la selección de los poetas de la primera parte de *Laurel*. Octavio Paz ha observado que de los seis que figuran, ninguno establece una clara ruptura con el modernismo, mientras algunos —como Unamuno— pueden considerarse *anteriores* al movimiento, no —desde luego— en el sentido cronológico sino por las características de su obra.[45]

Incluso la selección de los poemas de estos mismos autores obedece a un criterio que se podría llamar "evolucionista". En la mejor reseña contemporánea de la antología —un texto que hace pensar en el agudo crítico que ya era a los 23 años—, José Luis Martínez notó que "los poetas antes mencionados del primer grupo no aparecen tanto con su obra más característica sino con aquellos matices y tendencias que fueron luego aprovechados por las promociones posteriores".[46] Observación exacta que ayu-

---

[44] "*Laurel* y la poesía moderna", 490.
[45] "*Laurel* y la poesía moderna", 492-493.
[46] Martínez, 279.

da a explicar la sensación de riqueza unitaria que se desprende de la lectura del libro. *Laurel* privilegia lo que Paz llama las "sucesivas mutaciones" del modernismo pero no las negaciones. De ahí, tal vez, la exclusión de Tablada. Al destacar el desarrollo de la poesía pura a partir de Juan Ramón y al trazar sus secuelas en la Generación del 27 en España y en sus coetáneos hispanoamericanos, *Laurel* ofrece una visión de la tradición poética más conciliatoria que beligerante. Aquí, la conciliación se facilita por una hegemonía subyacente —nacida de una creencia tan profunda que es aceptada sin necesidad de argumentos ni explicitaciones— que exige subordinaciones cuando no sacrificios. Se podría decir que a pesar de compartir ciertos elementos con la vanguardia —por ejemplo: el culto a la imagen autónoma—, la poesía pura sirvió como una atalaya de defensa de la tradición simbolista en contra de los ataques de los movimientos de ruptura. Dar cabida a esta tradición purista y favorecerla tanto era una manera de contrarrestar y diluir la novedad radical introducida por el vanguardismo.

Un rápido vistazo a los veinte poetas de la última sección de *Laurel* confirma la sospecha de que se inclinó la balanza a favor de la corriente esencialista. Sin embargo, se debe decir que en este apartado sí están representadas varias otras corrientes (entre ellas la vanguardista) y que en el segundo apartado tienen sus lugares dos figuras plenamente vanguardistas: Vallejo y Huidobro. No se trata de una exclusión, repito, sino de una inclinación de la balanza para ilustrar el supuesto predominio de una visión que resulta ser parcial, lo cual es, desde luego, totalmente legítimo como visión interesada.

Octavio Paz ha escrito que los modelos o antecedentes directos de *Laurel* fueron las antologías de Jorge Cuesta y Gerardo Diego.[47] Esta genealogía es indudable, pero yo agregaría que el libro ya citado de Federico de Onís constituye otro modelo, tal vez más importante que las dos selecciones anteriores. Para comprobarlo me detendré a comentar varios aspectos de la poco estudiada selección que se publicó en Madrid en 1934. Un análisis somero de las analogías entre el libro de Onís y *Laurel* ayudará a comprender más cabalmente al segundo. La visión que se expone en

---

[47] "*Laurel* y la poesía moderna", 490.

el prólogo de Villaurrutia y que rige la disposición y contenido de *Laurel* retoma la de Onís, aun cuando el primero no haya reconocido abiertamente esta filiación. De hecho, uno de los primeros y más justificados reparos que se hizo a *Laurel* tenía en la mira esta reticencia del prólogo de Villaurrutia: "Tiene, con todo, el defecto de no haberse resignado a ser más explícito del sentido y pretensión que animan a la antología que preside".[48] Los dos prólogos y las dos selecciones comparten la misma concepción amplia del modernismo como época histórica —y no escuela— cuya única característica general es el individualismo subjetivo que exige una actitud innovadora. Conviene recordar la definición abierta e inclusiva del crítico español:

> El modernismo es la forma hispánica de la crisis universal de las letras y del espíritu que inicia hacia 1885 la disolución del siglo XIX y que se había de manifestar en el arte, la ciencia, la religión, la política y gradualmente en los demás aspectos de la vida entera, con todos los caracteres, por lo tanto, de un hondo cambio histórico cuyo proceso continúa hoy.[49]

Los seis grandes apartados en que está dividida la selección de Onís reflejan en sus títulos esta visión unitaria y progresiva: "Transición del romanticismo al modernismo: 1882-1896", "Rubén Darío", "Triunfo del modernismo: 1896-1905", "Juan Ramón Jiménez", "Postmodernismo: 1905-1914", "Ultramodernismo: 1914-1932". Los dos poetas que tienen un apartado entero deben su lugar privilegiado al hecho de que son —para Onís— bisagras o puentes que ocupan posiciones simétricas al comienzo y al final: Darío es el "unificador" y "trasmisor" del modernismo; Juan Ramón es el poeta "en quien el modernismo, llevado a su máxima rectificación y depuración, se enlaza con la poesía de las generaciones posteriores".[50]

Sin embargo, los dos últimos apartados de Onís representan no un fin sino una prolongación: tanto el "postmodernismo" como el "ultramodernismo" son "dos modos de aparente terminación del modernismo, en rigor de su consolidación y continuidad".[51] En

[48] Martínez, 281.
[49] Onís, xv.
[50] Onís, xviii.
[51] Onís, xviii.

efecto, se puede argumentar que el posmodernismo es una reacción crítica interior en contra de ciertos excesos modernistas, pero en el caso del "ultramodernismo" el razonamiento es menos convincente. El nombre mismo es un equívoco: calcado del ultraísmo (un movimiento de vanguardia), el vocablo sugiere que los ismos son simples derivaciones extremas y finales del modernismo y no el comienzo de una nueva estética. Onís introduce dos subdivisiones en su último apartado y en la segunda —llamada "Ultraísmo"— antologa a varios miembros de la Generación del 27 y a tres de los Contemporáneos (Pellicer, Gorostiza y Villaurrutia), pero algunos de los seleccionados tienen dudosas o ambiguas credenciales vanguardistas. En paradójico contraste, se incluye en la primera subdivisión del apartado final (titulada "Transmisión del modernismo al ultraísmo") a por lo menos un poeta (Girondo) que sí es un auténtico vanguardista y no un mero eslabón de transición. ¿Colocaciones descuidadas o se trata más bien de una estrategia deliberada que tiene la intención de borrar las divisiones entre modernismo y vanguardismo? En un crítico tan perspicaz como Onís, me inclino por la segunda hipótesis.

El problema de las relaciones entre modernismo y vanguardismo es de muy difícil resolución ya que hay indudables elementos de continuidad entre los dos movimientos, pero críticos como Onís tienden a subestimar o disminuir todo indicio de discontinuidad entre las dos tendencias para dar la impresión de que estamos frente a dos fases de un mismo proceso. Se llega así a una idea de "modernismo" muy cercana a la que tiene de *modernism* la crítica angloamericana. Como ocurrirá después con otros críticos muy cercanos a Juan Ramón Jiménez —el caso más notorio es el de Ricardo Gullón—, Onís proyecta sobre la historia de toda la poesía moderna en lengua española el esquema de una lenta evolución cumulativa, esquema que parece modelarse en el desarrollo del poeta de Moguer, cuya obra constantemente reelaborada va en busca de síntesis cada vez más totales. Las "épocas" de Juan Ramón se erigen en modelos ejemplares de las "fases" del modernismo. El lugar tan central que Juan Ramón ocupa en la selección de Onís (un centro solar cuya luz se irradia hacia atrás y hacia adelante) parece confirmar que para este antólogo la obra juanramoniana es una especie de alegoría arquetípica de la tradición moderna. Es más: me atrevo a plantear la posibilidad de que Onís haya modelado su libro no tanto en selecciones anteriores de la poesía hispánica como en las antologías personales que Juan Ramón había hecho de su propia obra en 1917 y 1922. Tampoco hay que olvidar que durante toda su vida el poeta de Moguer siguió creyendo que la totalidad de la obra tiene un sentido distinto y muy superior al que puede tener la suma de las partes. Para Juan Ramón no cabe duda de que la Obra (en el sentido mallarmeano de un Libro Absoluto) es una gran antología ideal. Se trata de una idea irrealizable en la práctica pero muy fecunda como meta arquetípica de perfección a la cual el poeta debe aspirar.

El poeta español tiene una posición igualmente importante en *Laurel* ya que cierra el primer apartado, el que recoge la poesía de los grandes modernistas que inauguran la tradición moderna. Para dar más sustento a esta hipótesis sobre el lugar central de Juan Ramón me remito a un dato anecdótico: sabemos que por razones de política literaria y desavenencias personales tres poetas pidieron expresamente no ser incluidos en *Laurel* (Juan Ramón, León Felipe y Pablo Neruda), pero los antólogos sólo acataron la voluntad de los dos últimos, seguramente porque se dieron cuenta de que la constelación trazada en *Laurel* carecería de sentido sin la presencia de la figura que era percibida como el astro rey.

Tanto Villaurrutia como Onís ven toda la lírica moderna de lengua española a través de Juan Ramón Jiménez. En abono de esta idea destaco el papel decisivo que éste desempeñó en la concepción, organización y selección del libro de Onís.[52] Por la información proporcionada por Juan Guerrero Ruiz sabemos que Onís compartía el siguiente juicio que Juan Ramón externó en 1931 sobre su propio lugar en la tradición: "no hay en la literatura española otro caso igual de una obra tan completa de poesía que abarque desde lo romántico de la edad juvenil hasta lo intelectual y metafísico de la madurez, pasando por todos los estados poéticos con una plenitud perfecta".[53] Al adoptar como propia esta deformación constructiva que proviene directamente de la

---

[52] Véase el valioso registro que hace Juan Guerrero Ruiz de la relación Juan Ramón-Onís durante los años de planeación de la antología, en *Juan Ramón de viva voz* (Madrid: Ínsula, 1961), 148-155.

[53] Guerrero Ruiz, 189.

visión egocéntrica del poeta de Moguer, Onís logra mostrar muy bien cierta unidad cumulativa de la poesía hispánica, pero mutila lo que no cabe en este esquema de continuidad inclusiva. El riesgo de la perspectiva amplia defendida por Juan Ramón, Onís, Villaurrutia y Gullón es la dilución y el amorfismo: lo Otro se vuelve un avatar más de lo Mismo.

En una perspectiva histórica, Paz ha señalado que *Laurel* fue "la última expresión del gusto poético predominante entre 1920 y 1945".[54] No obstante lo anterior y a pesar de su participación directa en la planeación y confección de *Laurel*, Paz también habla de su relación ambigua —hecha de identificación y extrañeza— con la idea de la tradición que subyace en el libro:

> No me reconozco en *Laurel* aunque en sus páginas reconozco algunas voces que admiro y que han influido en la mía. El libro no es una antología de mis contemporáneos sino de mis predecesores: mis maestros y mis adversarios, mis amores y mis odios. Sin los poetas de *Laurel* yo sería un poeta distinto del que soy pero yo no soy un poeta de *Laurel*.[55]

"POESÍA EN MOVIMIENTO" (1966)

La posición ambigua de Paz encuentra su expresión más plena en 1966, cuando se publica, a 25 años de distancia de *Laurel*, *Poesía en movimiento. México, 1915-1966*, antología colectiva que es fruto de la labor de cuatro poetas (dos mayores y dos jóvenes, como en el caso de *Laurel*): Octavio Paz, Alí Chumacero, José Emilio Pacheco y Homero Aridjis. A diferencia de su antecesora, *Poesía en movimiento* se limita a la poesía mexicana, aunque en el prólogo de Paz se advierte que las tradiciones nacionales no son más que expresiones de tendencias y estilos internacionales cuyas únicas fronteras provisionales son las de la lengua. Este enfoque más limitado, combinado con la distancia histórica que permite una perspectiva más clara en cuanto a las rupturas entre modernismo y vanguardismo, dan a la antología un carácter más actualizado y más próximo a nuestro presente cambiante.

La gran diferencia entre el libro de 1966 y los anteriores que he

[54] *"Laurel* y la poesía moderna", 490.
[55] *"Laurel* y la poesía moderna", 490.

comentado reside en una visión más coherente y más parcial de la tradición moderna a partir de la vanguardia. Desaparecen muchos de los padres reconocidos o al menos tolerados por Cuesta y Villaurrutia y sólo quedan ahora las figuras de Tablada, López Velarde y Reyes, quienes conforman, junto con Julio Torri (ausente de las antologías de 1928 y 1941), el primer momento cronológico de *Poesía en movimiento*. Son cuatro poetas que de maneras distintas y en grados diversos se distancian de la estética modernista, aun cuando se hayan formado dentro de sus cánones. A diferencia de las antologías anteriores, *Poesía en movimiento* destaca como los fundadores de la modernidad poética en México a figuras que rompen con el modernismo y que son realmente posteriores a este movimiento en un sentido que va más allá de lo meramente cronológico. Es importante señalar, desde este punto de vista, la muy justificada ausencia de Enrique González Martínez, prototipo de cierto posmodernismo que Onís y otros conciben como una de las prolongaciones críticas del modernismo. Se trata de un poeta muy presente en las antologías anteriores precisamente porque encarna la visión evolucionista de aquellos críticos que intentan comprobar la supervivencia del modernismo en toda la época moderna.

Lo que *Poesía en movimiento* tiene en común con sus antecesores es una visión polémica de la tradición, un afán de recrear desde la perspectiva y las necesidades del presente una genealogía que responda a las inquietudes de las generaciones más jóvenes. La tradición, entonces, vista como una manera voluntaria de construir un pasado según las exigencias del presente. En este aspecto, *Poesía en movimiento* se enlaza más directamente con la antología de Cuesta en la medida en que se distancia de la visión relativamente ecuménica de *Laurel*. En el prólogo de Paz se articula esta nueva concepción de la tradición para justificar el criterio de selección e iluminar los objetivos: "Nuestro libro pretende reflejar la trayectoria de la modernidad en México: poesía en movimiento, poesía en rotación".[56] Frente a la visión estática de la poesía como una esencia inmutable, se afirma una noción dinámica del poema como encarnación del cambio. Sólo lo que vive

---

[56] Octavio Paz, Prólogo a *Poesía en movimiento. México, 1915-1966*, selección y notas de Octavio Paz, Alí Chumacero, José Emilio Pacheco y Homero Aridjis (México: Siglo XXI, 1966), 6.

forma parte del presente. Lejos de ser un museo o un inventario objetivo y exhaustivo, *Poesía en movimiento*, como sus precursores, insiste en el derecho del presente a reinventar un pasado que le pertenece, en vez de aceptar pasivamente un orden construido por otros. En lugar de adoptar la secuencia cronológica más o menos convencional de las antologías anteriores, el libro de 1966 ensaya una innovación que consiste en la inversión del orden temporal para sugerir el carácter reversible de la línea que une a los jóvenes con sus padres:

> En general la crítica busca la continuidad de una literatura a partir de los autores consagrados: ve al pasado como un comienzo y al presente como un fin provisional; nosotros pretendemos alterar la visión acostumbrada: ver en el presente un comienzo, en el pasado un fin.[57]

Si para Cuesta y Villaurrutia el cambio de escuelas, movimientos y estilos había sido el disfraz y el indicio de la secreta permanencia de la Poesía, para Paz lo que constituye una tradición es precisamente la aceleración y repetición de las rupturas: la permanencia como máscara del cambio. La oculta continuidad de lo Mismo se transforma en la abierta sucesión de rupturas con lo Mismo. Así se inaugura lo que Paz ha llamado la "tradición de la ruptura", noción paradójica que sostiene que la única forma de continuar a los precursores e insertarse dentro de una tradición es mediante la negación de los precursores y la ruptura con la tradición. A su vez, la ruptura con la tradición se transforma en una inconsciente y secreta continuidad.

Es una noción que no deja de provocar cierta perplejidad. Gabriel Zaid no tardó en advertir uno de sus peligros inherentes: "acuñar el concepto 'tradición de la ruptura', ¿no alentará una parda poesía 'revolucionaria institucional'?"[58] Por otro lado, el concepto parece desembocar en un inevitable "ocaso de las vanguardias", como el propio Paz ha señalado en *Los hijos del limo*: las rupturas como previsibles repeticiones que expresan una domesticación y degeneración del espíritu vanguardista. Además, la noción de una "tradición de la ruptura" le quita al arte algo

---

[57] Prólogo a *Poesía en movimiento*, 7.
[58] Gabriel Zaid, "Recuento de un año antológico", en *Leer poesía*, 2ª ed. corregida y aum. (México: Joaquín Mortiz, 1976), 62.

que es esencial: su capacidad de asombrar. Si los formalistas rusos tenían razón al afirmar que la función del arte moderno era la de renovar la percepción anquilosada y hacernos ver como si fuera por primera vez, resulta indudable que la ruptura no puede convertirse en norma sin traicionarse a sí misma: cuando la excepción se automatiza, deja de provocar la sensación de desfamiliarización; cuando lo desconocido y lo nuevo se vuelven no sólo conocidos sino programables, entonces dejan de causar extrañeza. Si acepta subordinarse a una tradición, cualquiera que ésta sea, el espíritu vanguardista se niega. Una estética centrada en el cambio y la innovación no puede institucionalizarse sin traicionar su esencia.

Regresando a la antología de 1966, hay que subrayar que un presente en movimiento implica la existencia de un pasado igualmente móvil, cambiante, no fijo: cada generación debe inventar su propio pasado, es decir, su(s) propia(s) antología(s). De lo anterior se desprende una consecuencia importante: las antologías son siempre parciales, interesadas y condicionadas, incluso las que pretenden ser objetivas. Una "antología definitiva" es una contradicción que revela la nostalgia por un Absoluto no sujeto a los vaivenes de la historia. La persistencia y la innegable fecundidad de los supuestos metafísicos y religiosos del idealismo esencialista de gran parte de la tradición poética moderna (la romántica, simbolista y modernista) se explican por su saludable carácter reactivo: expresan un antagonismo al relativismo histórico. Sin embargo, cuando estos mismos supuestos se vuelven hegemonías sordas al rumor confuso y cambiante de la historia, tienden a perder su fecundidad.

Una de las ideas teóricas que animan el prólogo de Paz es la de la obra abierta, concepto divulgado unos años antes por Umberto Eco. Según esta noción, ciertas obras modernas son mecanismos capaces de generar significados plurales. No encierran un mensaje dado de antemano por el autor, sino que mediante las sucesivas interpretaciones que hacen lectores, ejecutantes y espectadores estas obras adquieren significados nuevos. Así nace un receptor cómplice que crea sentidos nuevos y plurales —pero nunca absolutos— a partir de la indeterminación constitutiva de la obra. El texto artístico, entonces, se vuelve un juego en el cual se ponen en movimiento ciertas posibilidades interpretativas. Cada acto de escritura/lectura es un nuevo punto de partida. Resultado: el poema deja de ser un monumento estático y se convierte en un campo de posibilidades abierto a las acciones creadoras del lector. El prólogo termina con una afirmación de esta idea: "La significación es cambiante y momentánea: brota del encuentro entre el poema y el lector".[59]

Se trata de una noción que tal vez no despierte el mismo entusiasmo el día de hoy. Como principio estético general es un concepto inobjetable y fructífero: sin la colaboración del lector no hay obra. El problema surge cuando se trata de clasificar los textos artísticos como abiertos o cerrados. Es evidente que estos términos señalan polos absolutos que no existen en forma pura en ninguna obra. El mismo prologuista lo reconoce: "Obras cerradas y abiertas son arquetipos, modelos ideales y no realidades".[60] Pero al intentar establecer una equivalencia directa entre obra abierta y poema moderno, se corre el riesgo de privilegiar sólo una parte —la más experimental en sus búsquedas formales— de la poesía moderna. Esta restricción resulta excesiva cuando amenaza con eliminar de cierto canon mucha poesía que es indudablemente moderna pero que no emplea mecanismos formales o recursos estructurales de apertura.

Se trata de una noción muy ligada al renacimiento de una vanguardia experimental en los años sesenta (la poesía concreta, las tendencias plásticas conocidas como *op art* y *pop art*, la música aleatoria de John Cage...). En la literatura hispanoamericana el ejemplo seminal es *Rayuela* de Julio Cortázar, con su "Tablero de dirección" que indica diversas formas de armar el texto. Pero uno de los principales exponentes de este nuevo concepto es el mismo Paz, quien escribió en aquellos años varias obras auténticamente abiertas (en el sentido estricto): *Blanco* (1967), *Discos visuales* y *Topoemas* (ambas de 1968). Paz vio en estas tendencias la posibilidad de realizar la utopía romántica de reunir arte y vida, de socializar la actividad estética. En los ensayos contemporáneos de *Corriente alterna* (1967) abundan atisbos de un nuevo arte instantáneo y combinatorio modelado en "la fiesta y la contemplación". En el prólogo a la antología, ofrece un resumen de este proyecto utópico:

[59] Prólogo a *Poesía en movimiento*, 34.
[60] Prólogo a *Poesía en movimiento*, 10.

La noción de obra abierta es plural y abarca muchas experiencias y procedimientos. Expuesta a la intervención del lector y a la acción —calculada o involuntaria— de otros elementos externos, también saca partido del azar y de sus leyes, provoca el accidente creador o destructor, convierte el acto poético en un juego o en una ceremonia y, en fin, pretende restablecer la comunicación entre la vida y la poesía.[61]

Hay que reconocer, sin embargo, que no todos los poetas incluidos en la antología se insertan plenamente dentro de la tradición de la ruptura. En el prólogo se traza la oscilación entre los dos extremos de obra abierta y obra cerrada. Si Tablada inicia la primera modalidad en México, la generación de Contemporáneos muestra, en su diversidad interna, una atracción hacia ambos polos: las vanguardias y la poesía pura (la novedad experimental y la perfección formal). En suma, las cualidades de las obras que interesan en una antología de este tipo deberían ser las de exploración, aventura, innovación y experimentación. Son características esenciales de la vanguardia. Es verdad que estas cualidades están presentes en la mayor parte de los poetas incluidos. En este sentido, valdría la pena agregar que *Poesía en movimiento* continúa la práctica inteligente de la antología de Cuesta, que consiste en incluir poemas en prosa: así figuran con plena justificación textos de Torri, Owen, Paz, Arreola, Pacheco y Aridjis.

Sin embargo, el enfoque parcial descrito arriba no siempre se traduce en un criterio de selección firme y convincente. Como toda obra colectiva y como las dos antologías anteriores, *Poesía en movimiento* es el resultado de un compromiso que nace de diferencias de opinión. En el prólogo, el mismo Paz insinúa algunos de los conflictos que se presentaron durante la planeación del libro, sobre todo en cuanto a dos asuntos: la noción inasible de "tradición de la ruptura" y el criterio exclusivista de sólo antologar poetas del cambio y la innovación. Al parecer, Pacheco y Chumacero querían tomar en cuenta otros factores más amplios y nada vanguardistas (como la dignidad estética, el decoro y la perfección) para tener un criterio de selección más generoso, mientras que Paz y Aridjis favorecían una posición más rígida y más parcial.

---

[61] Prólogo a *Poesía en movimiento*, 11.

Lo que es indudable es que varios de los poetas que aparecen en la antología (Elías Nandino, por ejemplo) no pertenecen realmente a la tradición de la ruptura. Un criterio de selección más fiel a las ideas desarrolladas en el prólogo se hubiera traducido en una nómina más estricta y en un libro más congruente con su idea rectora. Hubiera sido una antología más concisa y también más coherente como visión parcial e interesada de la poesía mexicana moderna. La concisión implica sacrificios y es evidente que de haberse adoptado las decisiones para garantizar un buen grado de congruencia entre el prólogo y la selección, el resultado final hubiera sido una antología menos variada y más tendenciosa: para algunos, un libro más pobre; para otros, un libro más rico.

Cuesta señaló que toda antología es un compromiso. Sabemos que varios poetas incluidos en el libro de 1928 no eran de su agrado personal, así como hay autores en *Laurel* que no caben dentro de la visión purista de Villaurrutia. De la misma manera, se notan en *Poesía en movimiento* incongruencias entre la visión personal de la tradición expuesta en el prólogo y la selección por consenso de autores y obras. Tal vez la noción misma de una obra colectiva entrañe un elemento de compromiso que tiende hacia una generosa amplitud que sea representativa de varias tendencias, mientras que un criterio estrictamente personal tendería a ser más riguroso y exclusivista. En este sentido, la antología más consecuente consigo misma sería la que registrara con fidelidad una sensibilidad individual con sus caprichos subjetivos.

Por encima de sus evidentes diferencias, las tres antologías comentadas tienen varios puntos en común. Villaurrutia, quien participó en la de 1928, es la presencia dominante en la de 1941. Paz, participante en *Laurel*, es la presencia rectora en *Poesía en movimiento*. Aunque hay un marcado contraste entre la visión purista y esencialista, compartida en términos generales por las dos primeras, y la perspectiva más dinámica e histórica de Paz, es igualmente cierto que las tres selecciones representan tres momentos diferentes de la conciencia que tiene de sí misma una tradición poética. En cada momento esta tradición se analiza, se interroga, se inventa un pasado y se ve como una íntima combinación dialéctica de continuidad y ruptura. Lo que cambia en cada caso es el balance o, como dice Cuesta, el equilibrio. En este sentido, los tres libros construyen una tradición que se rehace a cada paso y que conserva su vigencia mediante estas reformulaciones creadoras.

En estas páginas he querido trazar los contornos de algunas de las múltiples corrientes de la poesía en México a través de tres antologías que, en sus respectivos tiempos, propusieron una nueva visión de la tradición poética. Tres antologías como filtros o termómetros para medir las maneras en que diferentes individuos, generaciones, grupos o combinaciones de grupos han planteado la cuestión de la continuidad de una tradición. Cada una de las selecciones representa un momento diferente y una visión crítica distinta de la poesía anterior y de sus relaciones con el presente. Sin embargo, estos tres cortes esconden una subterránea continuidad: en lugar de reflejar una tradición preexistente han querido fundarla de nuevo o por primera vez, aun cuando cada antología tenga una visión propia acerca de lo que constituye la modernidad de esta tradición.

Borges escribió, en una página inolvidable, que cada escritor *crea* a sus precursores; Eliot pensó que cada obra importante cambia toda la tradición anterior; Cuesta, Villaurrutia y Paz nos han dado sus respectivas visiones de la tradición que ellos han heredado, transformado e inventado. *Poesía en movimiento* se editó en 1966, hace 31 años. En 1980, Gabriel Zaid notó que este libro se había inmovilizado.[62] El hecho de que se siga reimprimiendo sin cambios es una afrenta a su propia idea rectora de que el arte es innovación, transformación de lo recibido, perpetua metamorfosis. Tal vez en otro tipo de libro esta parálisis sea una virtud o una prueba de que la obra se ha convertido en un clásico, pero en el caso de *Poesía en movimiento* es un fenómeno desautorizado de antemano. Ninguna antología puede presumir definitividad, pero la de 1966 fue hecha de acuerdo con lo que la jerga de la mercadotecnia llama "obsolescencia planificada". En 1995 se editó la vigesimotercera edición de *Poesía en movimiento* y hemos de suponer que este éxito editorial inusitado para una antología responde a una actitud de los lectores que prefieren la comodidad de quedarse con una congelada visión canonizada a enfrentarse

---

[62] *Asamblea de poetas jóvenes de México*, presentación de Gabriel Zaid (México: Siglo XXI, 1980), 11.

al reto de leer la poesía más reciente en toda su abigarrada abundancia.

Corrió con mejor suerte la *Asamblea de poetas jóvenes de México* que convocó en 1980 Gabriel Zaid en un intento de volver a poner en movimiento a la parte más viva, inestable y cambiante de la tradición: la poesía de los jóvenes. El libro registra 164 poemas de otros tantos poetas nacidos entre 1950 y 1962. El resultado no es una antología tradicional jerarquizada sino una muy amplia muestra democrática de los nuevos que aparecen en orden estrictamente cronológico (por fecha de nacimiento), representados por un solo poema, seleccionado por Zaid. La explosión numérica de poetas rebasó todas las expectativas y dictó la necesidad de una fórmula nueva de organización igualitaria. Aprensivo por el triunfo editorial de *Poesía en movimiento*, Zaid expresó en aquel momento su temor de que la asamblea se convirtiera en permanente y de que el mismo material se reeditara sin cambios. A pesar de haberle puesto una fecha de caducidad de "tres o cuatro años", una tercera edición del libro se publicó en 1987. No se ha reeditado después. Todo lo cual comprueba que las necesidades y prioridades del antólogo casi nunca coinciden con las de la industria editorial.

Desde 1966 han circulado muchas antologías de poesía mexicana. Algunas son valiosas por su afán de informar objetivamente, por su intento de ampliar la esfera de lo poético (como el imprescindible *Ómnibus* de Zaid) o en su atrevimiento democrático a recopilar muestras de las nuevas voces (como la ya citada *Asamblea* del mismo Zaid).[63] En el mismo año de 1966 Carlos Monsiváis editó lo que es probablemente la más amplia y representativa antología de poesía mexicana moderna.[64] Sin embargo, ninguna de estas selecciones ha podido, o tal vez no ha querido, reformular una visión del pasado reciente desde una perspectiva diferente y parcial. Ninguna ha tomado el lugar de *Poesía en movimiento* (lo cual es comprensible); ninguna ha cuestionado la visión hegemó-

[63] *Ómnibus de poesía mexicana*, presentación, compilación y notas de Gabriel Zaid (México: Siglo XXI, 1971).

[64] *La poesía mexicana del siglo XX (antología)*, notas, selección y resumen cronológico de Carlos Monsiváis (México: Empresas Editoriales, 1966). Monsiváis ha publicado dos versiones actualizadas de su antología bajo los siguientes títulos: *Poesía mexicana II: 1915-1979* (México: Promexa, 1979); *Poesía mexicana II: 1915-1985* (México: Promexa, 1985), 2ª ed., 1992.

nica de aquel libro de 1966 (lo cual no resulta tan comprensible). Como si temieran pisar un terreno ya canonizado, las antologías más recientes tienden a limitarse excesivamente en el tiempo y se conforman con llenar el vacío posterior al espacio abarcado por aquel libro de 1966. ¿Es ingenuo esperar una nueva visión de la tradición poética moderna en México? ¿Quién nos inventará un nuevo pasado que nos pertenece y un nuevo presente que podemos habitar?[65]

---

[65] Un fragmento de este texto se publicó con el título de "La invención de la tradición: tres antologías decisivas en la poesía mexicana moderna" en *Lenguaje y tradición en México*, ed. Herón Pérez Martínez (Zamora: El Colegio de Michoacán, 1989), 183-193; el mismo fragmento se reimprimió en *El Deslinde* (Universidad Autónoma de Nuevo León), 25 (julio-septiembre 1989): 7-13.

En el prólogo a este libro señalo que los textos críticos también tienen su genealogía: presuponen unos precursores y pueden engendrar descendientes. Como la honestidad intelectual exige dejar constancia escrita de deudas y desacuerdos, se comprenderá mi sorpresa cuando descubrí hace poco que la primera versión de este ensayo —el más viejo de los incluidos aquí— había recibido el dudoso homenaje del plagio. El hecho no deja de ser irónico para alguien, como el autor de este libro, que hace un elogio crítico de la poética del robo creador. Me consuela saber que, como escribo en el prólogo, la auténtica apropiación no es un reflejo mimético y pasivo sino una actividad dinámica que entraña una transformación de lo recibido. El lector curioso puede comparar los siguientes textos. El primero es un texto mío publicado en 1989 (la cita está formada por una parte del penúltimo párrafo y el inicio del último párrafo de "La invención de la tradición: tres antologías decisivas en la poesía mexicana moderna" y se encuentra en la página 193 del ya citado libro *Lenguaje y tradición en México*):

...es igualmente cierto que las tres antologías representan tres momentos diferentes de la conciencia que tiene de sí misma una tradición poética. En cada momento esta tradición se analiza a sí misma, se inventa un nuevo pasado y se ve como una íntima combinación dialéctica de continuidad y ruptura... [aquí se omite una oración]
Borges escribió, en una página inolvidable, que cada escritor *crea* a sus precursores...

El segundo texto consta del penúltimo párrafo de "Antologías poéticas en México. Una aproximación hacia el fin de siglo", artículo de Susana González Aktories publicado en el número 24 (1995) de la revista *Anales de Literatura Hispanoamericana*, editada por la Universidad Complutense de Madrid (la cita proviene de la página 248):

Es igualmente cierto que las diferentes antologías representan diversos estados de la conciencia que tiene de sí misma una tradición poética. En cada momento esta tradición se autoanaliza, se inventa un nuevo pasado o, para decirlo con palabras de Borges, crea a sus propios precursores, desarrollando una íntima combinación dialéctica de continuidad y de ruptura.

APROPIACIONES

II. SOR JUANA ENTRE LOS CONTEMPORÁNEOS

A Antonio Alatorre

Drive your cart and your plough over the bones of the dead.

WILLIAM BLAKE

EL RESCATE de la vida y la obra de Sor Juana Inés de la Cruz es una tarea realizada sobre todo en el siglo XX. Enterrada en el olvido durante más de siglo y medio, Sor Juana sufrió la reacción neoclásica del siglo XVIII y los prejuicios literarios e ideológicos de los románticos decimonónicos. Ambas escuelas veían en su obra la decadencia alambicada del gongorismo y del culteranismo, términos estos sinónimos de casi cualquier vicio: afectación, extravagancia, oscuridad, mal gusto, pedantería, amaneramiento, aberración y hasta locura.[1] Es evidente que el acercamiento más ecuánime a Sor Juana exigió la previa valorización de Góngora, proceso que llegó a su apogeo en 1927, año del tercer centenario de su muerte. Las recreaciones imaginativas de los poetas de la Generación del 27 (sobre todo las de Lorca, Alberti, Diego y Guillén) fueron precedidas y acompañadas por la labor erudita de los filólogos (Foulché-Delbosc, Reyes y Dámaso Alonso) que editaron, depuraron y explicaron los textos del cordobés.

El acercamiento comprensivo a Góngora fue facilitado por dos cambios en el gusto estético: primero, el triunfo del simbolismo mallarmeano y del modernismo de Darío (con su estética hermética, alusiva e impresionista, densa en neologismos, referencias mitológicas y metáforas sensoriales); el segundo cambio fue la irrupción posterior de ciertos movimientos de vanguardia, como el ultraísmo y el creacionismo hispánicos, con su programa anti-

---

[1] Para una muestra muy completa de opiniones sobre Sor Juana desde su época hasta los juicios de Marcelino Menéndez y Pelayo, véase el libro de Francisco de la Maza, *Sor Juana Inés de la Cruz ante la historia (Biografías antiguas. La Fama de 1700. Noticias de 1667 a 1892)* (México: UNAM, 1980).

mimético, elitista e intelectual. Guillermo de Torre, jefe de los ultraístas y autor del primer libro en español sobre los nuevos ismos, proclama en 1925 que hay una "evidente" conexión entre Góngora, "formidable constructor de metáforas en el saturado siglo XVII", y los poetas vanguardistas castellanos.[2] Así, proclama que el Góngora de las *Soledades* es el primer poeta ultraísta por su uso atrevido de metáforas desrealizadas, creador de "todo un nuevo vocabulario poético, que posee el más puro carácter creacionista".[3] Para otros, Góngora será el primer poeta puro. Frente a esta utilización conscientemente anacrónica de Góngora como justificación de un nuevo tipo de poesía, los filólogos realizan una labor más histórica y científica. Las de los creadores y los estudiosos son dos metas distintas y, en última instancia, contrarias, pero coexisten. La rehabilitación, sin embargo, no gozó de aceptación unánime, como lo demuestra el persistente antibarroquismo de un Antonio Machado. En el caso de México, los arraigados prejuicios se pueden apreciar todavía en las páginas dedicadas a Sor Juana y al gongorismo en una conocida *Historia de la literatura mexicana* publicada en 1928 —un año después de los homenajes—, páginas en las cuales se menciona una sola vez al *Sueño* para catalogarlo y despacharlo como mera imitación de las *Soledades* de Góngora.[4]

La historia del desentierro de Góngora ha sido estudiada con detenimiento, sobre todo por Elsa Dehennin,[5] pero no podemos decir lo mismo del caso paralelo de Sor Juana. Si exceptuamos el libro pionero de Amado Nervo, *Juana de Asbaje*, publicado en 1910, tenemos que esperar hasta fines de la década de los veinte para ver un interés sostenido en Sor Juana.[6] Como en el caso de Góngora, el interés tiene dos filos (erudito y creador) y se manifiesta muy especialmente dentro del grupo de poetas mexicanos cono-

[2] Guillermo de Torre, *Literaturas europeas de vanguardia* (Madrid: Caro Raggio, 1925), 308.

[3] De Torre, 311.

[4] Carlos González Peña, *Historia de la literatura mexicana desde los orígenes hasta nuestros días* [1928], 14ª ed. (México: Porrúa, 1981), 83-87.

[5] Véase Elsa Dehennin, *La Résurgence de Gongora et la Génération poétique de 1927* (París: Didier, 1962).

[6] Existe una reedición del libro de Nervo: *Juana de Asbaje. Contribución al Centenario de la Independencia de México*, introducción y edición de Antonio Alatorre (México: Consejo Nacional para la Cultura y las Artes, 1994). En su introducción, Alatorre traza en forma sintética la historia del "olvido" de Sor Juana.

cidos como los Contemporáneos. Es curioso que la presencia de
Sor Juana entre los Contemporáneos no haya recibido ningún
tratamiento crítico extenso, ni siquiera por parte de aquellos estudiosos, como Sergio Fernández, que han escrito tanto sobre la
monja como sobre el "grupo sin grupo". Por otra parte, resulta
igualmente extraño constatar la ausencia total de referencias a los
Contemporáneos en un estudio académico dedicado a rastrear
las manifestaciones intertextuales de Sor Juana en la literatura
mexicana del siglo xx, estudio que sí dedica todo un capítulo a
las novelas de dos escritoras (Ángeles Mastretta y Laura Esqui-
vel) que no tienen ninguna relación intertextual directa con Sor
Juana.[7]

ECOS Y RESONANCIAS

En el número 3 de la revista *Contemporáneos* (agosto de 1928), Ermilo Abreu Gómez publica la primera edición moderna del *Primero
sueño*, colocada entre textos vanguardistas de Azuela, Cocteau y
Mérida, y reproducciones de telas inquietantes de Giorgio de Chi-
rico. Aun cuando desde el punto de vista de la filología textual la
edición no es perfecta —como se encargaría de enseñarnos años
después Alfonso Méndez Plancarte—,[8] tiene un indudable méri-
to pionero. Un mes después, en el número 4 de la misma revista,
Abreu da a conocer una "Tesis", que en realidad es un resumen
prosificado del poema, como apéndice de un ensayo crítico
donde afirma que "nadie, o casi nadie, se ha ocupado de estudiar
El sueño".[9]

Durante los años siguientes Abreu prosigue con sus trabajos de
edición, divulgación y estudio de la vida y obra de Sor Juana, pero
no es el único del grupo. Xavier Villaurrutia publica en 1931 una
edición de los sonetos de la monja y, en 1939, otra de las endechas.[10]

[7] Véase Herlinda Regina James, "The Intertextual Manifestations of Sor Juana
Inés de la Cruz in Contemporary Mexican Literature", tesis doctoral, University
of Texas at Austin, 1993.
[8] Véanse las lecturas erróneas señaladas en las "Notas textuales" al *Sueño: Obras
completas de Sor Juana Inés de la Cruz*, vol. 1 *Lírica personal*, edición, prólogo y notas
de Alfonso Méndez Plancarte (México: Fondo de Cultura Económica, 1951), 575-576.
[9] Ermilo Abreu Gómez, "El *Primero sueño* de Sor Juana", *Contemporáneos*, 4
(septiembre 1928): 46.
[10] Sor Juana Inés de la Cruz, *Sonetos*, ed. y notas de Xavier Villaurrutia (México:
Ediciones de La Razón, 1931); "Endechas de Sor Juana Inés de la Cruz (1651-

Además, sabemos por varias fuentes que existió un proyecto colectivo de los Contemporáneos para editar las obras completas
de Sor Juana, proyecto no llevado a cabo.[11] Entre los que son propiamente los poetas del grupo, Villaurrutia es el único que dedica un ensayo entero a la escritora.[12] A pesar de ser un texto de
divulgación, este ensayo destaca con inteligencia que la curiosidad de Sor Juana es de tipo "masculino" y se manifiesta como
pasión por la aventura arriesgada del conocimiento. El autor ase-
meja esta curiosidad exacerbada a la de dos figuras míticas que
son emblemas centrales para los Contemporáneos: Simbad el
Marino, ese "náufrago incorregible", y Ulises, cuyas aventuras
"revelan una curiosidad de tipo científico".[13] Es justo reconocer
que entre los críticos no hostiles, Villaurrutia es uno de los primeros en México, junto con Abreu, en distanciarse de la tendencia
hagiográfica y en rechazar el supuesto "misticismo" de Sor Juana.
    Villaurrutia nos dejó el retrato de una "poetisa de la inteligen-
cia", siguiendo en esto a Manuel Toussaint quien, al tratar de
definir las características de la escritora en una valiosa antología
de textos de Sor Juana publicada en 1928, escribió: "Sor Juana en
todos sus poemas obedece, no a una inspiración subyugadora,
sino a una plena conciencia intelectual de su arte; en ella no hay
nada de inconsciente o involutario [sic]: todo ha sido trazado con
mano segura, pensado con inteligencia".[14] En 1934, unos años
antes de que Villaurrutia publicara su texto, otro miembro del

1695)", ed. y notas de Xavier Villaurrutia, *Taller*, 7 (diciembre 1939): 59-89. Estas
dos publicaciones fueron reunidas por el mismo editor en *Sonetos y endechas*
(México: Nueva Cvltvra, 1941).
    [11] Ermilo Abreu Gómez da algunos datos acerca del proyecto en "Tribulaciones
de un sorjuanista", *Letras de México*, 5.114 (agosto 1945): 1-2. Por su parte, Alfonso
Méndez Plancarte pone fecha (1929) y agrega más nombres de los que asistieron a
la reunión (Abreu Gómez, Novo, Villaurrutia, Monterde, José Gorostiza y Jiménez Rueda): *Obras completas de Sor Juana Inés de la Cruz*, 1: lxvin92.
    [12] El ensayo tuvo su origen en una conferencia ofrecida en el Colegio de San
Nicolás de la Universidad de Michoacán en 1942. Se publicó en *Universidad Michoacana*, 28 (marzo-abril 1952): 41-51. Está recopilado en *Obras*, 2ª ed. aum. (México: Fondo de Cultura Económica, 1966), 773-785.
    [13] Villaurrutia, *Obras*, 776.
    [14] Sor Juana Inés de la Cruz, *Obras escogidas*, edición y prólogo de Manuel Tous-
saint (México: Cvltvra, 1928), xii. Este tomo inaugura la serie de "Clásicos Mexicanos" (modelada en los "Clásicos Castellanos"). El prólogo de Toussaint es elo-
gioso y la selección muy variada (incluye la *Respuesta* completa y muestras de
casi todas las formas métricas practicadas por Sor Juana), pero la exclusión del
Primero sueño seguramente obedece a la persistencia del antigongorismo.

grupo, el poeta y pensador Jorge Cuesta, había escrito un ambicioso ensayo, "El clasicismo mexicano", en el cual traza una genealogía de la poesía mexicana a partir de la teoría de que toda poesía americana es, en sus orígenes, una poesía europea, universal y clásica. La "originalidad" de esta poesía no reside en sus diferencias particulares o en sus notas nacionales distintivas sino en la continuidad que mantiene con su origen:

> La originalidad americana de la poesía de México no debe buscarse en otra cosa que en su inclinación clásica, es decir, en su preferencia de las normas universales sobre las normas particulares. De este modo, se ha expresado su fidelidad a su origen en lo que consiste la originalidad.[15]

De forma muy deliberada, Cuesta da otro sentido al concepto romántico de "originalidad". En lugar de denotar novedad, unicidad o ruptura con el pasado, la palabra recobra aquí su sentido primitivo o premoderno: lo original es lo que se deriva de los orígenes; ser original es ser consecuente con esos orígenes. Se trata de una teoría polémica y antirromántica que se distingue del clasicismo más ortodoxo de Alfonso Reyes o Pedro Henríquez Ureña por su talante reactivo y radical. Este nuevo clasicismo (impulsado por lecturas de escritores como Gide, Eliot y Valéry) marca a varios de los Contemporáneos, quienes asumen su estricto vocabulario crítico: rigor, orden, inteligencia, pureza, ciencia. Es evidente que para Cuesta, Sor Juana sirve de modelo para legitimar una literatura moderna de exigencia universal.

Sin embargo, lo que me interesa explorar aquí no es la historia externa de la recuperación de Sor Juana por un grupo de poetas mexicanos del siglo xx, por importante que sea esta historia, sino más bien la red de resonancias, ecos y prolongaciones que permite relacionar la obra de la monja con la poesía de estos mismos escritores y muy especialmente con *Muerte sin fin* de José Gorostiza. Es un tema que la crítica ha apuntado pero sin desarrollarlo en profundidad. Veamos lo que se ha dicho al respecto. En 1946, en la primera versión de un ensayo que aparecería en *Letras de la Nueva España*, Alfonso Reyes se preguntó: "¿Se han asomado los su-

---

[15] Jorge Cuesta, "El clasicismo mexicano" [1934], en *Poemas y ensayos*, ed. Miguel Capistrán y Luis Mario Schneider, vol. 2 (México: UNAM, 1964), 183.

prarrealistas a los sueños de Juana?"[16] Unos años después, Emilio Carilla retomó la idea de Reyes e intentó identificar una estela del *Sueño* en ciertas obras de lengua española cercanas al surrealismo: *Sobre los ángeles*, *Poeta en Nueva York*, *Residencia en la tierra* y libros de Vicente Aleixandre. El crítico concluye con esta aseveración:

> Superrealismo en el buceo de ciertas regiones y temas, en el mundo de los sueños y del subconsciente, en hondas introspecciones, pero no muy alejado de la lucidez y lógica del poeta. Nunca automatismo. Y en Sor Juana hay —repito— más de una línea, y de ese trazo, que anuncia modernos esquemas.[17]

Creo, honestamente, que aun con los matices introducidos por Carilla no es fructífera esta tendencia a buscar prolongaciones del poema mayor de Sor Juana en aquellos poetas modernos interesados en captar el aspecto irracional de la experiencia onírica. Sor Juana pertenece a otro linaje, al linaje de los Contemporáneos. El primero en ver esta relación fue el infatigable Alfonso Méndez Plancarte, al observar en 1951 que el *Primero sueño* "tiene aliento y grandeza apenas parangonables —en el orbe de nuestro idioma— con la magnífica aunque panteísta *Muerte sin fin* de José Gorostiza".[18] Y en ese "aunque" está cifrada la ortodoxia religiosa del padre. El mismo Méndez Plancarte menciona a continuación el parentesco entre el *Primero sueño* y *El cementerio marino* de Paul Valéry, otro monumento de la poesía pura en su versión más intelectual. En 1957, en ese fastuoso banquete barroco que escenifica José Lezama Lima en *La expresión americana*, donde uno de los invitados de honor es precisamente Sor Juana, el autor plantea el siguiente desafío que más bien parece profecía:

> Algún día cuando los estudios literarios superen su etapa de católogo, y se estudien los poemas como cuerpos vivientes, o como dimensiones alcanzadas, se precisará la cercanía de la ganancia del sueño en

[16] El ensayo se publicó por primera vez con el título "Las letras patrias (de los orígenes al fin de la Colonia)" en el tomo colectivo *México y la Cultura* (México: Secretaría de Educación Pública, 1946), 309-383. La cita sobre Sor Juana se conserva en *Letras de la Nueva España* [1948], recogido en *Obras completas de Alfonso Reyes*, vol. 12 (México: Fondo de Cultura Económica, 1960), 371.

[17] Emilio Carilla, "Sor Juana: ciencia y poesía (sobre el 'Primero sueño')", *Revista de Filología Española*, 36 (1952): 306.

[18] Sor Juana Inés de la Cruz, *El sueño*, edición y prosificación e introducción y notas de Alfonso Méndez Plancarte (México: Imprenta Universitaria, 1951), ix.

Sor Juana, y la de la muerte, en el poema contemporáneo de Gorostiza. El sueño y la muerte, alcanzándose por ese conocimiento poético
la misma vivencia del conocimiento mágico.[19]

Otros críticos que han señalado cierto vínculo entre el *Sueño* y
Muerte sin fin son Ramón Xirau, Mordecai Rubín, Octavio Paz
y Antonio Alatorre.[20] Salvo Alatorre, ninguno ha entrado en mucho detalle al respecto. Pero antes de intentar hacerlo, quisiera
comentar brevemente otros poemas de los Contemporáneos que
tienen una relación con la obra de Sor Juana.

En la misma revista *Contemporáneos*, donde había aparecido en
1928 la primera edición moderna del poema más importante de
la monja, vio la luz en abril de 1931 otro "Primero sueño", debido
a la pluma del director de la revista, Bernardo Ortiz de Montellano. En varios textos anteriores y posteriores al poema, este autor
expresaría su convicción de que hay hilos subterráneos de continuidad que enlazan la poesía precolombina, la colonial y la popular
o tradicional con la poesía actual de México. Por eso, es revelador
que en 1933, cuando reunió varios poemas en un libro llamado
Sueños, Montellano haya empleado como epígrafe de su "Primero sueño" estos hermosos versos de un romance de Sor Juana:

> ¿Qué mágicas infusiones
> de los indios herbolarios
> de mi patria, entre mis letras
> el hechizo derramaron?[21]

Versos que expresan el programa estético de Montellano: entre el
pasado y el presente hay una continuidad misteriosa que se tras-
mite por vía mágica a través de la palabra poética.

Este nuevo "Primero sueño", con sus 150 versos divididos en

[19] José Lezama Lima, *La expresión americana* [1957], ed. Irlemar Chiampi (México: Fondo de Cultura Económica, 1993), 97-98.
[20] Ramón Xirau, "Tres calas en la reflexión poética: Sor Juana, Gorostiza, Paz",
en *Poetas de México y España* (Madrid: José Porrúa Turanzas, 1962), 124-147; Mordecai S. Rubín, *Una poética moderna: "Muerte sin fin" de José Gorostiza* (México: UNAM,
1966), 204-210; Octavio Paz, *Sor Juana Inés de la Cruz o las trampas de la fe* (México:
Fondo de Cultura Económica, 1982), 500; Antonio Alatorre, "Nada ocurre, poesía
pura", *Biblioteca de México*, 1 (enero-febrero 1991): 6-8.
[21] Bernardo Ortiz de Montellano, *Sueños* (México: Contemporáneos, 1933), 17.
La cuarteta proviene del romance número 51 en la edición de Méndez Plancarte:
Obras completas de Sor Juana Inés de la Cruz, 1: 160.

cinco partes, trata de comunicar una experiencia onírica de simbolismo personal y colectivo. Va precedido por un argumento en prosa en forma de una serie de apuntes que relatan el asunto que, aparentemente, motivó tanto el sueño como el poema: la premonición de la muerte de Lorca. Es un poema-*collage* que narra, en secuencias discontinuas, el viaje de un andaluz, un indio y un mexicano, su descubrimiento de un velorio indígena y su encuentro con un grupo de indios: "Cada tres hombres conducen una guitarra, larga como remo, compuesta de tres guitarras pintadas de colores y en forma cada una de ataúd".[22] El texto termina con una escena ambigua en que memorias infantiles de una feria popular se funden con un recuerdo de la violencia revolucionaria y se escucha al final la orden de disparar de uno de los soldados: "¡Fuego!". En ese mismo momento el yo que narra despierta.

El poema no tiene una relación muy estrecha con el de Sor Juana. Fuera del título, obvio homenaje, y el cierre con el despertar (pero que aquí es sinónimo de muerte), la única estrofa que recuerda al poema barroco es la primera, poblada por pirámides (aquí recontextualizadas en un ambiente claramente mexicano y prehispánico, acompañadas por una imagen sacrificial), estrofa que contiene el mismo verbo —"escalar"— que utiliza Sor Juana para describir el movimiento ascendente hacia el ápice. También aparecen tres de los cuatro elementos (tierra, agua, aire), tan usados por Sor Juana, y que se corresponden con ese hermético simbolismo ternario que atraviesa el poema entero:

> Polvo de los bolsillos de la tierra,
> polvo de siglos descalzos
> por escalar pirámides
> y abrir el corazón a los magueyes;
> barro de los apuestos puntos cardinales,
> lodo para el jacal, el jarro, el aire,
> seis meses afinado, cuando llueve.[23]

En realidad, será en el "Segundo sueño", que apareció por primera vez en 1933 en el libro *Sueños*, donde Montellano intenta establecer un diálogo más cercano con el *Sueño* de Sor Juana.[24]

[22] Bernardo Ortiz de Montellano, "Primero sueño", *Contemporáneos*, 35 (abril 1931): 2.

[23] Bernardo Ortiz de Montellano, "Primero sueño", 3.

[24] Jaime Labastida no establece ninguna relación entre el "Segundo sueño" de

Precedida igualmente por un argumento que relata una experiencia en una sala de operaciones bajo el efecto de la anestesia, el "Segundo sueño", además de sugerir en su título un soñar por segunda vez o una reescritura del "Primero sueño" —el suyo y el de Sor Juana—, relata con alusiones mitológicas el viaje del alma liberada del cuerpo. El asunto, entonces, es semejante en ambos textos: el alma emprende un viaje de navegación en busca del conocimiento (del universo, en Sor Juana; del yo, en Montellano). Pero el movimiento arquitectónico del poema moderno invierte el de Sor Juana: no hay un ascenso por la pirámide mental, pasando por los distintos reinos y campos de conocimiento, en un intento de llegar a la Primera Causa, sino un prolongado descenso a lo más oscuro (lo mineral y lo acuático), a esa zona de la experiencia onírica donde el sueño coincide con la muerte, esa zona de indefinición donde vida y muerte se tocan. "Ni vivo ni muerto" dice Montellano; "muerto a la vida y a la muerte vivo" dice Sor Juana.[25] En el poema moderno sigue un ascenso o resurrección del cuerpo que recobra, poco a poco, como en el *Sueño*, su capacidad sensorial. La undécima y última parte tiene un claro paralelo con el final de su modelo: se trata del triunfo de la luz y la manera en que cada cosa recobra su forma y sus contornos, su plasticidad y su nitidez. El poema de Montellano termina con la misma palabra con que termina el *Sueño* de Sor Juana, sólo que la forma conjugada del verbo no tiene esa contundencia del adjetivo femenino que, además de firmar y personalizar el texto barroco, invita a proyectar sobre el poema entero una lectura retrospectiva (el protagonista del sueño ha sido no sólo el alma genérica del ser humano sino también un alma particular —la de Sor Juana Inés de la Cruz):

> [...] quedando a luz más cierta
> el Mundo iluminado, y yo despierta.
> (vv. 974-975)

Ortiz de Montellano y el *Primero sueño* de Sor Juana, aunque el hecho de que sean los dos únicos poemas incluidos en la segunda parte (titulada "El sueño") de su antología comentada invita al lector a compararlos. Véase *El amor, el sueño y la muerte en la poesía mexicana*, prólogo y selección de Jaime Labastida (México: Instituto Politécnico Nacional, 1969).

[25] "Segundo sueño", en *Sueños*, 38; *Primero sueño* (v. 203). Para las citas del poe-

La presencia de Sor Juana se nota también en otros poetas del grupo. En ciertos poemas de Villaurrutia, por ejemplo, se puede apreciar una predilección neobarroca por los juegos de palabras, los oxímoros, las antítesis y paradojas, así como una afición al gran tema barroco del sueño, pero visto siempre desde un punto de vista moderno. Aquel pasaje en que Sor Juana describe el momento indeciso en que los órganos del cuerpo empiezan a despertar sin abandonar totalmente el ámbito del sueño: "ni del todo despiertos ni dormidos" (v. 856), pudo haberle inspirado a Villaurrutia la siguiente autodescripción en "Nocturno miedo": "Entonces, con el paso de un dormido despierto".[26] Pero será en la ingeniosa "Décima muerte", una décima de décimas que siguen, casi todas, la forma clásica, donde se ve una cercanía temática y estilística con Sor Juana, aunque el parecido puede deberse a una incorporación de tópicos y recursos de la poesía barroca en general más que a una influencia específica de Sor Juana.

Lo mismo se podría decir de la poesía de Jorge Cuesta, dominada por la forma clásica del soneto. Pero "Canto a un dios mineral", su único poema extenso, publicado póstumamente en 1942, tiene varios puntos de contacto con la obra mayor de la monja. Poema hermético que emplea algunos recursos estilísticos barrocos, como el hipérbaton y las imágenes antitéticas, y una forma métrica culta que es, como la silva, una combinación de versos heptasílabos y endecasílabos, sólo que aquí la distribución estrófica y la secuencia fija de metros la identifica con la forma que Tomás Navarro llama el "sexteto-lira".[27] A diferencia de la forma introducida por fray Luis de León en sus traducciones de Horacio, esta modalidad se parece más a la variante empleada por San Juan de la Cruz en "Llama de amor viva", sólo que Cuesta invierte el orden de los heptasílabos y endecasílabos: el sexteto simétrico de San Juan (abC:abC) se transforma, en "Canto a un dios mineral", en dos pareados endecasílabos seguidos por un heptasílabo (AAb:CCb).

Si Sor Juana declara que su meta en el *Sueño* es "la empresa /

---

ma de Sor Juana utilizo la edición de Alfonso Méndez Plancarte incluida en el primer tomo de las *Obras completas de Sor Juana Inés de la Cruz*, libro ya citado. En adelante pongo el número de verso entre paréntesis en el texto.

[26] "Nocturno miedo", en *Obras*, 45.

[27] Véase Tomás Navarro Tomás, *Métrica española: reseña histórica y descriptiva*, 7ª ed. (Barcelona: Labor, 1986), 207.

de investigar a la Naturaleza" (vv. 779-780), Cuesta concibe a la poesía como un método de investigación que empieza su recorrido con la materia inanimada, con el dios mineral de los alquimistas que está atrapado en la cárcel de la física:

> Como si fuera un sueño, pues sujeta,
> no escapa de la física que aprieta
> en la roca la entraña,
> le penetra con sangres minerales
> y la entrega en la piel de los cristales
> a la luz, que la daña.[28]

El poema de Cuesta aspira a detener el curso del tiempo y, a través de la imagen poética encantada, habitar una edad de oro suspendida fuera del tiempo, "una isla a salvo de las horas". El protagonista de ambas composiciones es el alma humana, la inteligencia que ambiciona explorar el cosmos. Como en el "Segundo sueño" de Montellano, Cuesta propone una reescritura invertida del ascenso del alma. Después del engaño de "la helada altura transparente", la mirada del alma cae dramáticamente a la honda oscuridad interior del sueño, donde la materia regresa a su primitivo estado preformal, indiferenciado, anterior al lenguaje:

> Y abatido se esconde, se concentra,
> en sus recónditas cavernas entra
> y ya libre en los muros
> de la sombra interior de que es el dueño
> suelta al nocturno paladar el sueño
> sus sabores obscuros.
>
> Cuevas innúmeras y endurecidas,
> vastos depósitos de breves vidas,
> guardan impenetrable
> la materia sin luz y sin sonido
> que aún no recoge el alma en su sentido
> ni supone que hable.[29]

---

[28] "Canto a un dios mineral", *Letras de México*, 3.21 (septiembre 1942): 3. Una transcripción descuidada del texto se incluye en el primer tomo de *Poemas y ensayos*.

[29] "Canto a un dios mineral", 4. La imagen de las "recónditas cavernas" como metáfora del proceso epistemológico es de clara estirpe platónica, pero también

Como para Sor Juana, la ciencia es no sólo un tema digno de la poesía sino una actividad gemela ya que trata de investigar y describir el acto de conocimiento en el cual el yo se relaciona con el mundo: para ambos autores, ciencia y poesía son operaciones epistemológicas paralelas.

"Muerte sin fin" en la estela del "Sueño"

Será, sin embargo, en *Muerte sin fin* (1939), extenso poema de José Gorostiza, donde el diálogo que los Contemporáneos sostienen con Sor Juana llegará a su punto más intenso y fascinante. Algunas semejanzas generales saltan a la vista: tanto el *Sueño* como *Muerte sin fin* son poemas intelectuales que expresan preocupaciones filosóficas y metafísicas; son textos reflexivos que quieren meditar, interrogar y contemplar en soledad una realidad cósmica; los dos cantan la experiencia del "desengaño", el tema barroco por excelencia. Ambas obras asumen la forma de un viaje en el cual el protagonista es la conciencia individual, el alma solitaria. Constituyen, como dice Paz acerca del *Primero sueño*, épicas del espíritu, negaciones de la revelación, construcciones racionales que hablan de los límites de la inteligencia.[30] Un yo canta y narra sus peripecias, gozos y sufrimientos y, sobre todo, los obstáculos que enfrenta en su afán de conocer.

Al comparar las *Soledades*, el *Sueño* y *Muerte sin fin*, textos que se cuentan entre los más difíciles de la poesía hispánica, Antonio Alatorre ha notado que pertenecen a una misma familia espiri-

---

podría ser una reminiscencia de unos versos del *Sueño* que describen lo que Méndez Plancarte llama "el sueño del cosmos": "y los dormidos, siempre mudos, peces, / en los lechos lamosos / de sus obscuros senos cavernosos" (vv. 89-91). También podría ser eco de una estrofa de la "Llama de amor viva" de San Juan de la Cruz:

> ¡O lámparas de fuego
> en cuyos resplandores
> las profundas cabernas del sentido
> que estava obscuro y ciego
> con estraños primores
> calor y luz dan junto a su querido!

La cita proviene de San Juan de la Cruz, *Poesía*, ed. Domingo Ynduráin, 4ª ed. (Madrid: Cátedra, 1988), 263.
[30] *Sor Juana Inés de la Cruz o las trampas de la fe*, 482, 485.

tual y que comparten tres características: están escritos en forma
de silva; son *soledades*, es decir, nostalgias de algo que se ha perdido (la Edad de Oro en Góngora, el conocimiento en Sor Juana,
Dios en Gorostiza); y son *sueños*.[31] Si Gorostiza ensayó una silva
más libre y suelta aún que la de sus modelos, fue seguramente
por las posibilidades más amplias que ofrece a la divagación si-
nuosa del pensamiento. También hay que decir que el poeta moderno introduce mayor variedad métrica y una estructura más
elaborada, con una organización en partes que no aparece en el
poema de Sor Juana. No sólo la forma métrica de la silva sino
también la superficie textual dan la impresión de una digresión
que sigue un hilo dictado alternativamente por la razón o la fantasía: en *Muerte sin fin* son aun más notables las marcas que indican
la presencia —o la apariencia— de un tortuoso proceso argumen-
tativo (las distintas secuencias suelen empezar así: "Pero...",
"Mas...", "Pero aun más...", "No obstante...", "Porque...").
    En su arquitectura cada texto revela una cuidadosa simetría
interior: la primera y la última "sección" del *Sueño* encierran al
sueño propiamente dicho; en *Muerte sin fin* hay dos partes que
terminan, cada una, con una canción y un baile. En el interior de
ambos textos se da un ritmo dialéctico de elevación y desplome,
perfecta expresión de ambiciones frustradas. Hasta podríamos
decir que la perspectiva desde la cual se habla es la misma o muy
parecida: una visión mental que recorre si no el universo entero
al menos aquella parte que es visible desde la tierra. Se trata de
una visión que se desplaza en dos direcciones: sobre un eje horizontal (que busca recorrer el mundo) y sobre otro vertical (que se
mueve entre la zona sublunar o terrenal y las alturas celestes).
    Hay familias de imágenes que los dos poemas comparten, co-
mo la de un vuelo ascendente que termina en caída. En el *Primero
sueño* aparecen repetidamente imágenes ascensionales frustradas,
como la de la figura mitológica de Ícaro y los distintos ejemplos de
aves y pájaros: "A la región primera de su altura [...] / el rápido
no pudo, el veloz vuelo / del águila [...] / llegar" (vv. 327-334).
Desde el principio de *Muerte sin fin* se alude a los "ángeles caídos" y más adelante surge una imagen más desarrollada de una
elevación que termina estrepitosamente:

---

[31] Alatorre, 8.

> Después, en un crescendo insostenible,
> mirad cómo dispara cielo arriba,
> desde el mar,
> el tiro prodigioso de la carne
> que aún a la alta nube menoscaba
> con el vuelo del pájaro,
> estalla en él como un cohete herido
> y en sonoras estrellas precipita
> su desbandada pólvora de plumas.[32]

Otra red recíproca de imágenes centradas en el fracaso de un deseo o en el derrumbe de una ambición está representada por el viaje del alma en forma de una navegación marítima que termina en ahogo y naufragio. Existe también la metáfora compartida de un exceso de luz que deslumbra y enceguece a la vista. Esta última expresión de una búsqueda epistemológica frustrada se da en el *Sueño* mediante una imagen que proviene, como tantas de las suyas, de la minuciosa observación empírica:

> Mas como al que ha usurpado
> diuturna obscuridad, de los objetos
> visibles los colores,
> si súbitos le asaltan resplandores,
> con la sobra de luz queda más ciego.
> (vv. 495-499)

En Sor Juana, entonces, el entendimiento queda derrotado por la magnitud y la inmensa heterogeneidad del universo:

> no de otra suerte el Alma, que asombrada
> de la vista quedó de objeto tanto,
> la atención recogió, que derramada
> en diversidad tanta, aun no sabía
> recobrarse a sí misma del espanto.
> (vv. 540-544)

En *Muerte sin fin* las imágenes de deslumbramiento y engaño visual comienzan con la mención inicial del "dios inasible", "men-

---

[32] *Muerte sin fin* (vv. 166-174), en *Poesía*, 2ª ed. (México: Fondo de Cultura Económica, 1971). En adelante las referencias a este poema se darán en el texto señalando sólo el número de verso.

tido acaso / por su radiante atmósfera de luces / que oculta mi conciencia derramada" (vv. 3-5), pero después hay una especie de epifanía, una transparencia que permite ver las esencias de las cosas: "esta luz, / esta febril diafanidad tirante" (vv. 118-119). Sin embargo, en lo que resta del poema se impone la imposibilidad de soportar la visión atroz de la lenta destrucción:

> ay, ciegos de su lustre,
> ay, ciegos de su ojo,
> que el ojo mismo,
> como un siniestro pájaro de humo,
> en su aterida combustión se arranca;
> (vv. 682-686)

o se alude a la ceguera como sinónimo de la insuficiencia de la forma ensimismada: "esta triste claridad a ciegas, / [...] esta tentaleante lucidez" (vv. 400-401).

Incluso es posible encontrar en Sor Juana un antecedente de los símbolos centrales de *Muerte sin fin*: el vaso que, en lugar de acomodar armónica y complementariamente la materia informe del agua, se vuelve prisión estrecha que oprime con violencia. En Gorostiza, la forma pasa de ser un molde que mantiene un precario equilibrio a ser un instrumento de constricción y una amenaza de muerte: "constreñida / por el rigor del vaso que la aclara, / el agua toma forma" (vv. 20-22); "En la red de cristal que la estrangula, / el agua toma forma" (vv. 496-497). Sor Juana utiliza la misma imagen del vaso como símbolo de las limitaciones de la inteligencia, incapaz de dar forma u orden a lo real, incapaz de ser un cauce adecuado para las aguas confusas de la multiplicidad de lo existente:

> no de otra suerte el Alma, que asombrada
> de la vista quedó de objeto tanto,
> la atención recogió, que derramada
> en diversidad tanta, aun no sabía
> recobrarse a sí misma del espanto
> que portentoso había
> su discurso calmado,
> permitiéndole apenas
> de un concepto confuso
> el informe embrïón que, mal formado,

> inordinado caos retrataba
> de confusas especies que abrazaba
> [...]
> ciñendo con violencia lo difuso
> de objeto tanto, a tan pequeño vaso
> (aun al más bajo, aun al menor, escaso).
>
> (vv. 540-559)

Pero los contrastes entre ambos textos son igualmente revela-dores y es precisamente en estas "desviaciones" donde se puede percibir el homenaje de Gorostiza al poema de Sor Juana, oculto como una "norma" que está presente de manera explícita o im-plícita. *Muerte sin fin* es, en muchos sentidos, una inversión, una negación atormentada del *Sueño* y de su cosmovisión subyacente. El movimiento temporal exterior, en Sor Juana, corre de la noche al alba con una serie de movimientos espaciales interiores (ascen-dentes y descendentes);[33] en *Muerte sin fin*, en cambio, predomina "un desplome de ángeles caídos", una caída que se vuelve ca-tástrofe universal. El de Gorostiza parece ser un poema temporal, pero pronto la sucesión se niega en favor de una regresión que se manifiesta en "columnas de ritmos espirales" (v. 581) y que se ex-presa estructuralmente en la repetición a distancia de series de versos, en la inclusión de palabras de significación cíclica ("órbita", "resorte", "orbe", "se redondea", "tornar", "repetirse", "giro", "remolino", "enroscada", "tornillo") o en la inversión de una cadena de destrucción regresiva:

> mientras unos a otros se devoran
> al animal, la planta
> a la planta, la piedra
> a la piedra, el fuego
> al fuego, el mar
> al mar, la nube
> a la nube, el sol.
>
> (vv. 703-709)

El tiempo lineal del progreso sufre la embestida del tiempo cí-clico que se siente atraído fatalmente por el Origen, por lo que Sor Juana llama la "Causa Primera".

---

[33] Esto ha sido señalado en el artículo citado de Ramón Xirau.

Las figuras mitológicas, tan abundantes en el *Sueño* —fiel en esto a su modelo gongorino—, están casi ausentes en *Muerte sin fin*, donde el mundo del mito es más difuso, aunque sí aparece veladamente la figura de Narciso, el enamorado de sí mismo: "lleno de mí —ahíto— me descubro / en la imagen atónita del agua" (vv. 8-9). Si Sor Juana se identifica con dos figuras mitológicas trágicas que sufren el castigo divino por su osadía (Ícaro y Faetón), Gorostiza asume desde el comienzo el mito moderno (romántico) del poeta como un ángel caído: "mis alas rotas en esquirlas de aire, / mi torpe andar a tientas por el lodo" (vv. 6-7). En ambos casos, el castigo es el resultado de una transgresión, un querer acceder a un Absoluto reservado a la divinidad.[34] Ejemplos de audacia, atrevimiento y espíritu rebelde, los dos protagonistas textuales prefieren correr el riesgo del fracaso y del castigo a aceptar el conocimiento codificado por otros. El caos y la confusión que Sor Juana vislumbra cuando fracasa el intento de conocimiento intuitivo —"y por mirarlo todo, nada vía" (v. 480)— es el punto de partida de Gorostiza. En los dos textos el yo es un desplazado que no puede habitar la región deseada, aunque el protagonista de Gorostiza es más pasivo, casi un testigo involuntario cuya actitud ante su destino oscila entre la impotencia pasmada y la distanciada observación irónica.

La enorme riqueza connotativa y la gran complejidad metafórica de *Muerte sin fin* nacen de una serie de ramificaciones de dos símbolos elementales: el vaso y el agua (forma y sustancia informe; Dios y el alma individual; muerte y vida; fijeza y movimiento). Aunque la diversidad no es tan marcada como en el poema de Sor Juana, el lenguaje de Gorostiza también proviene de distintos campos del saber y hay cierto regusto de estirpe gongorina por cultismos y arcaísmos, por un léxico poco usual que coexiste, sin embargo, con expresiones coloquiales. Como en Sor Juana —si bien a escala más reducida—, se incorporan a *Muerte sin fin* palabras provenientes de distintas ramas de la ciencia: "molécula", "célula", "tegumentos", "pituitarias" (vv. 250, 293, 254, 429). Mientras Sor Juana se deleita en el lenguaje gongorino

---

[34] Acerca del intento de Sor Juana por conocer intuitivamente el universo entero en el *Sueño*, Alfonso Méndez Plancarte anota: "El conocerlo *todo* en una sola *intuición*, es propio de Dios...", *Obras completas de Sor Juana Inés de la Cruz*, 1: 596, nota sobre los vv. 590-591.

para demostrar que lo maneja con tanto ingenio y brillo como su inventor, Gorostiza se erige en el verdugo de esta tradición y somete la imagen suntuosa a una especie de tortura, a lo que llama "el suplicio de la imagen propia" (v. 393).

La perífrasis, con sus múltiples incisos y ramificaciones latinizantes, sirve en Góngora y en Sor Juana para deslumbrar y aumentar el reto estético de contener una abundancia metafórica dentro de una unidad lógico-gramatical. En Gorostiza, en cambio, un procedimiento parecido (más atenuado, es cierto) se emplea para expresar la agonía de un sujeto atrapado y asfixiado en las redes infinitas de una cárcel intangible. Fiel a sus modelos, el lenguaje de Gorostiza no deja de ser instrumento de virtuosismo, pero se introduce un elemento ajeno a la confianza expresiva barroca cuando el lenguaje se vuelve algo que oprime al poeta:

> Lleno de mí, sitiado en mi epidermis
> por un dios inasible que me ahoga,
> mentido acaso
> por su radiante atmósfera de luces
> que oculta mi conciencia derramada,
> mis alas rotas en esquirlas de aire,
> mi torpe andar a tientas por el lodo;
> lleno de mí —ahíto— me descubro
> en la imagen atónita del agua,
> que tan sólo es un tumbo inmarcesible,
> un desplome de ángeles caídos
> a la delicia intacta de su peso,
> que nada tiene
> sino la cara en blanco
> hundida a medias, ya, como una risa agónica,
> en las tenues holandas de la nube
> y en los funestos cánticos del mar
> —más resabio de sal o albor de cúmulo
> que sola prisa de acosada espuma.
>
> (vv. 1-19)

Estos 19 versos, que constituyen la primera oración completa de *Muerte sin fin*, transmiten una impresión de densidad en su lento ritmo ritual, en su abundancia de frases subordinadas, frases en aposición y comparaciones, en su adjetivación contundente que tiene algo de ostentación y opulencia. La sensación inicial del

lector es comparable, creo, a la que se desprende de la lectura de
un poema gongorino como el *Sueño* (hay incluso coincidencias
léxicas en los primeros versos de ambos poemas: funesta-funestos;
luces-luces; Diosa-dios; aire-aire), sólo que en el poema moderno
el hablante se presenta como víctima embelesada y hechizada por
la cárcel (vital, metafísica y lingüística) que lo aprisiona. Esta cárcel, con su "dios inasible", puede interpretarse de varias maneras, pero aquí me parece que es legítimo verla como la tradición
poética en general y, más específicamente, la tradición de la poesía pura con su apropiación de elementos gongorinos. Es una
tradición que llegó a fascinar a algunos poetas modernos, incluyendo al autor de *Muerte sin fin*.[35]

Gorostiza logra expresar en estos versos iniciales algo de lo
que un crítico ha llamado "la angustia de las influencias", la ago-
nizada conciencia del peso de la tradición, un peso representado
por aquellos textos poéticos anteriores que constituyen no sólo
un modelo sino también un obstáculo para la creación de otros
poemas.[36] El poeta moderno no puede simplemente repetir los
modelos, porque así se convierte en epígono o rehén pasivo de la
tradición; pero tampoco puede rechazarlos de antemano, porque
así parece huir de la tradición. La tarea de un poeta como Gorostiza suele ser mucho más difícil ya que se siente obligado a luchar con sus modelos, someterlos a su voluntad para apropiarse
de ellos, realzarlos para luego modificarlos o negarlos. En este
sentido, Octavio Paz tiene razón al afirmar que la obra mayor de
Gorostiza expresa la culminación y apoteosis de toda una tradición poética: "*Muerte sin fin* marca el apogeo de cierto estilo de
'poesía pura' y, simultáneamente, es una burla de ese mismo
estilo [...] cierra un ciclo de poesía: es el monumento que la forma ha erigido a su propia muerte".[37] Definitivamente, el de
Gorostiza es un poema apocalíptico que termina por ser una parodia del apocalipsis.

---

[35] Intenté analizar la peculiar relación de Gorostiza con la teoría y práctica de la
poesía pura en "Los Contemporáneos y el debate en torno a la poesía pura",
ensayo incluido en este libro.
[36] Esta teoría se expone en Harold Bloom, *The Anxiety of Influence: A Theory of
Poetry* (Londres / Oxford / Nueva York: Oxford University Press, 1973).
[37] Octavio Paz, "*Muerte sin fin*", en *Las peras del olmo*, 2ª ed. rev. (Barcelona: Seix
Barral, 1974), 90, 91.

Para destacar mejor esta relación de paralelismo antagónico que percibo entre los dos poemas, tomaré un pasaje del *Sueño*, el que Méndez Plancarte denomina "Las escalas del ser" (vv. 617-703), y en seguida comentaré secciones de *Muerte sin fin* con la intención de mostrar que éstas retoman y transforman la visión de Sor Juana. En este punto del *Sueño* el alma acaba de reconocer su "defecto / de no poder con un intüitivo / conocer acto todo lo crïado" y resuelve intentar el método de subir "grado a grado", de lo más sencillo a lo más complejo, "los altos escalones ascendiendo", siguiendo el orden jerárquico hasta llegar a "la honrosa cumbre" donde se encuentra "la Causa Primera":

> De esta serie seguir mi entendimiento
> el método quería,
> y del ínfimo grado
> del sér inanimado
> (menos favorecido,
> si no más desvalido,
> de la segunda causa productiva),
> pasar a la más noble jerarquía
> que, en vegetal aliento,
> primogénito es, aunque grosero,
> de Thetis.
>
> (vv. 617-627)

En el ascenso de esta pirámide conceptual —"mental pirámide" la llama Sor Juana (v. 424)—, se pasa progresivamente del reino inanimado o mineral al vegetal, luego del reino animal al humano. Se reproduce así una cosmovisión muy arraigada tanto en la escolástica como en la filosofía neoplatónica renacentista.[38] El ser humano aparece en bellas imágenes como:

> compuesto triplicado,
> de tres acordes líneas ordenado

---

[38] Robert Ricard señaló, hace mucho, la correspondencia entre la visión neoplatónica de la jerarquía de los grados del ser, tal como aparece en el segundo de los *Diálogos de amor* de León Hebreo, y el pasaje ya mencionado del *Primero sueño* (incluyendo la visión del hombre como "microcosmos"). Véase Robert Ricard, *Une Poétesse mexicaine du XVIIe siècle: Sor Juana Inés de la Cruz* (París: Centre de Documentation Universitaire, s/f), 30n14. Aunque no lleva fecha de edición, este folleto es una versión mecanografiada de tres conferencias que se pronunciaron en julio de 1954.

y de las formas todas inferiores
compendio misterioso:
bisagra engazadora
de la que más se eleva entronizada
Naturaleza pura
y de la que, criatura
menos noble, se ve más abatida.

(vv. 655-663)

A continuación se mencionan los eslabones más altos de esta "gran cadena del ser": el Ángel y el "Eterno autor". El Hombre, entonces, es un microcosmos, un eslabón de la serie, un punto de enlace entre lo inferior y lo superior:

compendio que absoluto
parece al Ángel, a la planta, al bruto;
cuya altiva bajeza
toda participó Naturaleza.

(vv. 692-695)

Sabemos que en el *Sueño* tampoco se queda satisfecha el alma con este ordenado proceso epistemológico:

Estos, pues, grados discurrir quería
unas veces. Pero otras, disentía,
excesivo juzgando atrevimiento
el discurrirlo todo,
quien aun la más pequeña,
aun la más fácil parte no entendía
de los más manüales
efectos naturales.

(vv. 704-711)

Sor Juana no parece cuestionar la visión del mundo dominante de su época (el pensamiento escolástico y los restos del neoplatonismo renacentista) sino que la reproduce como experiencia personal. Es indudable que hay algo muy moderno en esta necesidad de someter los grandes esquemas metafísicos y teológicos a la medida de la experiencia subjetiva, aun cuando (más bien: *precisamente cuando*) el intento desemboque en el fracaso. Se reconoce que la capacidad intelectiva no puede, por ninguna de las dos vías (la intuitiva y la discursiva), lograr la visión totalizadora del conjunto. La confesión de este fracaso tiene como contrapunto la vehemencia del placer encontrado en la aventura misma de la búsqueda y uno de los pasajes más conmovedores del *Primero sueño* es aquel que celebra los héroes rebeldes en cuya derrota está su grandeza:

> Tipo es, antes, modelo:
> ejemplar pernicioso
> que alas engendra a repetido vuelo,
> del ánimo ambicioso
> que —del mismo terror haciendo halago
> que al valor lisonjea—,
> las glorias deletrea
> entre los caracteres del estrago.
>
> (vv. 803-810)

Es difícil resistir la tentación de leer en estos versos un epitafio de hondas resonancias personales, como si la mitología clásica estuviera al servicio de una confesión autobiográfica. En más de un sentido, el *Sueño* y la *Respuesta* son textos paralelos.

Dos siglos y medio después, esta cosmovisión sólo puede servirle a Gorostiza como una hermosa reliquia de un orden desaparecido, una mitología en ruinas, un esquema que se glorifica antes de escenificar su propio "colapso" ante los ojos atónitos de un testigo impotente. *Muerte sin fin* es un poema de una profunda angustia nihilista atravesada por un irónico placer de humor negro que intercala entre las meditaciones metafísicas dos canciones con sus bailes. En un poema culto por excelencia irrumpe lo popular. El lenguaje poético más elevado desemboca, en los dos últimos versos, en una sardónica intervención del coloquialismo. Esta coexistencia de lo culto y lo popular proviene de la tradición gongorina, pero en Gorostiza, al igual que en *The Waste Land* de Eliot —uno de sus modelos modernos—, se produce un choque violento entre dos lenguajes y dos visiones del mundo.

Después de presentar distintos momentos de la lucha dialéctica entre forma y materia, destino y libertad, muerte y vida, Dios y hombre, después de meditar sobre grandes cuestiones metafísicas y teológicas desde "este sueño / desorbitado / que se mira a sí mismo en plena marcha" (vv. 215-217), después de lamentar el solipsismo estéril de la inteligencia (léase Forma eterna o Dios) encerrada en un "páramo de espejos": "¡Oh inteligencia, soledad en llamas, / que todo lo concibe sin crearlo!" (vv. 255-256), después de todo eso se procede a desmontar el "hermético sistema de eslabones" (v. 275) que es el poema-universo. En la segunda parte del texto se lleva a cabo la consumación de "este rito de eslabones, / este enlace diabólico / que encadena el amor a su pecado" (vv. 375-377). La palabra "eslabón", repetida tres veces en *Muerte sin fin*, alude a la gran cadena del ser, pero en lugar de cumplir la misma función integradora que tienen los grados y escalones en el poema de Sor Juana, aquí sirve como símbolo residual de lo que se va a destruir, además de ser una metadescripción del texto poético.

En el momento en que se pierde el equilibrio tenue entre forma y materia, entre el vaso y el agua, todo empieza a regresar a su estado informe, al sueño original de la nada:

> [...] el mínimo
> perpetuo instante del quebranto,
> cuando la forma en sí, la pura forma,
> se abandona al designio de su muerte
> y se deja arrastrar, nubes arriba,
> por ese atormentado remolino
> en que los seres todos se repliegan
> hacia el sopor primero,
> a construir el escenario de la nada.
>
> (vv. 513-521)

La "Causa Primera" de Sor Juana se ha vuelto el "sopor primero" y el sueño como "vuelo intelectual" del alma se ha mudado en la agonía de una "muerte sin fin de una obstinada muerte" que sigue con implacable lógica su camino de involución destructiva.

Este apocalipsis es, en términos filosóficos, una apocatástasis, como señaló Salvador Elizondo, porque el movimiento regresivo lleva a todas las cosas a su origen pre-cosmogónico.[39] En un acto solemne y ritual más que paródico, Gorostiza invierte el mismo orden jerárquico y tradicional que Sor Juana había respetado, para mostrar la contundencia de una involución que tiene la disciplina férrea del destino, pero que ahora obedece a un plan no

[39] Salvador Elizondo, "Retrospectiva", en *Museo poético* (México: UNAM, 1974), 13.

divino sino diabólico. En el *Sueño* el orden ascendente de aparición de los distintos reinos es el siguiente: el mineral (vv. 619 y ss.), el vegetal (vv. 624 y ss.), el animal (vv. 640 y ss.) y el humano (vv. 654 y ss.). En Gorostiza, es al revés: el Hombre, los animales, los vegetales y los minerales.

En *Muerte sin fin* lo primero que sucumbe es el Hombre y sus más altos productos sagrados, como el mismo lenguaje poético: "los himnos claros y los roncos trenos / con que cantaba la belleza" (vv. 534-535). El poema entra de lleno en una fase autodestructiva. Desaparece lo más codiciado de lo que fue ese gran orden armónico plasmado en el *Primero sueño*: "—ay, todo el esplendor de la belleza / y el bello amor que la concierta toda / en un orbe de imanes arrobados" (vv. 554-556). Sigue el lenguaje mismo: "cuando el hombre descubre en sus silencios / que su hermoso lenguaje se le agosta, / se le quema —confuso— en la garganta, / exhausto de sentido" (vv. 561-564). A continuación, un largo pasaje que funciona como espejo invertido del pasaje comentado en Sor Juana. En *Muerte sin fin* el movimiento regresivo empieza con el mundo animado. Primero les toca el turno a los peces del mar: "cuando los peces todos / y el ulises salmón de los regresos / y el delfín apolíneo, pez de dioses, / deshacen su camino hacia las algas" (vv. 594-597). Siguen los animales de la tierra (tigre, ciervos, cordero, león) —"cuando todos inician el regreso / a sus mudos letargos vegetales" (vv. 607-608)— y los pájaros del aire (búho, golondrina, gorrión). La sección se cierra con claros ecos bíblicos:

> cuando todo —por fin— lo que anda o repta
> y todo lo que vuela o nada, todo,
> se encoge en un crujir de mariposas,
> regresa a sus orígenes
> y al origen fatal de sus orígenes,
> hasta que su eco mismo se reinstala
> en el primer silencio tenebroso.
>
> (vv. 618-624)

En seguida le toca el turno al reino vegetal con sus árboles y plantas que en "un absurdo crecimiento / se desarrollan hacia la semilla" (vv. 654-655). La sección termina de esta manera: "ay, todo cuanto nace de raíces / establece sus tallos paralíticos / en los duros jardines de la piedra" (vv. 662-664). Y luego hace su aparición el esplendoroso mundo mineral de piedras preciosas y metales (rubí, diamante, zafir, esmeralda, turquesa, lapislázuli, alabastro, oro y plata): "cuando las piedras finas / y los metales exquisitos, todos, / regresan a sus nidos subterráneos / por las rutas candentes de la llama" (vv. 678-681).

Gorostiza usa en cada secuencia el mismo procedimiento estilístico de diseminación y recolección en un "todo" integrativo de elementos de cada reino, recurso tradicional usado en la enumeración panegírica de la perfección del mundo creado por Dios y muy común en la poesía barroca, sobre todo en Calderón.[40] Al final de cada enumeración se suele incluir un miembro de la serie próxima para así subrayar la continuidad jerárquica. Si la utilización de este procedimiento de origen litúrgico le sirve a Sor Juana para expresar la gran escala que quiere abarcar en búsqueda de un conocimiento nada menos que absoluto, a Gorostiza le sirve para mostrar que la desintegración y el retorno al caos se dan de manera progresiva, lógica y absoluta. Paradójica utilización de recursos imbuidos de orden para un propósito tan opuesto, como si en el apocalipsis hubiera un último y grandioso homenaje a la jerarquía de lo creado.

Pero antes del advenimiento definitivo de la nada queda una sola figura abandonada, herida de muerte: "y solo ya, sobre las grandes aguas, / flota el Espíritu de Dios que gime / con un llanto más llanto aún que el llanto" (vv. 720-722). Estos versos reescriben el comienzo del libro fundador de Occidente, el texto que plasma el instante original anterior al acto cosmogónico: "Y la tierra estaba desordenada y vacía, y las tinieblas estaban sobre la haz del abismo, y el Espíritu de Dios se movía sobre la haz de las aguas" (Gén. 1: 2). Otra inversión irónica: en Gorostiza, este momento es el preludio no del orden luminoso sino de las tinieblas del caos originario.

Queda un último guiño de Gorostiza a Sor Juana. En el *Sueño* se usa como término de comparación la imagen de la "inanimada Estrella", "la que más lucida centellea" (vv. 646-647). Es una ima-

---

[40] Los orígenes de este procedimiento, así como su variación moderna —la enumeración caótica—, han sido estudiados por Leo Spitzer en "La enumeración caótica en la poesía moderna", *Lingüística e historia literaria*, 2ª ed. (Madrid: Gredos, 1961), 247-300.

gen que pasa casi inadvertida y no retiene la atención del lector.
Hacia el final de su poema, Gorostiza habla de un Dios muerto
"siglos de edades arriba" en términos tomados también de la
astronomía, sólo que ahora es la astronomía de la física moderna.

> [...] sigues presente
> como una estrella mentida
> por su sola luz, por una
> luz sin estrella, vacía,
> que llega al mundo escondiendo
> su catástrofe infinita.
>
> (vv. 764-769)

Una imagen parecida sirve para propósitos opuestos: lo que
fue comparación convencional para reafirmar la visión jerárquica
de un cosmos estático y ordenado se vuelve señal apocalíptica de
una nueva era infinita y expansiva en la cual las antiguas certidumbres se desmoronan. Es como si Gorostiza hubiera construido su sorprendente imagen a partir de una actualización literal
de la comparación de Sor Juana: una estrella sin ánima que brilla
en el cielo se vuelve una estrella muerta (Dios) cuya luz nos sigue
llegando miles de años después de su desaparición. Al recontex-
tualizar la imagen y darle un sentido inquietantemente moderno,
Gorostiza ofrece una versión posnietzscheana de la cosmovisión
religiosa de Sor Juana: Dios está presente en su ausencia, vive su
muerte continua y sólo se revela negativamente, en su infinita y
deslumbrante estela.

Nuestro concepto moderno de "originalidad" nos lleva a veces a
pensar que una obra novedosa se caracteriza por su singularidad,
por lo que no tiene en común con las obras del pasado. La originalidad efectivamente singulariza, pero no en el sentido de aislar una
obra o negar sus relaciones con otras obras: los rasgos únicos sólo
pueden apreciarse si se miden contra el trasfondo de la tradición.
El poema de Gorostiza es sumamente original, pero su originalidad presupone toda una tradición en la cual Sor Juana tiene un
lugar destacado.[41] El escepticismo de Sor Juana es llevado a un extremo nihilista por Gorostiza: el sueño de conocer el mundo se

---

[41] En el capítulo 4 ("Ecos y correspondencias") de *Una poética moderna*, su exége-
sis detallada de *Muerte sin fin*, Mordecai S. Rubín señala relaciones intertextuales con Góngora, Mallarmé, Valéry, Eliot y Sor Juana. Al considerar las relaciones

transforma en el sueño del fin del mundo y del fin del conocimiento esencialista. Como su modelo, el poema de Gorostiza hace del fracaso epistemológico un triunfo estético y parece llegar a la paradoja final de una nueva unidad creadora-destructora en el universo y en el poema mismo: "esta muerte viva" (v. 733) es la fuerza motriz de la dinámica interior de *Muerte sin fin*, como si fuera un eco de aquel verso de Sor Juana: "muerto a la vida y a la muerte vivo" (v. 203). Creación y destrucción son dos aspectos opuestos y complementarios de un mismo proceso. William Blake plasmó una intuición muy parecida en uno de los "Proverbios del infierno", un aforismo-mandamiento que figura como epígrafe de estas páginas y que fue traducido por Xavier Villaurrutia así: "Conduce tu carro y tu arado sobre los huesos de los muertos".[42] No creo que sea exagerado extender esta misma dialéctica recíproca a la lógica de la intertextualidad poética: la creación poética se alimenta de poemas "muertos", dándoles así nueva vida, mientras esos mismos poemas del pasado, animados en cada resurrección, no cesan de nutrir a la tradición moderna.[43]

específicas entre el *Sueño* de Sor Juana y *Muerte sin fin* (204-210), el autor recalca sobre todo las diferencias y concluye: "las correspondencias entre la obra de Sor Juana y la de Gorostiza son algo superficiales, fuera del paralelismo obvio de tratar el tema del hombre y el universo mediante el ejercicio de la razón y con un estilo poético de tono gongorino" (210).

[42] William Blake, "El matrimonio del cielo y del infierno", trad. Xavier Villaurrutia, *Contemporáneos*, 6 (noviembre 1928): 218.

[43] Una versión reducida de este texto se publicó con el título de "*Muerte sin fin* en la estela del *Sueño*" en José Gorostiza, *Poesía y poética*, ed. Edelmira Ramírez, 2ª ed. (Madrid / París / México / Buenos Aires / Sau Paulo / Río de Janeiro / Lima: ALLCA XX [Colección Archivos de la UNESCO], 1996), 305-320.

III. ALARCÓN Y LA CONSTRUCCIÓN DE LA TRADICIÓN POÉTICA MEXICANA

> El nacionalismo es una idea europea que estamos empeñados en copiar.
>
> JORGE CUESTA

COMO la historia misma del país, dividida por los tajos de las luchas armadas en segmentos discontinuos que suelen llamarse Mundo Precolombino, Conquista, Colonia, Independencia y Revolución, gran parte de la cultura mexicana puede verse como el resultado de una serie de polémicas y disputas. La publicación reciente, en México, de una antología del panfleto y de la polémica desde tiempos coloniales hasta el presente, hace pensar hasta qué punto el espíritu de controversia es uno de los fundamentos constituyentes de la nación.[1] No sería una exageración decir que la existencia misma de la nación mexicana es resultado de una polémica tan honda que tuvo que dirimirse en la lucha armada de la Guerra de Independencia. La construcción transhistórica de la llamada identidad nacional es un mito de unificación homogénea, comprensible en un país tan notoriamente heterogéneo en lo cultural. Su carácter "mítico" explica su fuerza y su persistencia, además de ofrecer la clave de su terca impermeabilidad a los argumentos racionales que tratan de cuestionarlo o desmitificarlo.

La entidad nebulosa que llamamos "literatura mexicana" tiene la posibilidad de cobrar conciencia de sí en aquellas polémicas que trazan los contornos del paisaje de nuestra cultura y que suelen girar, las más de las veces, en torno a lo que debe ser, para algunos, la naturaleza distintiva de una literatura nacional. Así surge el gran debate sobre lo propio y lo ajeno, lo uno y lo otro, el original y la copia. El siglo XIX mexicano es, ante todo, el intento de forjar una cultura nacional a semejanza y espejo de los nacionalismos euro-

---

[1] Gerardo de la Concha, *La razón y la afrenta: antología del panfleto y la polémica en México* (Toluca: Instituto Mexiquense de Cultura, 1995).

peos, intento que es programa o sueño más que realización, y en el cual se suele subordinar lo estético a lo ideológico. Se nota de entrada una incómoda paradoja en el afán inicial. ¿Cómo se puede edificar algo propio tomando como modelo lo ajeno? ¿Se puede crear algo nuevo a partir de una imitación?

En la segunda década del siglo xx hay una propuesta de construcción retrospectiva de identidad mediante la proyección de supuestos rasgos nacionales sobre figuras del pasado colonial. En este sentido, Juan Ruiz de Alarcón cobra un valor especial: es el pretexto para un discurso que busca rastrear huellas del carácter nacional en la cultura de una época anterior a la existencia de la nación. Tal como lo habían hecho Francisco Javier Clavijero, fray Servando Teresa de Mier y otros patriotas de los siglos XVIII y XIX, se identifican en la tradición lejana antecedentes, prefiguraciones y alegorías simbólicas que justifiquen y den legitimidad histórica a aspiraciones nacionalistas posteriores. El argumento proyecta sobre el pasado valores del presente para demostrar una supuesta continuidad ininterrumpida.

En el ambiente de incipiente nacionalismo cultural desatado por la joven Revolución, Pedro Henríquez Ureña lanza, en el último ciclo de conferencias organizado por el Ateneo de la Juventud, el 6 de diciembre de 1913, la famosa tesis de la mexicanidad de Alarcón. Quince días antes, en la conferencia inicial, Luis Urbina había identificado a la melancolía —de origen indígena, según él— como elemento diferenciador de la literatura mexicana.[2] Pero le tocaría al dominicano defender la tesis más ambiciosa, tesis que él califica como "difícil, arriesgada e imprevista", y sostener que Alarcón "pertenece de pleno derecho a la literatura de México y representa de modo cabal el espíritu del pueblo mexicano".[3] Partiendo del dudoso supuesto de que existe un alma nacional perfectamente definida a fines del siglo XVI, Henrí-

[2] "Si algo nos distingue principalmente de la literatura matriz, es lo que sin saberlo y sin quererlo hemos puesto de indígena en nuestro verso, en nuestra prosa, en nuestra voz, en nuestra casa, en nuestra música: la melancolía", *La literatura mexicana* (México: Imprenta "La Pluma-Fuente", 1913), 11.

[3] Pedro Henríquez Ureña, "Don Juan Ruiz de Alarcón", *Nosotros*, 9 (marzo 1914): 185. El ensayo se publicó varias veces después y fue incluido en *Seis ensayos en busca de nuestra expresión* (1928), libro recopilado en *Obra crítica*, ed. Emma Susana Speratti Piñero, pról. de Jorge Luis Borges (México: Fondo de Cultura Económica, 1960). Sin embargo, por tratarse de versiones posteriores reducidas y corregidas, he preferido citar de la primera versión impresa.

quez Ureña afirma que la poesía mexicana se caracteriza por "el sentimiento discreto, el tono velado, el matiz crepuscular" y establece correspondencias entre este tono poético y el paisaje y hasta el clima del altiplano:

> La discreción, la sobria mesura, el sentimiento melancólico, crepuscular y otoñal, van concordes con este otoño perpetuo de las alturas, bien distinto de la eterna primavera fecunda de los trópicos: este otoño de temperaturas discretas que jamás ofenden, de crepúsculos suaves y de noches serenas.[4]

El ateneísta señala algo indudable: la singularidad de la obra de Alarcón dentro del teatro español de Lope, Tirso y Calderón, pero cree que esta singularidad artística se debe a la existencia previa de un espíritu nacional con su "nota de discreción y sobriedad". Comparado con el teatro español del momento, el mundo de Alarcón aparece efectivamente como más reflexivo y moderado: "su marcha, su desarrollo son más mesurados y más calculados, sometidos a una lógica más estricta".[5] El polemista encuentra estas características racionales y protoburguesas en el estilo, en el lenguaje y en el particular "código de ética práctica" de este inventor de la comedia de costumbres que habría de influir en el teatro clásico francés a través de Corneille.

La curiosa y anacrónica utilización del concepto romántico de carácter nacional para hablar de rasgos que son más bien de estirpe clásica revela cómo un argumento ostensiblemente ontológico y/o psicológico es, en realidad, una descripción de estereotipos estéticos que no son eternos sino históricamente condicionados. En muchos de sus escritos Henríquez Ureña opone a la "pereza" romántica la "disciplina" clásica. Los rasgos que ve en Alarcón y que parecen constituir la fisonomía de una mentalidad nacional son valores que la poesía simbolista o posmodernista había puesto de moda en México: los versos de Urbina, Nervo y González Martínez —este último en libros como *Silénter* (1909) y *Los senderos ocultos* (1911)— ejemplifican hasta la monotonía una poesía dominada por la nostalgia y la tristeza crepuscular. La melancolía, como se sabe, es uno de los tópicos más antiguos de Occidente y

---

[4] Henríquez Ureña, 187.
[5] Henríquez Ureña, 191.

de ninguna manera puede considerarse un rasgo exclusivo o típico de un solo país. La noción misma de un alma nacional es un poderoso mito fomentado, en primer lugar, por los ensayos y textos que construyen el estereotipo.[6]

Además, nuestro asombro crece si recordamos el momento histórico en que Henríquez Ureña formula su hipótesis: se trata de los turbulentos "días aciagos" de la Revolución mexicana, los inmediatamente posteriores a lo que se conoce como la "decena trágica". Mientras el dominicano teorizaba ante un público selecto sobre la discreción, la cortesía y la melancolía del alma nacional, el país agonizaba en una cruenta guerra civil. Unos meses antes habían sido ejecutados Madero y Pino Suárez. Estos episodios no eran un simple trasfondo desagradable sino que constituían un ambiente de perpetua zozobra que afectaba la vida en el plano más íntimo: el gran amigo Alfonso Reyes, por ejemplo, había tenido que salir del país tras la muerte de su padre en el asalto al Palacio Nacional. Una prueba elocuente de que la cultura, lejos de ser un reflejo más o menos directo de la realidad social y política del momento, resulta ser con frecuencia una fuga cuando no una negación de esta misma realidad.

La sospechosa tesis de Henríquez Ureña gozó, sin embargo, de larga vida a pesar de las evidentes falacias que encierra. Fue apoyada y desarrollada en múltiples textos por Alfonso Reyes y otros. No es mi intención describir su fortuna y su refutación definitiva por Joaquín Casalduero en 1956 ya que esta historia ha sido reseñada con minuciosidad por Antonio Alatorre.[7] Mi intención en estas páginas es estudiar una ramificación de esta teoría que Alatorre no comenta en su artículo y que tiene un peso considerable en la formulación de los supuestos "rasgos distintivos" de una tradición poética nacional. Es evidente que es absurdo hablar de la existencia de una psicología mexicana ya definida menos de un

---

[6] En esto coincido con la divertida desmitificación del concepto que realiza Roger Bartra en *La jaula de la melancolía: identidad y metamorfosis del mexicano* (México: Grijalbo, 1987), donde afirma que "el carácter del mexicano es una entelequia artificial: existe principalmente en los libros y discursos que lo describen o exaltan" (17). En donde no estoy de acuerdo con el autor es en la apreciación reduccionista del origen y función de este mito: Bartra sostiene que no es más que un instrumento de autolegitimación ideológica del Estado capitalista moderno.

[7] "Para la historia de un problema: la mexicanidad de Ruiz de Alarcón", *Anuario de Letras*, 4 (1964): 161-202.

siglo después de la conquista, en un momento en que México
todavía no existe. Alarcón pertenece con toda naturalidad al gran
teatro español del Barroco; su singularidad se debe a su obra y
ésta no se puede reducir a la psicología del autor y menos a una
hipotética influencia determinadora —a la manera positivista—
del medio, de la época o de la biología. Se trata, de acuerdo con
Alatorre, de un falso problema que jamás debió haberse planteado. El tipo de argumento empleado para sostener la existencia de
un carácter nacional suele ser circular y tautológico, como se ve
en un texto temprano de Alfonso Reyes donde a pesar de ciertas
reservas no duda en "preguntarse si, más que servir la fórmula
del mexicanismo para explicar a Alarcón, la obra de éste servirá
—a título de semejanza simbólica— para acabar de explicarnos
algunos rasgos del mexicanismo".[8]

   ¿Cómo es posible que Reyes haya sostenido una teoría tan endeble? Ofrezco una hipótesis. Además del deseo muy comprensible de rescatar a un gran escritor de la indiferencia de la crítica,
sobre todo de aquella crítica decimonónica que había cubierto
con oprobio toda la cultura virreinal, creo que hay en Reyes una
motivación profunda y muy personal —insinuada pero no expli-
citada por Alatorre— que se debe a cierta identificación con el
indiano que llega a la corte de Madrid para acceder al mundo
universal de las letras y que tiene que soportar las burlas crueles
de Quevedo, Lope y otros. En *Letras de la Nueva España*, un texto
tardío de 1948, Reyes habla de Alarcón en términos claramente
autorreferenciales —"es el primer mexicano universal"— y sobre
el segundo y definitivo viaje de éste a España anota: "iba Alarcón
'a pretender en Corte'".[9] En una carta de 1923 Reyes había escrito: "¡Pobre nuestro don Juan, que vino a pretender en la Corte y a
competir con tantos y tan grandes! Yo me he encontrado con su
sombra, algunas veces, allá en Madrid".[10] Pero la revelación más
contundente figura en una página de su diario fechada el 2 de
octubre de 1914. El recién llegado a Madrid escribe: "Yo he ve-

---

   [8] "Tres siluetas de Ruiz de Alarcón", en *Capítulos de literatura española. Primera
serie*, recopilado en *Obras completas de Alfonso Reyes*, vol. 6 (México: Fondo de Cultura Económica, 1957), 126.
   [9] *Letras de la Nueva España*, en *Obras completas de Alfonso Reyes*, vol. 12 (México:
Fondo de Cultura Económica, 1960), 347, 343.
   [10] "Carta a Ermilo Abreu Gómez", en *Obras completas de Alfonso Reyes*, vol. 4
(México: Fondo de Cultura Económica, 1956), 428.

nido, como Ruiz de Alarcón, a pretender en Corte, a ver si me gano la vida".[11]

Si Reyes siente una secreta identificación con el criollo indiano que busca insertarse en la metrópoli y demostrar que tiene derecho a apropiarse de la cultura hispánica como algo propio, la motivación que tuvo Xavier Villaurrutia para aceptar las mismas ideas es menos clara. En una conferencia de 1924, en la cual se nombra por primera vez al "grupo sin grupo" de los Contemporáneos, Villaurrutia estrena una visión panorámica de la poesía mexicana y acepta la caracterización de Henríquez Ureña como definidora de esta tradición: "Ese medio tono insistente, monótono, que pesa en nuestra lírica y que hasta parece un molde escogido *a priori* para limitar las inspiraciones".[12] El estereotipo, entonces, es un cauce que constriñe pero que al mismo tiempo da orden a lo difuso, actuando —como en Henríquez Ureña— como dique racional a las aguas caóticas del romanticismo. Al caracterizar la poesía de los jóvenes Contemporáneos, Villaurrutia reitera los tópicos "clásicos" que coinciden ahora con el ideal moderno de cierta poesía pura: Jaime Torres Bodet es "conciso, contenido [...] con un gesto humano de tedio, de monotonía y dolor"; Enrique González Rojo es un poeta "sereno [...] de pensamiento firme, de pasión ordenada"; Bernardo Ortiz de Montellano "ha llegado a acordar su poesía a los tonos más característicos del espíritu mexicano"; José Gorostiza es "el de más fina y contenida emoción [...] Hay en sus poemas un tono elegiaco cautivador, y una nostalgia marina de tonos tímidos pero arrobadores".[13] Sólo dos poetas se salvan de la taxonomía estereotipada: Novo y Pellicer, dos nuevos cuya actitud lúdica y cuyas imágenes dinámicas rompen con las expectativas anquilosadas. Sin embargo, estos dos casos no resultan ser para Villaurrutia más que dos excepciones que confirman la regla.

Es sorprendente ver que este apego a la visión de Henríquez Ureña —muy comprensible en un joven de veinte años— se reitera en los ensayos más tardíos de este poeta de la inteligencia. En el prólogo a *Laurel: antología de la poesía moderna en lengua es-*

---

[11] *Memorias*, en *Obras completas de Alfonso Reyes*, vol. 24 (México: Fondo de Cultura Económica, 1990), 50.
[12] Xavier Villaurrutia, "La poesía de los jóvenes de México", en *Obras*, 2ª ed. aum. (México: Fondo de Cultura Económica, 1966), 820.
[13] Villaurrutia, 828, 829, 830, 834.

pañola (1941) Villaurrutia recalca la unidad y continuidad de toda la poesía hispánica.[14] Es una visión que debe no poco a la que rigió la famosa antología de Federico de Onís que se había publicado en 1934. He analizado este texto de Villaurrutia en otro lugar.[15] Aquí me limito a señalar que en el prólogo a *Laurel* se nota un deseo de inmovilizar una tradición dinámica e inapresable mediante el empleo de imágenes que congelan el movimiento temporal (los grandes momentos de la poesía son "mediodías"). Sólo hay que ver el léxico preferido ("desnudez", "pureza", "depuración", "exactitud", "lucidez" y "precisión") para darse cuenta de que el autor se adhiere a la estética purista y esencialista que subraya la continuidad y la unidad homogénea de la tradición a expensas de la ruptura y la diversidad.[16]

Lejos de atenuarse con el tiempo, el apego de Villaurrutia a la teoría codificada por Henríquez Ureña se refuerza y se vuelve hasta más rígido, tal como ocurrió en el caso de Reyes. Más que una idea, parece ser una creencia (en el sentido orteguiano). En su "Introducción a la poesía mexicana" vuelve a plantear la continuidad de la lírica mexicana —"en hilo imperceptible que ata a la poesía de ayer con la poesía de hoy"— y resume sus notas distintivas: "su apartamiento, su soledad", tendencia aristocrática que desprecia lo popular; su "tono lírico, íntimo" ajeno a la épica; la subjetividad ensismismada ("el lirismo mexicano es como el carácter del mexicano, introvertido, vertido hacia su abismo interior"); su naturaleza "reflexiva" y "meditativa" simbolizada por el búho de González Martínez que sustituye al cisne preciosista y decorativo de los epígonos del primer Darío; "su amor a la forma […] una poesía que se goza en el contorno, en el límite", es decir, claridad y contención clásicas; su preferencia por los colores suaves y matizados, como el "gris perla", y por la hora crepuscular; su sentimiento melancólico; y su musicalidad fina, apagada, "con sordina", no sinfónica sino "de cámara".[17]

[14] "La poesía moderna en lengua española", en Villaurrutia, 871-880.

[15] Véase "Tres antologías" en este mismo libro.

[16] Esto fue notado por Octavio Paz en un fascinante epílogo que se publicó en *Laurel: antología de la poesía moderna en lengua española*, 2ª ed. (México: Trillas, 1986), 483-510.

[17] "Introducción a la poesía mexicana", en Villaurrutia, 764-772. Es difícil fechar con seguridad este texto: se publicó por primera vez en *Universidad Michoacana*, 27 (abril-junio 1951). Por la referencia a *Muerte sin fin*, tiene que ser posterior a 1939.

Los últimos párrafos del texto —que subrayan el predominio de la hora nocturna a partir de López Velarde, "la preocupación de la muerte" y la resistencia ante el irracionalismo y el abandono de la poética surrealista— se refieren claramente a algunos de los Contemporáneos (Gorostiza, Ortiz de Montellano y el autor que habla de sí mismo con el pudor de la tercera persona). Pero incluso aquí, en la parte más personal de su repaso histórico, algunos de los argumentos dependen menos de la lucidez o la sensibilidad crítica de Villaurrutia que de una aceptación ¿inconsciente? del argumento de Henríquez Ureña. Esto se ve en la explicación que ofrece de la escasa influencia del surrealismo en *Muerte sin fin*. El argumento es insólito e inverosímil porque se apoya no en la personalidad poética o en los gustos estéticos de Gorostiza, sino en una supuesta sujeción de éste a un estereotipo psicológico nacional:

> El irracionalismo, el automatismo de las nuevas escuelas poéticas, no ha entrado con la fuerza invasora que ha entrado en otras cosas, por la razón de que el mexicano es un ser reducido cuya embriaguez mayor consiste precisamente en mantenerse lúcido y que, aun a la hora de soñar, gusta de mantenerse despierto.[18]

Esta referencia al "dormido despierto" es una autodescripción y hasta una autocita.[19] Tal como lo hace al final del prólogo a *Laurel*, el autor define la poesía mexicana contemporánea —y también a sí mismo— en una dicotomía sentenciosa que subordina la poética del abandono onírico del surrealismo a la poética de la espera vigilante de Paul Valéry: "Los poetas mexicanos no se expresan en el más puro abandono sino más bien en la profunda espera".[20] La polarización pretende mantener cierto tenso equilibrio que permite asumir las posibilidades del irracionalismo, pero de manera polémica, sin renunciar a la lucidez: "Pero los poetas mexicanos, por el hecho de serlo, aun dentro del sueño, se mantienen en vigilia, en una vigilia tremenda".[21]

Tal vez es de redacción contemporánea al prólogo a *Laurel* (1941), texto con el cual comparte ciertas semejanzas estilísticas y argumentativas.
[18] Villaurrutia, 772.
[19] Véase "Nocturno miedo", en Villaurrutia, 45-46.
[20] Villaurrutia, 772.
[21] Villaurrutia, 772.

Villaurrutia sigue creyendo en la persistencia de rasgos poéticos nacionales que reflejan una psicología distintiva y no duda en ubicar su propia obra y la de sus contemporáneos en este estrecho molde. Cuando en 1933 José Bergamín profiere unos juicios despectivos sobre Alarcón, repitiendo las burlas e invectivas que Lope, Quevedo y Góngora habían dirigido a las deformidades físicas del indiano, Villaurrutia responde de inmediato, como si estuviera defendiendo su propia obra. Descrito memorablemente por Gonzalo Lafora como "el más comunista de los católicos; el más católico de los comunistas",[22] Bergamín habla de Alarcón como "un intruso", un "falsificador" y mero imitador dueño de "aquel orangutanesco afán sedicente moralizador" y hasta parece achacarle la culpa por la decadencia del gran teatro "milagroso" de Lope.[23] Villaurrutia contesta el mismo año con lo que es una defensa del teatro de Alarcón, tan distinto al "delirio poético" de Lope, y una defensa de otro tipo de escritor:

> ¿Y quién no ha pensado en las dos grandes familias de artistas, "visionarios" los unos, como Lope, que escriben con fuego y genio, espíritus críticos los otros, como Ruiz de Alarcón, que esperan ver las cosas para hacerlas ver más tarde con voluntad y arte cuidadoso?[24]

De nuevo, Alarcón funciona como un pretexto para hablar de una concepción personal de la poesía: el que se ve como un "espíritu crítico" frente al "visionario" es Xavier Villaurrutia.

Por extraño que parezca, Jorge Cuesta en el único entre los miembros del grupo Contemporáneos que es consecuente con el universalismo de su clasicismo estético. Al preguntarse en 1934, en uno de sus mejores ensayos, si las obras de Alarcón y de Sor Juana Inés de la Cruz pertenecen a la literatura española o si pueden considerarse ya parte de una naciente literatura mexicana, se contesta así: "Pero este problema es absolutamente vano, si se recuerda que se trata de una literatura española *clásica*, es

---

[22] Citado por Nigel Dennis en "Ensimismamiento y enfurecimiento en la poesía de José Bergamín (1939-1946)", en *Poesía y exilio: los poetas del exilio español en México*, ed. Rose Corral, Arturo Souto Alabarce y James Valender (México: El Colegio de México, 1995), 226.

[23] En *Mangas y capirotes* (Madrid: Plutarco, 1933).

[24] "Alarcón el intruso" [1933], en Villaurrutia, 789.

decir, con un lenguaje y una significación universales".[25] Cuesta comprende que no tiene sentido hablar de la nacionalidad de autores u obras anteriores al nacionalismo romántico. Alarcón y Sor Juana "pertenecen" a España en la misma medida en que Góngora y Quevedo "pertenecen" a la Nueva España: forman parte de un estilo cuya única frontera es la lengua.

Como los otros miembros del grupo, Villaurrutia sufrió los ataques de los autoproclamados "nacionalistas revolucionarios" que persistían en acusar a los Contemporáneos de ser afrancesados, cosmopolitas, descastados y desarraigados. Por eso mismo, su actitud no deja de ser reveladora: al señalar la existencia de una tradición poética "nacional" que enlazaba figuras del pasado colonial con otras del presente, Villaurrutia estaba manifestando una creencia en cierto tipo de nacionalismo estético o tradicionalismo cultural, mientras que sus enemigos oficialmente "nacionalistas" pedían que México emulara el nuevo programa soviético de una literatura "épica" y "viril". Cabe plantear la pregunta: ¿quiénes eran los verdaderos defensores de la tradición nacional y quiénes eran los auténticos extranjerizantes?

En 1939 se combinan tres circunstancias que propician un nuevo interés en el autor de *La verdad sospechosa*: el tercer centenario de la muerte de Alarcón, la llegada a México de escritores españoles exiliados, y un ambiente de nacionalismo cultural propiciado por el cardenismo. Como si fuera una repetición de la guerra literaria entre Alarcón y los gigantes del Barroco español, José Bergamín intercambia sonetos y epigramas feroces con autores mexicanos como Novo, Villaurrutia y Usigli.[26] La revista mexicana *Taller* (1938-1941) es la primera que abre sus puertas a los escritores del viejo mundo, después del éxodo provocado por la Guerra Civil de España. Ya bajo la dirección exclusiva de Octavio Paz, *Taller* celebra el aniversario de Alarcón en octubre de 1939. Paz publica "Una obra sin joroba", ensayo en el cual sigue a Henríquez Ureña al ver en la obra del indiano una anticipación de la mentalidad racional moderna. Interesado en explorar la actuali-

---

[25] "El clasicismo mexicano" [1934], en *Obras*, ed. Miguel Capistrán *et al.*, vol. 1 (México: El Equilibrista, 1994), 305.

[26] Los epigramas de Novo y Villaurrutia fueron reproducidos por José Emilio Pacheco en "Bergamín y El Intruso: trescientos años de guerra literaria", *Proceso*, 363 (17 octubre 1983): 52-53. Dos de los sonetos satíricos de Bergamín fueron reproducidos por Dennis, 229.

dad de la obra, Paz subraya su aspecto polémico: "En Alarcón, por vez primera, se presiente que lo mexicano no es, tan sólo, una dimensión de lo español, sino, mejor que nada, una réplica".[27] Utilizando esta última palabra en su doble sentido de copia y respuesta, Paz sostiene que Alarcón se opone a los valores del teatro español y que hay en esta negación hecha de mesura, dignidad y cortesía una especie de prefiguración de la afirmación particular de México: "En el *no* de Alarcón está, como en cifra, todo el *no* de México. Es un *no* a su tiempo, una réplica".[28] Se propone aquí una versión más cautelosa de la tesis del dominicano: la obra de Alarcón representa no un carácter nacional definido sino una aspiración a la futura diferenciación. Paz vuelve a ocuparse de Alarcón en 1943, en una reseña al libro que Antonio Castro Leal dedica al dramaturgo. Castro Leal sostiene la misma hipótesis matizada que Paz ha adelantado cuatro años antes y al final de su libro sentencia que "la obra de Alarcón anuncia los rasgos predominantes del espíritu mexicano".[29] Paz no sólo aprueba esta conclusión sino que comenta, siguiendo a Villaurrutia, que "la poesía lírica mexicana... posee las mismas cualidades y limitaciones [que la obra de Alarcón]", pero acaba por plantear la idea mucho más ambiciosa de que la mesura y cortesía de Alarcón son una "(¿máscara viviente?)" que oculta una realidad subterránea, primitiva y mágica:

> Pocas veces este carácter subterráneo se ha expresado en el arte y pocas veces se ha manifestado de un modo creador en nuestra historia. Este México secreto, que hizo la Revolución mexicana y que luego la abandonó a los burócratas, vive en algunas páginas de Vasconcelos, en algunos cuadros y murales, en algunos poemas y en muchas fiestas y costumbres populares, pero aún espera su hora. Oprimido por una historia adversa, abandonado a la desesperación y al hambre, cuando no reducido al silencio, se expresará apenas tenga verdadero acceso a la cultura y a sus bienes.[30]

[27] "Una obra sin joroba", *Taller*, 5 (octubre 1939): 43.
[28] "Una obra sin joroba", 44.
[29] Antonio Castro Leal, *Juan Ruiz de Alarcón: su vida y su obra* (México: Cuadernos Americanos, 1943), 212.
[30] Octavio Paz, "Antonio Castro Leal, *Juan Ruiz de Alarcón*" [1943], en *Primeras letras (1931-1943)*, selección, introducción y notas de Enrico Mario Santí (México: Vuelta, 1988), 231-232.

No es difícil reconocer en esta cita el programa embrionario del más famoso de todos los ensayos sobre México y lo mexicano: *El laberinto de la soledad* de 1950, libro que pone a Henríquez Ureña y Villaurrutia en la extraña compañía de Freud, Nietzsche y el surrealismo.

Hay un último avatar de esta historia que quisiera explorar. En un comentario de 1979 sobre el texto de Villaurrutia que analicé más arriba, "Introducción a la poesía mexicana", Paz apunta que la idea de que la lírica mexicana tiene estas notas distintivas "ha sido refutada varias veces y yo mismo, en 1942 [...] escribí un pequeño ensayo [...] para mostrar que esa visión mutilaba la realidad de nuestra poesía".[31] Ciertamente, en la versión revisada y refundida que aparece por primera vez en *Las peras del olmo* en 1957 hay un claro rechazo del esquema, pero en la versión inicial, de 1942, la condena es más ambigua, como si Paz todavía estuviera muy cerca de la visión del poeta mayor.

Basándose en la teoría de Cuesta, Paz no niega la validez parcial de los estereotipos pero los ve de nuevo como máscaras que ocultan en lugar de revelar el carácter del mexicano. Por lo tanto, queda una zona psíquica virgen o inédita: "Jamás han sido expresadas por el arte o el pensamiento estas oscuridades de nuestra alma; por el contrario, el arte, en lugar de desnudarnos, nos ha enmascarado: si la poesía nos calla en su reserva, la pintura y la novela nos disfrazan con sus colorines".[32] Los estereotipos no son rechazados sino ampliados para poder cubrir mejor la gama más variada de la poesía mexicana. Paz no vacila en aceptar la noción de un "alma nacional". En obediencia a las reglas de un juego que se impone a sí mismo en el texto de 1942, el ensayista asigna a cada uno de los nueve poetas comentados una hora del día. Resulta que varios se acercan al modelo trazado por Henríquez Ureña y son vistos como poetas crepusculares (Urbina, Reyes, Villaurrutia, Othón, González Martínez y López Velarde). Las tres excepciones son Díaz Mirón, Pellicer y Gorostiza, poetas de la luz, dueños de la plenitud y de cierto esplendor (se refiere, obviamente, al primer libro de Gorostiza). El ejercicio retórico y lúdico termina por considerar la hora de cada uno y su sensibili-

---

[31] Octavio Paz, *Xavier Villaurrutia en persona y en obra* (México: Fondo de Cultura Económica, 1978), 48.
[32] "Pura, encendida rosa", *Hoy*, 307 (9 enero 1943): 56.

dad particular como "las necesarias adherencias de lo humano". Aunque cambie de forma y de color, la poesía sigue siendo una esencia "común a los poetas". El esquema estereotipado ha sido modificado, pero no cancelado. Su estrechez ha sufrido una expansión pero no un cambio radical. En textos posteriores Paz se alejará de esta visión, pero sus primeros ensayos sólo se pueden entender cabalmente si tomamos en cuenta la persistencia de las ideas heredadas de Henríquez Ureña y reiteradas por Reyes y Villaurrutia.

Un lugar común de la historiografía de la literatura mexicana moderna repite que en el enfrentamiento de posiciones antagónicas hay una línea de continuidad de la postura universalista o cosmopolita que enlaza a los modernistas, el Ateneo de la Juventud y los Contemporáneos con Octavio Paz y grupos posteriores, como el de la *Revista Mexicana de Literatura*. Sin ser totalmente falsa, esta idea es reduccionista y simplista. Esta línea lleva en su interior una serie de supuestos que se pueden llamar "nacionalistas", si bien como parte constitutiva de una síntesis con lo universal. No quiero, desde luego, reanimar el seudoproblema de una polarización excluyente entre lo nacional y lo universal, dicotomía felizmente superada hace tiempo, sino subrayar la facilidad con que la teoría de las notas distintivas de una sensibilidad nacional, codificada por Pedro Henríquez Ureña, es proyectada a la tradición poética nacional por escritores que no dudaríamos en llamar universales, escritores que son enemigos del nacionalismo cultural en su sentido más estrecho. La línea de continuidad que va de Henríquez Ureña al primer Paz demuestra la larga vida que ha tenido el mito romántico de un alma nacional. Su necesaria desmitificación es una tarea urgente.[33]

---

[33] Una versión reducida de este ensayo inédito se presentó en marzo de 1996 como ponencia en el Coloquio Internacional "Polémiques et manifestes en Amérique latine, XIXe et XXe Siècles", organizado por el CRICCAL en La Sorbona, Universidad de París.

FUNDACIONES

IV. POESÍA Y POÉTICA EN ALFONSO REYES

> Mas queda otro sendero todavía
> que purga la codicia y la miseria:
> la ruta vertical, la poesía.

Alfonso Reyes

Pocos escritores de Hispanoamérica han sido tan aplastados bajo el peso asfixiante de una fama institucionalizada y oficial como lo ha sido Alfonso Reyes. Le ha tocado la peor suerte que puede tener un escritor: ser poco leído. Más que revelar, los conocidos rótulos —el mexicano universal, el humanista generoso, el estudioso de erudición enciclopédica— sólo parecen haber servido para ocultar y enmascarar al escritor y su obra. No es que estos rótulos sean equivocados sino que se han convertido en estereotipos desgastados que son aceptados de manera automática y acrítica, sin pensar en su significado real.

Efectivamente, la vasta obra multifacética de Reyes encarna la tentativa por abarcarlo todo: crítica literaria, poesía, crónica, teoría literaria, narrativa, ensayos literarios y culturales, artículos, tratados, retratos, memorias y crítica cinematográfica, para mencionar algunos de los géneros practicados. A todo esto habría que agregar las traducciones, las divagaciones caprichosas, el diario —inédito en su mayor parte— y otro territorio inmenso que apenas se va revelando en todas sus dimensiones: el epistolario que Reyes sostuvo con muchas de las grandes figuras literarias de su tiempo.

Aunque la diversidad de intereses y de cauces de expresión parece sugerir dispersión, nada hay más alejado de la verdad. Existe una profunda coherencia en la escritura del mexicano, una unidad subyacente que se cifra en el desmesurado proyecto de apropiarse de la cultura occidental, asimilarla y recrearla para proveer las bases de una cultura auténticamente americana. Obra de fundación cultural que postula la necesidad de que el intelectual no sea el receptor pasivo sino un sujeto activo que selecciona y sintetiza por derecho propio. Esta actitud es el modelo moderno más importante para las tareas paralelas de Jorge Luis Borges y Octavio Paz. Hay que agregar, por supuesto, que este esfuerzo fundador exigió la transformación de la prosa castellana en un instrumento flexible, dinámico y ágil. Es bien conocida la opinión de Borges en el sentido de que Reyes es el creador de "la prosa más admirable de la lengua castellana".[1]

Pero entre todas las facetas de Reyes, una de las menos conocidas y menos valoradas es la de Reyes poeta. Se señala con frecuencia que la mejor poesía del autor está en su prosa. Este justo elogio del prosista esconde sin embargo una subrepticia descalificación del poeta en verso. De hecho, desde muy temprano se da cierta polémica en cuanto al verdadero estatuto de Reyes como poeta. Pedro Henríquez Ureña escribe en 1927: "Al fin el público se convence de que Alfonso Reyes, ante todo, es poeta".[2] Desgraciadamente, ni entonces ni ahora ha existido el consenso anhelado por el compañero ateneísta.

En 1923, por ejemplo, el joven Xavier Villaurrutia publica una recensión, poco conocida hoy, de *Huellas*, el primer libro de versos de Reyes. La nota, benévolamente calificada años más tarde por Reyes como "algo reticente",[3] resulta ser, al contrario, agresivamente explícita:

> No es Alfonso Reyes un gran poeta; no lo fue tampoco en sus años mejores; sus poemas de entonces, repetidos en antologías y revistas, nos servían para recordar y amar al otro Alfonso Reyes que escribía ensayos perfectos y animados, que disertaba con una fluidez no acostumbrada sobre motivos helenos, como glosaba letras latinas y sajonas, antiguos y modernos...
> Literato de todas las horas no puede dejar de ser un poeta cerebral. Su clasicismo carece de la inquietud romántica que requiere el artista moderno.[4]

[1] Jorge Luis Borges, "Cómo conocí a Alfonso Reyes", *Sábado* [Suplemento de *Unomásuno*], 17 junio 1989: 2.

[2] Pedro Henríquez Ureña, *Seis ensayos en busca de nuestra expresión*, en *Obra crítica*, ed. Emma Susana Speratti Piñero, pról. de Jorge Luis Borges (México: Fondo de Cultura Económica, 1960), 292.

[3] Alfonso Reyes, "Historia documental de mis libros. XIII. El año de 1922 (Continuación)", *Universidad de México*, 12 (1957): 16.

[4] Xavier Villaurrutia, "*Huellas* de Alfonso Reyes", *La Falange* [4] (julio 1923): 249.

Las críticas de Villaurrutia —bastante petulantes e injustas si se piensa que se trataba del primer libro de versos de Reyes— han sido repetidas después por varios críticos y escritores.[5] Pero frente a estas dudas o descalificaciones existe otro punto de vista, inaugurado por Henríquez Ureña y reiterado con pasión en 1948 por Francisco Giner de los Ríos:

> Su poesía [...] es algo así como el centro de la esencia última de su obra [...] sí creo que Reyes es ante todo poeta, y que todo lo suyo [...] está informado directamente por su inteligencia poética y precisamente por ella.[6]

Más recientemente, Octavio Paz ha expresado la necesidad de releer y redescubrir a Reyes como poeta.[7]

POÉTICA

Conviene plantear, desde el principio, algunas preguntas: ¿por qué es difícil leer a Reyes como poeta y cuáles son las causas de las reticencias, dudas y reservas de sus detractores? Creo que hay varias razones. En primer lugar existe una dificultad de tipo puramente convencional y que tiene poco peso real: la poesía de Reyes no cabe dentro de ningún movimiento o escuela. Si bien coincide en ciertos momentos con una tendencia dominante, no se puede decir que pertenezca orgánicamente ni al modernismo ni a la vanguardia.[8] Es más: no parece tener ni antecesores ni su-

---

[5] Véase, por ejemplo, A. Silva Villalobos, "Una obra poética", *Metáfora*, 5 (noviembre-diciembre 1955): 6-10. El autor se muestra singularmente hostil en sus opiniones acerca de la poesía de Reyes: "Ante nosotros está el versificador quien confunde, casi siempre, el oficio de medir y rimar versos con el de hacer poesía" (7). Más adelante agrega: "Es difícil analizar poéticamente una obra que no es capaz de conmover a ningún sentimiento interior profundo" (9).

[6] Francisco Giner de los Ríos, "Invitación a la poesía de Alfonso Reyes", *Cuadernos Americanos*, 42 (1948): 252-253.

[7] "De Octavio Paz" [Fragmento de una entrevista], *La Nación* (Buenos Aires), sección 4ª [Letras / Artes / Ciencia], 21 mayo 1989: 1. Refiriéndose a Reyes, Paz opina: "fue un verdadero poeta y le debemos algunos poemas de verdad excepcionales. Entre ellos un gran texto en la tradición de Mallarmé y Valéry: *Ifigenia cruel*. La crítica de nuestra lengua ha ignorado al Reyes poeta. Al poeta en verso y al poeta en prosa. Gran pecado, miopía imperdonable. Entre los poetas de su generación no fue inferior ni a López Velarde ni a Gabriela Mistral" (1).

[8] En lo que sigue siendo el mejor artículo dedicado exclusivamente a la poesía

cesores directos en la poesía mexicana, como lo han observado los autores de la antología *Poesía en movimiento*.[9] Además, el propio escritor señaló, en una carta a Tomás Navarro, viejo amigo de los días madrileños del Centro de Estudios Históricos, su inconformidad con la clasificación de su poesía dentro del modernismo:

> Yo comprendo la necesidad de clasificar por épocas. Pero, en cuanto a la tendencia estética y poética, ¿acomodo yo dentro del modernismo, contra el cual quise reaccionar desde mis primeros versos? Yo entiendo que en la *Métrica* se llama modernismo a una época y no a una escuela. Porque yo creo que no tengo escuela. Hasta eso ha hecho que mi poesía no sea muy bien entendida.[10]

Para los que no buscan entender sino encasillar, Reyes —como todo auténtico poeta— resulta ser inasible. También se ha lamentado la falta de una obra maestra, sin fijarse en el extraño esplendor de *Ifigenia cruel*, poema dramático de grandes ambiciones que constituye, en palabras de Octavio Paz, "su obra poética más perfecta".[11] Se trata de un texto que pertenece a un género —el del poema dramático— que se practicaba mucho al principio de este siglo pero que hoy se encuentra en desuso. El anacronismo genérico ha impedido la justa apreciación de esta obra.

Entre las dudas más comprensibles, destaco la aparente indi-

---

de Reyes, Eugenio Florit traza los puntos de contacto entre el mexicano y diferentes tendencias estéticas, tales como el modernismo, el vanguardismo, el negrismo, el barroquismo y rasgos de lo tradicional. Véase "Alfonso Reyes: vida y obra. II. La obra poética", *Revista Hispánica Moderna*, 22 (1956): 224-248.

[9] Véase *Poesía en movimiento*. *México, 1915-1966*, selección y notas de Octavio Paz, Alí Chumacero, José Emilio Pacheco y Homero Aridjis, pról. de Octavio Paz (México: Siglo XXI, 1966), 412.

[10] Fragmento de una carta de Reyes a Tomás Navarro, incluido en el Apéndice a Concha Meléndez, *Moradas de poesía en Alfonso Reyes* [1973], en *Obras completas*, vol. 5 (San Juan de Puerto Rico: Instituto de Cultura Puertorriqueña, 1974), 650-651. Reyes se refiere, en su carta, al clásico manual de Tomás Navarro, *Métrica española; reseña histórica y descriptiva* (Syracuse, N.Y.: Syracuse University Press, 1956). Navarro había clasificado a Reyes bajo el rubro del modernismo basándose en el criterio de la versificación y las formas métricas empleadas.

[11] Octavio Paz, "El jinete del aire" [1960], en *Puertas al campo* (Barcelona: Seix Barral, 1972), 51. Entre los críticos que lamentan la falta de una obra maestra, destaco a Enrique Anderson Imbert, quien se refiere a Reyes como "un clásico de nuestra historia literaria que, sin embargo, no dejó grandes libros orgánicos", *Historia de la literatura hispanoamericana*, vol. 2 (México: Fondo de Cultura Económica, 1954), 141.

ferencia de Reyes ante las vanguardias del siglo xx. La reserva proviene de una postura clasicista que corre el riesgo de parecer anacrónica en nuestro siglo. Reyes no cree en las doctrinas de la ruptura, ni en la reducción del poema a la metáfora; no tienen gran importancia en su poesía la problematización del lenguaje, ni el cuestionamiento del poder significativo de las palabras (y esto a pesar de ser un ávido lector y crítico de Mallarmé, uno de los padres de la vanguardia experimental).[12] En suma, brilla por su ausencia uno de los rasgos centrales de la tradición poética moderna desde Blake y los románticos, pasando por Rimbaud y los poetas malditos, hasta llegar a la vanguardia: me refiero a la noción de la poesía como desmesura, como transgresión violenta de las normas establecidas, como intento utópico de fundar un orden nuevo a través del arte.

Inútil buscar en Reyes esta idea de la poesía como aventura, acción o transgresión. Como lo ha observado muy bien Gabriel Zaid, los lectores modernos no encontramos en Reyes algo que buscamos, algo que forma parte de nuestras preconcepciones y expectativas, que siguen siendo fundamentalmente románticas.[13] Se frustra la esperanza de una exploración de las capas profundas y ocultas del ser, la esperanza de toparnos con una intensidad destructiva. Hay que reconocer que la temperatura de la poesía de Reyes es mucho más baja o, más bien, de otro signo.

Su actitud ante las tradiciones anteriores no es polémica ni combativa sino una actitud de integración e incorporación. Ubicadas ya en la perspectiva de la distancia histórica las conquistas del vanguardismo, la actitud ante la tradición en Reyes surge como una postura saludable porque busca recuperar y recrear tradiciones anteriores, ocultas u olvidadas. Sabemos ahora que el antagonismo vanguardista hacia el pasado en bloque casi nunca pasó de ser una posición programática y, de hecho, varios de los movimientos de ruptura promovieron activamente la recuperación

---

[12] Sobre esta aparente falta de correspondencia entre las predilecciones del crítico y la práctica del poeta, Max Aub opinó: "Lo curioso es que Reyes, tan al corriente y en la corriente, no refleja en su obra poética el gusto por la poesía que defiende y define en prosa: Mallarmé, Valéry y Góngora, el de las *Soledades*", "Alfonso Reyes, según su poesía" [1953], en *Páginas sobre Alfonso Reyes*, vol. 2 (1946-1957) (Monterrey: Universidad de Nuevo León, 1957), 278.

[13] Gabriel Zaid, "Dudas sobre el poeta Alfonso Reyes", en *Leer poesía*, 2ª ed., corregida y aum. (México: Joaquín Mortiz, 1976), 9-10.

de tradiciones alejadas o despreciadas. Antes que la Generación
del 27 en España, Reyes había sido uno de los iniciadores —desde
1910— de la revaloración de Góngora.[14]

Creo que lo anterior nos lleva a una comprensión de la estética
clasicista de Reyes. Las fuentes de esta estética están en la formación intelectual del autor. Henríquez Ureña, de nuevo, pone el
dedo en la llaga al notar que la cultura de Reyes era un compromiso entre el positivismo, del cual aceptó la disciplina y el rigor
pero rechazó la filosofía, y las filosofías de la intuición, aceptadas
críticamente y a las cuales opuso su formación positivista: "resis-
tió mejor que otros a la fascinación del irracionalismo. El impulso
y el instinto, en él, llaman a la razón para que ordene, encauce y
conduzca a término feliz".[15]

Muy lejos del clasicismo polémico de Jorge Cuesta, el de Reyes
va más allá de la afición helénica y la erudición del humanista
para convertirse en una auténtica visión del mundo: una filosofía, una estética y una moral. ¿En qué consiste esta visión del mundo? En el universo hay discordia y caos, pero a través del arte el
hombre puede restablecer, por un instante eterno, "el equilibrio
esencial de las cosas".[16] Octavio Paz ha identificado las palabras
clave de esta visión como pacto, acuerdo, mesura, proporción, acorde, concordia: "En una época de discordia y uniformidad —dos
caras de la misma medalla— Reyes postula una voluntad de con-
cierto, es decir, un orden que no excluya la singularidad de las
partes".[17]

En la poesía de Reyes se palpa este equilibrio entre razón e intuición, cerebro y pasión, intelecto y sentimiento. Hay siempre
un principio de integración superior, una actitud que limita todo
exceso. Al reconocer el límite de la medida, el poeta no sólo re-
construye el orden natural sino que descubre su propio lugar en
el todo y comprende que su libertad es la libre aceptación de una
fatalidad. Para el temperamento clásico no hay emociones que

---

[14] El primer ensayo de Reyes sobre el poeta barroco se titula "Sobre la estética
de Góngora". Fue, originalmente, una conferencia leída en una sesión del "Ateneo de la Juventud" el 26 de enero de 1910. El autor lo recogió en 1911 en su primer libro, *Cuestiones estéticas*, y se puede leer hoy en *Obras completas de Alfonso
Reyes*, vol. 1 (México: Fondo de Cultura Económica, 1955), 61-85.

[15] Henríquez Ureña, 298-299.

[16] Henríquez Ureña, 298.

[17] "El jinete del aire", 57.

amenacen con romper los diques de la forma y desbordarse por su fuerza interna, sino que todo encuentra su justa medida: la forma es siempre ceñida, mesurada y equilibrada. Y no es que le falte pasión sino que lo emotivo está controlado y ordenado por la razón y el intelecto hasta que todo cuaje en la perfección de la forma. ¿No hay tensión, entonces, en la poesía de Reyes? En el sentido de una oposición violenta entre términos irreconciliables, no la hay, pero sí hay una tensión resuelta en la forma: una catarsis estética y vital. La estética se confunde aquí con una ética; al mismo tiempo el rigor desemboca de manera natural en un ascetismo moral. Así lo expresa Reyes:

Escribir es como la respiración de mi alma, la válvula de mi moral. Siempre he confiado a la pluma la tarea de consolarme o devolverme el equilibrio, que el envite de las impresiones exteriores amenaza todos los días. Escribo porque vivo. Y nunca he creído que escribir sea otra cosa que disciplinar todos los órdenes de la actividad espiritual, y, por consecuencia, depurar de paso todos los motivos de la conducta.[18]

Además, hay que señalar que como concepto crítico, la tensión es otra invención de nuestra modernidad. Aunque el concepto fue proclamado como esencial a toda poesía por la nueva crítica angloamericana, apenas es necesario recordar que durante largos periodos y en diferentes culturas, ha existido una poesía exenta de tensión y de conflictos irreconciliables.

Hay dos elementos más en la poética de Reyes que sugieren el carácter "anacrónico" de su propia obra en verso. La primera idea está resumida muy bien por el autor en una carta a Emir Rodríguez Monegal: "Quiero que la literatura sea una cabal *explicitación*".[19] La imprecisión se ve siempre, en Reyes, como vaguedad retórica. Así, en el ensayo "Jacob o idea de la poesía", el poeta desdoblado en crítico escribe:

---

[18] "Alfonso Reyes", en Emmanuel Carballo, *Protagonistas de la literatura mexicana* [1965] (México: Ediciones del Ermitaño / SEP, 1986), 142.

[19] Fragmento de una carta a Emir Rodríguez Monegal fechada el 31 de agosto de 1953, incluido por Reyes en la "Justificación" a *Romances sordos*, en *Constancia poética, Obras completas de Alfonso Reyes*, vol. 10 (México: Fondo de Cultura Económica, 1959), 463. En adelante, todas las referencias a esta edición de la poesía de Reyes se darán entre paréntesis en el texto.

Toda imprecisión es un estado de ánimo anterior a la poética [...] el poeta debe ser preciso en las expresiones de lo impreciso. Nada se puede dejar a la casualidad. El arte es una continua victoria de la conciencia sobre el caos de las realidades exteriores.[20]

Pero si todo es precisión, claridad y transparencia, el lector actual se preguntará ¿dónde quedan la ambigüedad y la polisemia, características esenciales de nuestra poética moderna?

Ahora bien, del justificado escepticismo del autor en cuanto a la libertad total en el arte, y de su saludable noción de que la disciplina, lejos de ser una cárcel de constricciones y de reglas inquebrantables, constituye un conjunto de estímulos positivos que permiten la superación y la perfección, se desprenden consecuencias duales. Por un lado, se destaca el efecto positivo de subrayar que en arte es imposible prescindir de toda norma y que la auténtica libertad implica el reconocimiento de los límites: "el verdadero artista es el que se esclaviza a las más fuertes disciplinas, para dominarlas e ir sacando de la necesidad virtud".[21] Pero el corolario negativo de esta doctrina de la contención y el control es que difícilmente permite una exploración de aquellas zonas de la experiencia humana que no se dejan someter a un régimen de claridad y explicitación. La poética de Reyes parece excluir la posibilidad de una poesía de buceos oníricos o psicológicos. Su desconfianza en los poderes irracionales desemboca en una automutilación.

La segunda idea, expresada varias veces por el poeta, trata del carácter autobiográfico de toda poesía. Recordando a su admirado Goethe, Reyes afirmó que "toda poesía es poesía de ocasión"[22]

---

[20] Alfonso Reyes, "Jacob o idea de la poesía" [1933], en *La experiencia literaria*, recogido en *Obras completas de Alfonso Reyes*, vol. 14 (México: Fondo de Cultura Económica, 1962), 103.

[21] *Obras completas*, 14: 101. Vale la pena agregar que esta concepción del proceso de creación como algo inconcebible sin la disciplina y el rigor de la parte racional y lúcida del ser, explica la violenta oposición de Reyes a la doctrina surrealista de la escritura automática, que el autor ridiculiza sin nombrarla explícitamente: "Y aun hay malos instantes en que la obra poética pretende arrogarse las funciones de la escritura mediumnímica o sonambúlica; en que el poema usurpa la categoría de documento psicoanalítico o confesión abierta sobre el chorro, a grifo suelto, de las asociaciones verbales, para uso de los curanderos del Subconsciente", *Obras completas*, 14: 100.

[22] Alfonso Reyes, "Historia documental de mis libros. VI. El año de 1917", *Universidad de México*, 9 (1955): 12.

y, en otro lugar, recalcó: "por mi parte, no distingo entre mi vida y mis letras" (463). Incluso llegó a decir: "Mi modesta obra lírica, por ejemplo, sería falseada si no se la aprecia en relación con la fecha de cada poema".[23] Recordemos también el cuidado que siempre tuvo en precisar el lugar y la fecha de cada una de sus composiciones. Se sabe que en casi todas las culturas la poesía ha desempeñado por mucho tiempo un papel funcional o instrumental ("ancilar" diría Reyes): poesía ritual o poesía de circunstancias. La noción del poema como universo autosuficiente es bastante reciente: nace en la segunda mitad del siglo XIX. Tomando en cuenta este aparente rechazo de la autonomía del poema, se puede apreciar la injusticia de los que acusan a Reyes de frío formalismo. Pero hay cierta ambigüedad en la posición del autor. A veces, parece estar muy cerca de la poesía pura; otras veces, se aleja de esta tendencia que sí intentó expulsar del poema todo lo que no fuera esencia intrínseca. Pero si Reyes puede apelar a una larga tradición para justificar la identificación entre poesía y autobiografía, los lectores modernos tenemos derecho a pedirle algo más al poema, pedirle que sea algo más que la huella de una circunstancia. Sentimos que el poema debe tener una intensa motivación interior en lugar de ser simplemente la respuesta a un diluido estímulo exterior.

Aunque una parte considerable de los versos de Reyes se expone a esta crítica (varios poemas que él llama "sociales" y que aparecen en la sección "Cortesía" en *Constancia poética*), creo que hay muchos momentos de su poesía que trascienden las circunstancias exteriores para cobrar auténtico valor poético en el más exigente de los sentidos. El teórico que fue Reyes no siempre le hizo justicia al poeta.

Quisiera señalar una última consecuencia de las ideas del autor sobre la poesía. Una poética que tiende a sostener que todo poema es copia imperfecta de un arquetipo eterno, difícilmente puede admitir la idea de evolución temporal. De ahí que no se pueda hablar realmente de desarrollo en la poesía de Reyes, si exceptuamos tal vez los resabios de la retórica parnasiano-modernista en su primer libro de 1922. El lector acostumbrado al modelo romántico del libro como maduración orgánica de una

---

[23] "La poesía desde afuera", en *Al yunque*, recogido en *Obras completas de Alfonso Reyes*, vol. 21 (México: Fondo de Cultura Económica, 1981), 322.

persona, como biografía espiritual con sus sucesivas fases, queda perplejo ante una poesía en la cual todas las formas, los tonos y las preocupaciones esenciales están lo mismo en el primer libro que en el último. Se vuelve a presentar aquí la misma dicotomía notada antes: por un lado, la poesía se confunde con la vida y el poema no necesita más validez que la de ser un testimonio autobiográfico; por otro lado, la idea de que toda poesía aspira a una pureza atemporal.[24] Aunque no necesariamente irreconciliables, estas dos nociones implican dos visiones encontradas que sólo se logran reconciliar en momentos privilegiados, momentos en que el poema encarna en una arquitectura instantánea para volverse, en palabras de Reyes, "una escultura de aire".[25] Es decir: un auténtico poema debe tener la solidez permanente de la forma ceñida y mesurada ("escultura"), pero también la volatilidad dinámica y etérea de la sustancia de la vida ("aire"). Afortunadamente, estos momentos no son infrecuentes en su poesía. Pero insisto: esta poética inmóvil de la tradición eterna esconde una fascinación precisamente por ser extemporánea y ajena. Al leer a Reyes leemos toda una tradición poética, actualizada y revitalizada.

Algunos dirán que el clasicismo de Reyes es un anacronismo en el siglo xx, pero habría que agregar que también lo es el clasicismo de un Eliot, un Valéry o un Borges. Precisamente por ser

[24] En *El deslinde* [1944], Reyes distingue entre los diferentes grados de historicidad en la poesía, desde la relativa indiferenciación de poesía e historia en los orígenes de todas las culturas hasta la anhelada separación de las dos en la poesía pura. La obra poética de Reyes se despliega entre estos dos extremos sin identificarse con ninguno. Cuando sostiene que entre vida y obra hay una relación de interdependencia, de influencia y fertilización recíprocas, parece rechazar las dos posiciones extremas: por un lado, se niega a ver al arte como reflejo directo e inmediato de la vida (ver "La biografía oculta", en *Obras completas*, 14: 120-122) e insiste con frecuencia en la distinción mallarmeana entre estado de alma (ideas) y poesía (un artefacto de palabras); por el otro, encuentra deficiente e innecesariamente empobrecedora la doctrina "purista" de la poesía como esencia destilada que resulta de la expulsión de todo lo relacionado con la vida, ya que toda obra literaria acarrea inevitablemente un "mínimo de realidad" (*Obras completas*, 21: 321). Sabemos incluso que frente al concepto de la poesía pura, Reyes llegó a favorecer el de "poesía total". Para una minuciosa reconstrucción y exposición de la teoría literaria de Reyes, véase el libro de Alfonso Rangel Guerra, *Las ideas literarias de Alfonso Reyes* (México: El Colegio de México, 1989). Este mismo autor da una sucinta descripción de la visión de la poesía y del proceso de creación en la teoría literaria de Reyes (169-194 y 262-265).

[25] La frase aparece en "Compás poético", una breve descripción de la poesía de Enrique González Martínez, recogida en *Ancorajes* (*Obras completas*, 21: 49).

una estética de la eternidad en una época obsesionada por la temporalidad, por ser una "ruta vertical" que aspira a elevarse y liberarse de la cadena horizontal y lineal de la historia, por ser una visión armoniosa en una época de discordia, el clasicismo de Reyes asume sus paradójicas dimensiones como una desmesura, una heterodoxia.

Poesía

Una lectura atenta de la poesía de Reyes recogida en *Constancia poética*, el tomo x de las *Obras completas*, revela la asombrosa riqueza y variedad de formas, metros, acentos y temas practicados. Entre los géneros poéticos se destacan poesía cívica, épica, heroica, amorosa, bucólica o pastoril, dramática, religiosa (paradójicamente, ya que Reyes no es un autor de temple cristiano), poesía de circunstancias, y poesía para niños. A esta riqueza genérica hay que agregar la diversidad de formas poéticas —odas, elegías, sonetos, romances, coplas, cancioncillas, décimas, epigramas, glosas, seguidillas, formas que se acercan al haikú, y otras lúdicas como el acróstico y la adivinanza— y de diversas modalidades métricas que van desde el arte menor hasta el arte mayor, siendo las preferidas el octosílabo del romance y el endecasílabo del soneto. Hay también varios experimentos logrados con el verso libre.

Si existe riqueza formal en esta poesía, no son menos variados los temas y los acentos. En lo temático: el país natal, la ciudad natal, la infancia, la familia, la geografía de México y de América, el amor (desde la idealización platónica hasta la sensualidad sensorial y el tímido erotismo), la muerte y la poesía misma.[26] Los tonos, en una auténtica interpenetración de lo popular y lo culto, abarcan varios extremos: seriedad y humor; solemnidad y burla; refinamiento y coloquialismo; lo público y lo privado; artificio y sencillez; cortesía y parodia. Si la abundancia acarrea el riesgo de cierta monotonía, esta saludable variedad funciona como buen antídoto. La imagen docta y erudita del humanista encuentra su mejor contrapeso en la incorporación de elementos humorísticos y populares y en el frecuente descenso hacia lo trivial.

---

[26] Todos estos temas, con la extraña excepción de la poesía misma, están comentados en Florit, 240-248.

De esta multiplicidad de temas y acentos, he decidido ocuparme de un elemento central y ordenador: la poética como tema de la poesía. Hay varios poemas que tienen como tema explícito a la poesía. Aquí, no me propongo un análisis exhaustivo de todos estos textos sino una visión crítica de algunos de los más significativos. Uno de los más conocidos es "Teoría prosaica", escrito en 1931. Consta de tres partes desiguales. En la primera se comparan prácticas rústicas y populares de México y de Argentina. Los giros coloquiales y algunos regionalismos se combinan con referencias cultas, estableciendo así el tono y el tema del poema. La segunda parte contiene una declaración explícita:

> ¡Y decir que los poetas,
> aunque aflojan las sujetas
> cuerdas de la preceptiva,
> huyen de la historia viva,
> de nada quieren hablar,
> sino sólo frecuentar
> la vaguedad pura!
> Yo prefiero promiscuar
> en literatura.
> No todo ha de ser igual
> al sistema decimal:
> mido a veces con almud,
> con vara y con cuarterón.
> Guardo mejor la salud
> alternando lo ramplón
> con lo fino,
> y junto en el alquitara
> —como yo sé—
> el romance paladino
> del vecino
> con la quintaesencia rara
> de Góngora y Mallarmé .
>   (vv. 131-132)

Alianza entre lo popular y lo culto, giros coloquiales y arcaísmos, pero todo destilado hasta alcanzar un equilibrio entre los polos opuestos, reconciliados en el poema. Formalmente, el poema expresa esta alternancia en sus vaivenes entre una medida métrica regular (el octosílabo con rimas consonantes) y las bruscas rupturas de esta regularidad en los pies quebrados. La sonrisa irónica y burlona da al poema un tono unificado y en la última parte la metáfora culta de la destilación se transforma en la más terrestre de la fundición:

> Y el habla vulgar fundida
> con el metal
> del habla más escogida
> —así entre cristiano y moro—,
> hoy por hoy no cuadran mal:
> así va la vida
> y no lo deploro (132).

En el prólogo al libro *Otra voz*, donde por primera vez apareció este poema, Reyes describe sus metas:

> Estos poemas no van afinados en un solo tono de voz, pero en la mescolanza está el toque, el toque neurálgico, el toque de reacción [...] a veces me asusto de que pueda llegar la hora de la cristalización. Entonces, para sentirme vivo, hago versos a contrapelo, fuera de mi estilo habitual y un poco al sabor de la conversación, a modo de estrujón contra la estética (497).

Esta introducción del prosaísmo y el coloquialismo, del humor y la ironía, le dan a Reyes pleno derecho a figurar en la historia de la antipoesía en Hispanoamérica. No fue el primero, ya que en 1925, siguiendo el modelo del poeta nicaragüense Salomón de la Selva, guiados ambos por Pedro Henríquez Ureña, Salvador Novo había introducido estos tonos en sus *XX poemas*.[27]

Si "Teoría prosaica" representa dentro de la obra de Reyes el polo poroso de la "promiscuidad" y el principio de mestizaje temático y formal, en "Arte poética", un poema escrito en París seis años antes, se puede apreciar el otro extremo de la poética del autor, el polo de la pureza que huye de las contaminaciones de la vida:

1

Asustadiza gracia del poema:
flor temerosa, recatada en yema.

---

[27] Sobre los papeles de Henríquez Ureña, De la Selva y Novo como fundadores de lo que se llamaría después "antipoesía", véase José Emilio Pacheco, "Nota sobre la otra vanguardia", *Revista Iberoamericana*, 45 (1979): 327-334.

2

Y se cierra, como la sensitiva,
si la llega a tocar la mano viva (113).

En "Consagración", un poema escrito en 1934 y menos conocido que los dos anteriores, el tono irónicamente solemne es el instrumento de la desacralización y la profanación irreverente del recinto sagrado de la poesía, presente en el poema en la forma de la destinataria femenina —musa o diosa—:

Con tres compases de santa,
de santa sin resplandor,
bajaste de la peana,
que es el milagro mayor.

Hoy te adoran las sandalias
que aplastas con el talón;
te adoran los candeleros
que tiemblan en el salón,

y hasta la forma del aire,
en el hueco que dejaste,
donde se cuajó tu vida
para siempre.

Ya no corres ni te vas:
te matamos, te maté (134).

Anticipación de la antipoesía de Nicanor Parra, este poema es una paradójica afirmación de la eternidad del arte ("para siempre"), pero la perduración de la forma fija ("que te hice de cristal") depende de un ultraje. La eterna vida de la poesía (lugar común de la tradición) exige la destrucción de los símbolos y del léxico tradicionales. La innovación y la ruptura se convierten así en los cómplices heterodoxos de la tradición. Los nuevos acólitos de la divinidad poética son la nueva temática mundana ("sandalias" y "candeleros"). El poema es un homenaje y, simultáneamente, una profanación: para dar nueva vida a la poesía hay que matarla e inmovilizarla en el poema. Así, el asesinato de la musa tradicional es sinónimo del acto de fijar el poema, abstrayéndolo del flujo temporal. Victoria de lo moderno sobre la tradición, pero también reafirmación de la tradición.

En otros poemas, sin embargo, desaparecen el humor y la ironía. Domina aquí una voz mesurada y rítmicamente hipnótica
que se dirige al arte a través del símbolo tradicional de la rosa,
perfecta en su fragilidad fugaz:

> Número soy de tu cuenta,
> danza de tu movimiento,
> y a la vez que tu remolque
> ámbito soy de tu vuelo (209).

El movimiento rítmico de estos espléndidos octosílabos ejemplifica el equilibrio dialéctico entre lo fijo y lo dinámico, entre destino y libertad, entre vuelo y contención. La balanza se expresa en
la perfecta síntesis entre el gran movimiento interior —acentuación rítmica dactílica pero con cierta variación, en los versos segundo y tercero, entre los acentos fijos en la primera y séptima
sílabas— y el octosílabo del romance, la medida métrica que
encauza el movimiento sin suprimirlo.

En la danza del ritmo, el poeta asume su condición ambigua
como cifra y espacio de encarnación de la poesía. No es que el yo
poético se convierta en objeto de la corriente poética a la manera
surrealista sino que dentro de los límites que fijan las leyes de la
forma, él encuentra su espacio de libertad:

> Mas yo que tus leyes sigo
> y en tus aires me gobierno (209).

Hay concordia y equilibrio porque la rosa de la poesía es "maestra en ajustar / la voz con el pensamiento" (209). Pero la acción de
equilibrar no es un proceso exclusivamente racional: nace de una
brújula interior, un instinto poético que no distingue entre "medir" y "sentir":

> Perfecta rosa que adoro:
> para implorarte no encuentro
> sino medir las palabras
> con los latidos del pecho (210).

Esta balanza entre cerebro y pasión encuentra una formulación
de intercambiabilidad mutua en el último terceto de un soneto
dedicado a Eugenio Florit:

Es que el poeta cumple su mandamiento:
hacer razones con el sentimiento
y dar en sentimiento las razones (459).

El ideal de una depuración esencial se expresa muy bien en "Silencio". Cabe notar que, lejos de las doctrinas puristas, el centro de depuración anhelado aquí es un punto de reconciliación entre poesía ("verso"), vida ("latido") y naturaleza ("universo"), un punto donde conviven lo fugaz y lo eterno:

Cada vez menos palabras;
y cada palabra, un verso;
cada poema, un latido;
cada latido, universo.
Esfera ya reducida
a la norma de su centro,
es inmortal el instante
y lo fugitivo eterno (214).

Las perfectas figuras geométricas que abundan en esta poesía pueden dar la impresión de fría racionalidad helénica, pero no es así. En el soneto "La verdad de Aquiles" el poeta habla de "una espiritual geometría" (417) y el comienzo de "Consejo poético" sugiere que número, cifra y medida son las perfectas formas platónicas (arquetipos eternos):

La cifra propongo; y ya
casi tengo el artificio,
cuando se abre el precipicio
de la palabra vulgar.
Las sirtes del bien y el mal,
la torpe melancolía,
toda la guardarropía
de la vida personal,
aléjalas, si procuras
atrapar las formas puras (215).

Pero la segunda (casi) décima del poema nos lleva de esta pureza platónica (con su ideal del arte como esencia libre de las contaminaciones de la vida y lo sentimental) hasta un pitagoris-

mo en el cual la estructura matemático-musical del universo aco-
moda lo emotivo dentro de una armonía más vasta:

> ¿La emoción? Pídela al número
> que mueve y gobierna al mundo.
> Templa el sagrado instrumento
> más allá del sentimiento (215).

Se ve que la "espiritual geometría" no es el dictado de la razón sino
una especie de acorde cósmico.

En varios poemas hay una apelación a la voz de la contención
para corregir un desequilibrio y restablecer la armonía perdida.
"Otoñada" termina en una reprimenda a los excesos sentimentales de la voz lírica:

> (Canción: esta vez divagas.
> Ten cuenta con lo que dices.) (212)

Estos dos últimos versos se distinguen de los demás versos del
poema por el recurso del paréntesis, que funciona aquí como una
manera de introducir otro discurso dentro del discurso original.
En "Un día", un conjunto de cuatro variaciones que siguen la
progresión del día (noche → mañana → mediodía → crepúscu-
lo), se procura expresar la armonía esencial de las cosas. Al final,
la voz poética confía la comunicación del misterio a los sentidos
y al silencio, pero el poema termina con una invocación a la voz
reflexiva, la voz de la sabiduría poética:

> Yo no lo puedo decir,
> sé muy poco, no sé nada:
> es mejor que lo confíe
> a las sombras sosegadas,
> a las antenas del tacto,
> al silencio, a la mirada.
> ¡Vuela, pensamiento, y díle
> que calle y no diga nada! (180-181).

El instinto poético de conciliación se presenta a veces como
una brújula interior, equivalente a la "espiritual geometría" que
restablece el equilibrio:

> y no dejé que los goces
> alteraran mis medidas.
> Porque, entre los torbellinos
> y las sirtes enemigas
> nunca me engañó la brújula
> que en el corazón traía.
> [...]
> Lo que me hurtaba el dolor,
> la pluma lo devolvía (465).

La necesidad de dar forma a lo informe y de encauzar el material emotivo constituye el tema de varias composiciones. El impulso vital de los sentimientos es ahora la loca carrera del caballo desenfrenado, pero el poeta es el jinete que toma las riendas, controla y orienta el libre vuelo, inmovilizando la pujanza dinámica:

> Pasa el jinete del aire
> montado en su yegua fresca,
> y no pasa: está en la sombra
> repicando sus espuelas (387).

O como en este otro ejemplo, menos logrado por ser más explícito:

> Me hacían jinete y versero
> el buen trote y sus octosílabos
> y el galope de arte mayor,
> mientras las espuelas y el freno
> me iban enseñando a medir el valor (154).

En otros poemas se articula la misma idea de dar forma a lo informe y lo potencialmente caótico mediante la metáfora de un poderoso río que hay que encauzar:

> Ceñí las aguas del bullente río
> como por duro cauce bien labrado,
> y pasmo fue si cada desvarío
> halló la ley del oportuno vado (446).

Los sólidos endecasílabos del soneto —con sus rimas consonantes que ejemplifican en el nivel formal la coherencia y la estabilidad de la soldadura poética— se repiten en otro poema menos logrado, tal vez por su tono de preceptiva didáctica:

> Había que buscar la ruta cierta
> y ceñir el desborde con el dique (456).

Como sucede con frecuencia en Reyes, los endecasílabos del soneto tienen cierta rigidez si se comparan con el libre vuelo y la gran riqueza rítmica del arte menor de los romances. Indudablemente, se siente más libre en el romance, por ser ésta una forma de honda raigambre popular, una forma "porosa" que acepta sin discriminación elementos narrativos y líricos, una forma que se adapta con idéntica soltura al refinamiento culto o a la burla popular. "No hay asunto humilde para el poeta", escribió Reyes en otro lugar.[28] Asimismo, en unas notas a los *Romances del Río de Enero*, apunta:

> El romance nos transporta a la mejor época de la lengua, trae evocaciones tónicas; la lengua, desperezada, ofrece sola sus recursos. Además —ventaja para aprovecharla ahora mismo— el romance deja entrar en la voz cierto tono coloquial, cierto prosaísmo que se nos ha pegado en esta época, al volver a las evidencias (401).

Si el arte poético es el de dar forma a lo que amenaza con desbordarse y salirse del orden del poema, en unas pocas composiciones Reyes intenta expresar —con escasa fortuna— el universo caótico donde se rompe toda noción de equilibrio y proporción:

> ¡Horror de la palabra ya vacía,
> aberración del acto sin oriente,
> la brújula sin norte, anomalía
> de ver rodar la mole sin la mente!
> [...]
> Y el alma, que se queda atrás, no fía
> ya ni en las normas, ni en las estructuras
> ni en la armonía, ni en la jerarquía (451-452).

Y digo que no se logra expresar el caos porque la forma métrica sigue siendo el endecasílabo con sus rimas convencionales. Es

---

[28] "Fragmentos del arte poética", en *Ancorajes* (*Obras completas*, 21: 57).

cierto que los dos encabalgamientos y las disrupciones de la sintaxis fluida ayudan en parte a transmitir la sensación de desorden, pero este desorden cabe con demasiada facilidad dentro de un molde formal de orden. Sin embargo, estos son momentos muy aislados en la obra de Reyes y constituyen siempre una "anomalía", como se dice en los versos citados.

Con más frecuencia Reyes admite una exploración de lo misterioso y lo desconocido pero *con arte*, como se dice al final de un soneto:

> Y despacio y con arte, a ver si exploras
> esa zona hechizada que limita
> la inefable cortina de las horas (448).

Cuando esta poesía se permite el raro privilegio de navegar en las oscuras aguas del sueño, se mantiene en un estado de desvelada vigilancia para no ceder al peligro de perderse. Esta resistencia se expresa en un soneto neobarroco inspirado en un verso de Góngora: "La brújula del sueño vigilante". Abundan aquí varias marcas estilísticas del barroquismo (antítesis, oxímoron y paradoja) y hay un verso que podría ser de Xavier Villaurrutia, el "dormido despierto" que empleó varios recursos retóricos de la poesía barroca en su obra, pero es un verso característico también de la postura estética de Reyes: "y voy despierto cuando más dormido" (447).

En todas estas muestras de la poética como tema de la poesía, la visión estética aspira a fijar un momentáneo equilibrio de perfección, un instante suspendido del desgaste temporal, como si fuera un centro autosuficiente sostenido en el aire por el ímpetu centrípeto de la forma. El movimiento detenido sugiere una eternidad fugaz, un ritmo inmovilizado por la armonía de sus proporciones y medidas. Sus mejores poemas logran articular maravillosamente bien lo que Reyes concebía como el deber del poeta: "eternizar cada instante, expresando esa proporción de luz y sombra por la que cada instante atraviesa".[29]

Al emprender una valoración de la poesía de Reyes, nos enfrentamos al problema de la abundancia. Sabemos que el autor estuvo opuesto al sentido antológico, pero su posición fue ambigua puesto que *Constancia poética* es ya un primer intento tímido de

---

[29] "La poesía desde afuera" (*Obras completas*, 21: 322).

hacer la antología que tanto necesitamos. Una de las motivaciones del tomo fue descrito por el poeta en el prólogo como "el intentar una primera selección" (9). Ahora, a tantos años de distancia de la primera edición, es preciso proceder a una depuración mucho más radical para beneficio del propio poeta y, sobre todo, de los lectores modernos.[30]

Reyes creía que su obra estaba animada por el propósito de expresar "la total manifestación de una existencia", pero no todos los aspectos de esa existencia son de igual interés o relevancia para un lector de poesía. Hay muchas composiciones de la extensa sección llamada "Cortesía", que agrupa la poesía de circunstancias o poemas "sociales" del autor, que no sobrevivirían la prueba de una criba antológica. Varios de estos poemas no trascienden las circunstancias de su composición.[31] Algunos dirán que revelan un aspecto importante y nada deleznable de la persona de Reyes: su bondadosa cordialidad y su generosa cortesía. Es cierto, pero creo que el tomo se beneficiaría si no tuviera que cargar con tanto material de motivación extrínseca o anecdótica.

Una buena selección de la poesía de Reyes tendría como resultado un libro menos voluminoso, menos repetitivo pero más esencial y más convincente. Se vería, entonces, que esta poesía no carece de riesgos sino que asume como su riesgo mayor el alcanzar la perfección que ella misma se exige. Se apreciaría también que la precisión y la nitidez, si bien no permiten explorar el lado oscuro del ser, sí logran evitar, en cambio, toda ampulosidad y vaguedad retóricas. No se equivocaba el autor al hablar de la tem-

---

[30] Por otra parte, se sabe que el propio poeta se dio cuenta, en los últimos años de su vida, de la necesidad de ofrecer breves selecciones de su poesía. Véase el "Propósito" que Reyes escribió en 1957 para el proyectado libro *Recordación poética*, breve antología que podemos leer hoy en Alfonso Reyes, *Antología personal*, edición, palinodia y notas de Ernesto Mejía Sánchez (México: Martín Casillas, 1983), 23-46. En el prólogo a *Obra poética* [1952], reproducido en 1959 en *Constancia poética*, el autor ya había reconocido la necesidad de una antología, pero se mostró renuente a hacerlo: "Aún no me atrevo a proponer mi verdadera antología. Tal vez ello, si ha de ser algún día, ni siquiera me corresponda. El criterio del autor y el del lector nunca pueden confundirse del todo. Y confieso que la sola palabra 'antología' me amedrenta, y la hallo poco recomendable para aplicarla a la obra propia. ¿Quién puede estar cierto de ofrecer flores y no espinas, antología y no acantología?" (*Obras completas*, 10: 9).

[31] Vale la pena subrayar, sin embargo, que unos cuantos poemas de la sección "Cortesía" se cuentan entre los mejores del autor. Véanse, por ejemplo, "Candombe porteño" y "Para un mordisco" (*Obras completas*, 10: 248-249 y 276-277).

prana influencia parnasiana en sus versos: "Ella rectificó el romanticismo amorfo de la adolescencia" (11). Leer al mejor Reyes
significa, en palabras de Paz, "una lección de claridad y transparencia".[32] Es, sobre todo, un buen ejercicio de cuestionamiento
de nuestras limitadas preconcepciones modernas.

Por su diversidad temática, formal y acentual, por el acceso
que nos permite a toda una tradición poética, revitalizada y actualizada, la poesía de Alfonso Reyes merece un lugar destacado en
el ámbito de la poesía moderna en lengua española. Vale la pena
detenerse en las cualidades que atraviesan su poesía porque no
son tan comunes en la literatura mexicana o hispanoamericana.
Son atributos que sólo se reúnen en los más grandes: gracia, sensualidad, donaire, naturalidad, humor, agilidad, frescura, juego,
fragilidad, encanto diáfano y la sorpresa de lo inesperado. Existe
también en Reyes un oído fino, atento a la materialidad del sig-
nificante, a lo que él mismo denominó "la belleza física de las
palabras".[33] En tiempos de redescubrimiento y revalorización de
la oralidad como fenómeno artístico, la impresión "oral" de sus
poemas —una oralidad que es fruto de la fusión de lo popular y
lo culto— es una saludable reacción en contra del concepto más
intelectual, visual y espacial de "escritura", un concepto que se
ha canonizado todavía más a partir del desconstruccionismo de-
rrideano. Más que escritura, la poesía, para Reyes, es habla y canto regidos por ritmo y musicalidad.

Si se lee no según nuestras estrechas expectativas contemporáneas, como lo ha hecho gran parte de la crítica, sino por lo que
ella misma ofrece, entonces se verá que la poesía de Alfonso Reyes sigue proporcionando, en muchos momentos, una verdadera
experiencia estética en el más exigente de los sentidos: sigue siendo, como él mismo quería, "la ruta vertical".[34]

[32] Octavio Paz, *El laberinto de la soledad*, 2ª ed., rev. y aum. (México: Fondo de
Cultura Económica, 1959), 146.

[33] Citado en Florit, 227.

[34] Una versión más breve de este texto se leyó en la mesa redonda "Alfonso
Reyes: entre la literatura y la crítica" en mayo de 1989 en El Colegio de México.
Agradezco las oportunas observaciones de Rose Corral, quien revisó otra versión
que se publicó en *Nueva Revista de Filología Hispánica*, 37 (1989): 621-642.

V. LOS CONTEMPORÁNEOS Y EL DEBATE EN TORNO A LA POESÍA PURA

L'univers n'existe que sur le papier.

Monsieur Teste/Paul Valéry

Los ámbitos de la pureza

Carecemos todavía de un estudio de las resonancias mexicanas de aquel fenómeno inasible pero muy real que llamamos "poesía pura". A pesar de su proclamada incompatibilidad con la historia, esta tendencia pertenece a la historia literaria de los siglos xix y xx a tal punto que ésta se vuelve incomprensible sin tomar en cuenta las múltiples contribuciones de la estética purista.[1] El término gozó de gran prestigio entre creadores y críticos, especialmente en la década de los veinte, pero cayó después en un descrédito casi total. No obstante su importancia en el mundo hispánico, tuvimos que esperar hasta 1953 para el primer acercamiento crítico (rudimentario e inexacto)[2] y hasta 1976 para una visión histórica más o

[1] Un indicio del alto lugar que tiene la tendencia "purista" en la poesía occidental del siglo xx es el hecho de que Michael Hamburger dedica al fenómeno dos capítulos de su importante libro *The Truth of Poetry* (Londres: Weidenfeld & Nicholson, 1969).

[2] El primer acercamiento —modesto— se publicó en México, aunque sólo estudia la poesía escrita en España: Alberto Monterde, *La poesía pura en la lírica española* (México: Imprenta Universitaria, 1953). Este libro ejemplifica los peligros que entraña el estudio de la poesía pura. Después de lamentar la confusión que rodea al término el autor distingue adecuadamente entre la acepción de Bremond y la de Valéry sólo para tomar partido a favor de la noción irracionalista, intuitiva y emotiva de Bremond y en contra de la noción racional, intelectual y analítica de Valéry. Monterde se vuelve innecesariamente un apologista de Bremond: "En realidad, si todo poeta examinase cuidadosamente lo expuesto por Brémond [*sic*] y si lo meditara con alguna profundidad, estaría de acuerdo con él" (42-43). El maniqueísmo del autor lo lleva a adoptar una definición simplista y demasiado general que identifica poesía pura (según Bremond) con verdadera poesía: "Dentro de la verdadera poesía pura, pueden caber todos los verdaderos poetas de todos los tiempos y de todos los países; dentro de la falsa poesía pura, solamente Valéry y quienes siguieron su ejemplo" (52). Después de este tipo de argumen-

menos completa (aunque todavía extrínseca) de la naturaleza de la poesía pura en España y de sus conexiones con la cultura francesa.[3] A pesar de la fertilidad de la tendencia en países como Cuba, Colombia y México, en Hispanoamérica no contamos con un estudio continental ni con uno nacional en el caso mexicano.

Uno de los primeros en subrayar la importancia de la poesía pura entre los Contemporáneos fue Octavio Paz. A finales de la década de los treinta, en un intento de definirse en oposición a la generación anterior, el joven poeta ofrece una visión crítica y polémica de las doctrinas puristas.[4] En fechas más recientes Paz ha vuelto a discutir el fenómeno desde una perspectiva histórica de mayor amplitud aunque sin olvidar su temprana insatisfacción e irritación.[5] A su vez, Guillermo Sheridan ha estudiado en *Los Contemporáneos ayer* la presencia inconfundible del estilo y la manera de Juan Ramón Jiménez en los primeros libros de cada poeta.[6] Pero la cuestión es vasta y compleja. Por mi parte quisiera trazar un mapa preliminar y ver cuáles de las múltiples versiones de la poesía pura circulaban dentro del grupo, hasta qué punto fueron compartidas, cuál fue su vigencia temporal y cuáles los resultados de este tránsito. Al responder estas interrogantes espero dar una imagen rica, heterogénea y hasta contradictoria de estos poetas mexicanos. El *corpus* del análisis textual está forma-

tación el lector no se sorprenderá al encontrar aseveraciones tan inexactas como la siguiente: "los suprarrealistas pueden, por derecho propio, catalogarse como verdaderos poetas, como poetas puros" (117).

[3] Se trata de la investigación más completa que se ha realizado sobre el tema hasta la fecha, aunque se limita a la poesía escrita en España y su enfoque es más histórico que intrínseco: Antonio Blanch, *La poesía pura española. Conexiones con la cultura francesa* (Madrid: Gredos, 1976).

[4] Véanse especialmente los ensayos "Pablo Neruda en el corazón" (1938) y "Razón de ser" (1939), recogidos en *Primeras letras (1931-1943)*, selección, introducción y notas de Enrico Mario Santí (México: Vuelta, 1988).

[5] Véase el importante ensayo escrito como epílogo para una nueva edición de la famosa antología *Laurel*: "Poesía e historia (*Laurel* y nosotros)", recogido en *Sombras de obras* (Barcelona: Seix Barral, 1983), 47-93.

[6] Guillermo Sheridan, *Los Contemporáneos ayer* (México: Fondo de Cultura Económica, 1985). Existe también una muy olvidada tesis sobre el mismo tema: Mercedes Pesado, "Influencia de Juan Ramón Jiménez en el grupo de Contemporáneos", tesis de maestría, Universidad Femenina (México), 1949. Desgraciadamente, para efectuar su comparación entre los Contemporáneos y el poeta español la autora extrae sus citas de la *Antología poética* de Juan Ramón, publicada por Losada en 1944, en lugar de referirse a los libros que realmente leyeron los poetas mexicanos en el momento de recibir la influencia.

do exclusivamente por algunas de las críticas recíprocas que se hicieron en reseñas y ensayos los miembros del grupo.

El primer problema reside en el carácter ambiguo y elástico del concepto de "poesía pura". Existen por lo menos cinco acepciones distintas que están vigentes en la década de los veinte. Veamos pues estos cinco satélites que giran alrededor del núcleo vaporoso de la pureza. El 24 de octubre de 1925 el abate Henri Bremond dio ante las cinco Academias Francesas una conferencia que no tardó en desatar una polémica. Al año siguiente la conferencia, "La poesía pura", se publicó con otros textos en un libro que llevaba el mismo nombre. En su búsqueda de la esencia de la poesía Bremond formuló la siguiente afirmación: "Tout poème doit son caractère proprement poétique à la présence, au rayonnement, à l'action transformante et unifiante d'une réalité mystérieuse que nous appelons poésie pure".[7] En contra de los teóricos de "la poesía-razón" el religioso sostiene que la pureza no es una propiedad de forma o de fondo que puede ser captada por el intelecto sino que constituye una corriente inefable y misteriosa que tiene que ser intuida. Se trata de una sustancia indefinible, un Absoluto que tiene un origen divino —una especie de gracia poética en el alma— y que después se transmite del estado inspirado del poeta al lector receptivo a través del poema. Al final de la conferencia se postula que cada arte en su autonomía comparte un origen y un destino con la plegaria. De hecho, en el mismo año de 1926 el abate publica otro libro con un título que delata sus anhelos, *Prière et poésie*, y en cuyas páginas se lee que "l'expérience poétique est une expérience d'ordre mystique".[8]

Bremond daba una interpretación mística y romántica al concepto que Paul Valéry había utilizado, con intenciones opuestas, en 1920 para describir el afán simbolista (iniciado por Baudelaire y perfeccionado por Mallarmé, a partir de una interpretación —que los lectores de lengua inglesa consideramos más bien una invención— de ciertas ideas de Poe) de aislar por negación la esencia irreductible de la poesía. Valéry señaló claramente que esta pureza era una meta ideal, un estado "inhabitable" y forzosamente excepcional: "Rien de si pur ne peut coexister avec les

---

[7] Henri Bremond, *La poésie pure. Avec "Un débat sur la poésie" par Robert de Souza* (París: Bernard Grasset, 1926), 16

[8] Henri Bremond, *Prière et poésie* (París: Bernard Grasset, 1926), 83.

conditions de la vie [...] La poésie absolue ne peut procéder que par merveilles exceptionnelles".[9] Unos años después, en 1928, Valéry se arrepintió de la polémica desatada por estas dos palabras que no tenían —aseguró— ninguna pretensión teórica o doctrinaria:

> Je dis *pure* au sens où le physicien parle d'eau pure. Je veux dire que la question se pose de savoir si l'on peut arriver à constituer une de ces oeuvres qui soit *pure* d'éléments non poétiques. J'ai toujours considéré, et je considère encore, que c'est là un objet impossible à atteindre, et que la poésie est toujours un effort pour se rapprocher de cet état purement idéal. En somme, ce qu'on appelle un *poème* se compose pratiquement de fragments de *poésie pure* enchâssés dans la matière d'un discours. Un très beau vers est un élément très pur de poésie.[10]

Para Valéry, entonces, "poesía pura" designa el hipotético residuo "simple" que resultaría de un proceso racional de descomposición analítica, una vez eliminados los elementos no poéticos, pero reconoce que esta destilación química es irrealizable en la práctica: se trata de un Absoluto ideal cuya única función es la de justificar un proceso intelectual de abstracción y rigor. Se pretende *reducir* la poesía a su esencia intemporal. Así, Bremond utiliza el concepto para justificar una idea romántica e irracionalista del poeta como un inspirado; Valéry, para expresar una idea racional, clásica, "científica" y cartesiana del proceso de construcción creadora. El primero privilegia el misterioso origen espiritual del estado poético; el segundo, un hipotético resultado final que no puede ser sino verbal.

La polémica no tardó en llegar a España donde Fernando Vela, alerta e inteligente secretario de la *Revista de Occidente*, la reseñó en el mismo año de 1926 sólo para rechazar la versión de Bremond y aceptar la de Valéry, apoyándose en una carta de Jorge Guillén en la cual éste declaraba su preferencia por "una 'poesía bastante pura', *ma non troppo*".[11] Pero en el mundo hispánico la noción de pureza no era ninguna novedad en 1926. A partir de

[9] Paul Valéry, "Avant-propos à la Connaissance de la Déesse", en *Oeuvres*, ed. Jean Hytier, vol. 1 (París: Gallimard, 1957), 1275-1276.

[10] "Poésie pure. Notes pour une conférence", en *Oeuvres*, 1: 1457.

[11] Citado en Fernando Vela, "La poesía pura (Información de un debate lite-

1916, en su llamada segunda época, Juan Ramón Jímenez había practicado, en libros como *Eternidades* (1918) y *Piedra y cielo* (1919), una depuración esencialista de su poesía en un intento de equilibrar emoción, sensación e intelecto en lo que se llamaría "lirismo de la inteligencia" o "sensualismo intelectual". Esta "poesía desnuda" se manifiesta en poemas breves y escuetos que parecen ser el resultado de un despojamiento expresivo en todos los niveles: léxico, sintáctico, métrico, estrófico, temático y simbólico. La simplificación extrema desemboca en exclamaciones que eternizan el instante al cristalizar impresiones fugitivas. Se trata de una concepción y una práctica que Octavio Paz ha definido certeramente como "impresionismo poético", con todos los riesgos que esta estética implica.[12] En la carta-prólogo y en las notas a su muy leída *Segunda antolojía poética*, de 1922, ciertas palabras subrayan las metas del poeta español: "sencillez sintética", "perfección", "concentración", "exactitud", "precisión", "lo espontáneo sometido a lo consciente". En suma: una especie de misticismo estético en el cual la palabra transparente aparece como la revelación de la esencia de las cosas.

Si la noción vaga de Juan Ramón representaba una depuración dentro de los cánones del simbolismo, existía otra versión de la pureza que parecía romper con la estética decimonónica: se trata de la versión difundida por ciertos movimientos de vanguardia (el cubismo poético de Reverdy, Jacob y Cocteau, el creacionismo de Huidobro y el ultraísmo español) que postulaban la autonomía absoluta del arte frente a la realidad; la estilización extrema en un proceso de abstracción formal e intelectual; la reducción del poema a su núcleo de la imagen que sintetiza lo sensible y lo intelectual, lo concreto y lo abstracto; la plasmación de presencias fijas como si fueran esencias platónicas; la función demiúrgica del poeta como "un pequeño dios" que crea las cosas al nombrarlas; el predominio plástico de la construcción espacial y estática sobre el dinamismo temporal de la musicalidad; y, finalmente, la noción del arte como juego de objetivación y contención de las emociones en formas estrictas. La importancia de esta versión

rario)", *Revista de Occidente*, 14 (1926): 238. El texto íntegro de la carta de Guillén se publicó por primera vez en *Verso y prosa*, 2 (febrero 1927): 2.
[12] "Poesía e historia", 64-65.

vanguardista fue reconocida por poetas y críticos desde el principio, pero se sembró cierta confusión cuando en 1934, en una famosa antología, Federico de Onís clasificó en forma homogénea a los poetas de la Generación del 27 y a varios de los Contemporáneos como ultraístas.[13] Regresaré a este punto después. Una quinta acepción del concepto se diferencia de las demás precisamente por ser, en parte, una censura negativa. En un conocido libro de 1925 José Ortega y Gasset acuñó el término de arte deshumanizado. En su lúcido diagnóstico de las tendencias hacia la deformación, la desrealización y el juego intrascendente, el filósofo detectaba en la nueva sensibilidad estética los síntomas de un alejamiento o fuga de lo vital, "un asco a lo humano".[14] Además de efectuar una muy temprana radiografía del nuevo arte de vanguardia, Ortega emitía juicios de valor que sugerían agotamiento y decadencia.

Así fue entendido el libro de Ortega en México. A diferencia del respetuoso silencio que mantienen en aquel momento los poetas españoles de la Generación del 27, protegidos de Ortega, varios de los Contemporáneos se atreven a criticar al filósofo español. Jorge Cuesta habla de un "ensayo lleno de errores"[15] y Jaime Torres Bodet se muestra aun más agresivo en su injustamente olvidado libro de 1928, *Contemporáneos: notas de crítica*. Desde una posición americanista y vasconcelista, Torres Bodet afirma que "*La deshumanización del arte* es un libro europeo, con datos europeos, escrito para europeos" y declara que el texto constituye "un peligro para los jóvenes de América que no se atreven aún a soñar un arte propio, libre de herencias sentimentales y de esclavitudes biológicas".[16] Torres Bodet no acepta que el nuevo arte implique deshumanización o decadencia:

---

[13] Federico de Onís, *Antología de la poesía española e hispanoamericana (1882-1932)* (Madrid: Centro de Estudio Históricos, 1934). Ed. facsímil (Nueva York: Las Américas, 1961). En la última sección de su antología el crítico incluye como poetas americanos del ultraísmo a los mexicanos Pellicer, Gorostiza y Villaurrutia.

[14] José Ortega y Gasset, *La deshumanización del arte* [1925] (México: Origen / Planeta, 1985), 33.

[15] "Un pretexto: *Margarita de niebla* de Jaime Torres Bodet" [1927], recogido en *Poemas y ensayos*, ed. Miguel Capistrán y Luis Mario Schneider, 4 vols. (México: UNAM, 1964), 2: 41.

[16] *Contemporáneos: notas de crítica* [1928] (México: UNAM / Universidad de Colima, 1987), 87.

También podemos pretender a un arte clásico sin que por ello sea necesario acudir a mayor deshumanización, único medio que se nos propone de alcanzar mayor inteligencia [...] no hay arte sin materia humana que estilizar. Alcanzar la pureza clásica por ausencia de humanidad es proclamar la conveniencia de luchar con fantasmas.[17]

El mensaje era claro: los defensores del arte nuevo rechazaban los cargos.

En los años veinte, cuando casi todos los Contemporáneos publican sus primeros libros, coexisten estas distintas versiones de pureza poética —algunas parecidas, otras mutuamente incompatibles—, con otras corrientes poéticas como la neogongorista y la neopopular. Importa subrayar que lejos de excluirse entre sí estas tendencias se combinaban, a veces en la misma obra. ¿Cuáles de estas múltiples versiones se encuentran en las obras de los Contemporáneos? Creo que varias están presentes en diferentes medidas en distintos poetas, pero durante la década hay un claro deslizamiento cronológico que va del polo de Juan Ramón Jiménez en el primer lustro, en coexistencia con elementos cubistas (en Villaurrutia, por ejemplo) o con elementos neopopulares (en Gorostiza, por ejemplo), al creciente predominio de la versión más intelectual de Valéry en el segundo lustro y, en algunos casos, después.

El único miembro del grupo que se acercó a la versión de Bremond fue Ortiz de Montellano, un poeta de tendencias religiosas y hasta místicas, como lo demuestra su identificación con poetas como Nervo, Perse, Rilke y Eliot. Su eclecticismo no muy riguroso lo llevó a intentar reconciliar lo irreconciliable: un mexicanismo que nacía de un auténtico interés en la actualidad de las tradiciones popular e indígena coexiste difícilmente con la mezcla heterogénea hecha del onirismo surrealista y del rigor intelectual de Valéry. En un ensayo tardío que presenta una antología de poemas de Eliot traducidos al español en la revista *Taller*, Ortiz de Montellano, al hablar del arte nuevo ejemplificado por Eliot, nos da una definición que podría ser una cita de Bremond:

[...] un arte nuevo, difícil, complicado y, sin embargo, primordial en que la palabra vuelve a la pureza de origen o a la magia de la plegaria

[17] Torres Bodet, 88.

sin perder su cultivo precioso y refinado, posterior al "Simbolismo". La poesía moderna no es romántica o clásica, es poesía y mística.[18]

LA CRÍTICA COMO ESPEJO

Pero veamos algunos ejemplos de la crítica que practicaron entre sí varios miembros del grupo. El primer libro de Gorostiza, *Canciones para cantar en las barcas* (1925), recibió reseñas convergentes de Jorge Cuesta y de Xavier Villaurrutia. En su característico estilo conceptuoso, Cuesta nota en el libro una impresión virginal de frescura inocente, como la que provoca el cuento de hadas escuchado en la infancia. Tal es la impresión, la apariencia, que Cuesta relaciona favorablemente con la pureza juanramoniana. Pero esta sensación de naturalidad espontánea, tan lograda en Gorostiza, es "fruto de un largo destilado"[19] y producto de un proceso reflexivo de filtración artificial que se oculta en el resultado. A diferencia de Góngora y de las otras influencias visibles, Gorostiza se realiza, según Cuesta, en el "juego de su ingenuidad culta".[20] Para el reseñista el libro es un modelo de la estética purista: "Nunca hemos tenido en México más desinteresada poesía, ni más pura".[21]

En su comentario, Villaurrutia también habla de sí mismo, identificándose con la estética del libro. Pensando seguramente en Valéry, Villaurrutia opone la severidad de la reflexión y la lógica al "instinto vago y difuso" de los poetas del abandono y sentencia que "José Gorostiza prefiere el orden al instinto".[22] Elogia el carácter breve, ceñido y cuidado del libro: "en vez de espontaneidad, sus poesías acusan pureza y deseo de perfección".[23] Como Cuesta, invoca las presencias de Juan Ramón y de Góngora, pero le interesa más apelar al clasicismo de Gide como modelo de cas-

[18] Bernardo Ortiz de Montellano, "Nota previa. T. S. Eliot, Poemas", *Taller*, 10 (marzo-abril 1940): 64.

[19] "*Canciones para cantar en las barcas* de José Gorostiza" [1925], en *Poemas y ensayos*, 2: 16.

[20] *Poemas y ensayos*, 2: 16.

[21] *Poemas y ensayos*, 2: 17.

[22] "Un poeta", en "Seis personajes", *Obras*, ed. Miguel Capistrán, Alí Chumacero y Luis Mario Schneider, 2ª ed. aum. (México: Fondo de Cultura Económica, 1966), 681.

[23] Villaurrutia, 681.

tigo y contención de las emociones. De hecho, Villaurrutia se proyecta tanto en el libro de Gorostiza que termina por elaborar un
modelo de su propia poética: "este poeta, hasta cuando sueña,
está completamente despierto".[24] Curiosamente, al hablar de las
Canciones tanto Villaurrutia como Cuesta anticipan los símbolos centrales de *Muerte sin fin*: "Mejor que la aparente pureza
del agua del manantial que se entrega a todas las manos, su hilo de
agua pasa, directamente, del filtro a la armoniosa geometría del vaso. Y en cuántas ocasiones la transparente solidez del cristal llega
a confundirse con el contenido".[25] Esta coincidencia previsora hace
pensar en la posibilidad de que la actividad de crítica recíproca
haya incidido tambíen en la creación poética individual.

Biombo (1925), el octavo libro de poemas de Torres Bodet, recibió también dos reseñas críticas de miembros del grupo, esta
vez de Gilberto Owen y de José Gorostiza. El libro revela la característica mesura del autor que busca equilibrar innovación con
tradición, pero tal vez lo que más sorprende es el brillante colori-
do, cierto orientalismo exótico y una abundancia lujosa de metáforas deslumbrantes y lúdicas. Gorostiza empieza por lamentar,
como Cuesta lo haría al caracterizar su generación años después,
el estado de abandono en que dejaron a los jóvenes los padres
ausentes (Reyes y Henríquez Ureña): "Sin ellos, la generación reciente no arranca del tronco originario. Ramaje aéreo, insoste-
nible paradoja de equilibrio".[26] Elogia el libro por lo que llama "una
inmediata sensación de extrañeza" provocada por la fusión de
dos corrientes que habían estado separadas en la obra anterior
del poeta: meditación sentimental y canto luminoso.

Gorostiza declara con orgullo que "*Biombo* es una fuga de la
realidad" y ve en el título y "la utilería chinesca" una estrategia
de refinación metafórica que funciona como un saludable alejamiento de la transcripción directa de lo real.[27] Apoyándose en una
cita de Ortega ("la poesía es el álgebra superior de las metáforas"),

---

[24] Villaurrutia, 682.

[25] Villaurrutia, 681. Por su parte, Cuesta también relaciona los símbolos del vaso
y del agua con la forma y el fondo de la poesía: "se desnuda al aire, pero su carne,
transparente, apenas logra recortarse de la diafanidad del fondo; así como una
agua pura en un vaso delgado, la figura dibuja su límite, fino como una hebra de
gusano de seda, pero visible y resistente" (*Poemas y ensayos*, 2: 15).

[26] "*Biombo*, de Jaime Torres Bodet" [1926], en José Gorostiza, *Prosa*, ed. Miguel
Capistrán (Guanajuato: Universidad de Guanajuato, 1969), 114-115.

[27] *Prosa*, 116.

el reseñista señala el predominio de la imagen sorprendente y saluda el cultivo del haikú, a pesar de verlo como signo de "cierta conformidad moderna con el arte chino de otro tiempo".[28] Tenemos pues, a principios de 1926, un Gorostiza que defiende el arte de la evasión. No sé si se enuncia como elogio o como censura, pero Gorostiza acierta al identificar un rasgo que resulta definidor del carácter y de la poesía de Torres Bodet: "No abre, sino por excepción, las puertas de su intimidad".[29]

Como sus poemas, novelas, ensayos y cartas, la reseña de Owen es un ejemplo de su escritura intransferible, densa, cifrada, juguetona, de sintaxis intrincada que de pronto deja escapar enigmáticas formulaciones inesperadas. También se nota aquí un diálogo secreto, común a varios de ellos, con Cuesta. Para Owen, la poesía de Torres Bodet es un árbol sólido cuya constancia asegura frutos siempre nuevos, "una conciencia sostenida, la raíz enterrada en la tradición, toda la poesía anterior contenida en el tallo", pero lamenta "la leve inexactitud" del título y sugiere que el orientalismo es superficial y que el cultivo del haikú no pasa de ser un adorno exótico: "Sólo una ave exótica intentó un revuelo fallido: una garza era, no la de esta tierra, no; sino otra estilizada bizarramente, musa de breves pies atormentados de haikai y de ojos sesgos desviados de la vida hacia el sueño".[30] A pesar de esta reserva Owen se ve obligado a reconocer que el poeta ha cumplido con su deber fundamental al "ordenar en obra intelectual" sus emociones, invocando así el nuevo clasicismo de Gide y Valéry en torno a la necesidad de someter lo emotivo a las formas estrictas del intelecto.[31]

La obligada comparación con Juan Ramón se expresa en una frase que refleja la que Cuesta había dedicado a Gorostiza. Owen dice de Torres Bodet: "Nos place ver en estos versos sólo una apariencia de sencillez; una desnudez culta, civilizada —'Duerme ya, desnuda', es decir, desnudez posterior, dulce epílogo de la historia del traje—, una desnudez culta en su estilo, que parece no trabajada".[32] Es clara aquí la alusión al famoso poema V del

---

[28] *Prosa*, 117.
[29] *Prosa*, 117.
[30] Gilberto Owen, "*Biombo*, poemas de Jaime Torres Bodet" [1926], en *Obras*, 2ª ed. aum. (México: Fondo de Cultura Económica, 1979), 215.
[31] Owen, 215.
[32] Owen, 216.

libro *Eternidades*, en el cual Juan Ramón presenta su ideal poético como una "reina fastuosa" que se va desvistiendo para revelar la "poesía desnuda" a la que aspira el poeta. Owen hasta contesta a la acusación de Cuesta en cuanto a la "facilidad" del autor de *Biombo*, diciendo que Torres Bodet presenta "el fruto ya desnudo", lo cual supone un trabajo laborioso anterior que no es visible en el resultado: "retira a tiempo sus andamios, demasiado bien, acaso, haciéndonos sospechar un momento si habrá evadido la ley, eso que Valéry exige al artista, que se consuma en el vencer resistencias reales".[33]

Aquí un paréntesis. En las mismas fechas en que Owen publica esta reseña Cuesta inicia la composición de un poema que tardará nueve meses en terminar. Se trata de un "Retrato de Gilberto Owen" que, según nos informa el propio Owen en "Encuentros con Jorge Cuesta", un texto de 1944, debía ir al frente del libro *Desvelo* que nunca se publicó. El retratado (Owen) comenta que "en ese *Retrato*, como Velázquez en su cuadro, puso un espejo, puso varios espejos en los cuales se ve al pintor".[34] Citaré dos estrofas del poema de Cuesta. En la segunda, que aparece entrecomillada, se presenta una supuesta cita de un poema inexistente, hasta donde sabemos, de Owen:

> Entonces descubrió la Ley de Owen
> —como guarda secreto el estudio
> ninguno la menciona con su nombre—:
>
> "Cuando el aire es homogéneo y casi rígido
> y las cosas que envuelve no están entremezcladas,
> el paisaje no es un estado de alma
> sino un sistema de coordenadas".[35]

Esta poética antirromántica (la noción romántica del paisaje como proyección sentimental de un "estado de alma" es reemplazada por una noción más intelectual que recuerda tanto la descomposición analítica como la objetivación formal y geométrica inauguradas en la plástica por Cézanne) que Cuesta pone en

---

[33] Owen, 216.
[34] Owen, 243.
[35] El poema aparece íntegro en Jorge Cuesta, *Poemas, ensayos y testimonios*, ed. Luis Mario Schneider, vol. 5 (México: UNAM, 1981), 13-14.

boca de Owen es devuelta por éste en un nuevo juego de espejos: "¿No es, más estrictamente, la *Ley de Cuesta*?", se pregunta Owen:

> la que rige, inflexible, a toda su obra poética [...] Es la ley que nos exige ordenar la emoción, reprimirla hasta el grado en que parezca haber sido suprimida, simular que no existe, disimular su presencia inevitable, para que el ejercicio poético parezca un mero juego de sombras dentro de una campana neumática, contemplando con los razonadores ojos de la lógica —no de la lógica discursiva, naturalmente, sino de la poética. Es armado con este secreto de su ley, y sólo así, como he podido sorprender y aprehender a la poesía del más puro y más claro de mis amigos, en que la claridad era tanta, como se decía de Mallarmé, que hasta cuando parecía oscuro era clarísisma su intención de serlo.[36]

El vértigo provocado por estos reflejos enfrentados no termina aquí. En tres prosas posteriores a la fecha de composición del poema mencionado, Owen cita casi textualmente esta ley como si fuera efectivamente invención suya. En realidad la ley no pertenece, al menos en su origen, a ninguno de los dos sino a Valéry.

Pero regresemos a la reseña de *Biombo*. Owen termina su texto con un rechazo de la acusación de deshumanización y con una ingeniosa fórmula que juega con las metáforas químicas de Valéry: "los poetas modernos de nuestro gusto son aquellos en quienes vemos ponderación y equilibrio en los dos elementos —hidrógeno de inteligencia y oxígeno de la vida— en que puede desintegrarse el agua pura y corriente del poema".[37] Declara su preferencia por los poetas más intelectuales del grupo (Villaurrutia, Gorostiza y Torres Bodet) y no por los poetas más cercanos en aquel momento a las vanguardias imaginista y creacionista (Novo y Pellicer), a los que Owen clasifica como poetas deshumanizados. Pero tal vez habría que reconocer que más que un equilibrio, la fórmula de Owen expresa un desequilibrio estable: H_2O: dos partes de inteligencia por cada parte de vida.

Reflejos (1926), reseñado por Owen y por Cuesta, es el primer libro poético de Villaurrutia. Cuesta destaca sus cualidades plásticas y visuales: "Villaurrutia dibuja, no canta; hace la poesía con

---

[36] Owen, 243-244.
[37] Owen, 217.

los ojos".[38] El dibujo es preciso y exacto; la poesía, "un espejo inmóvil". Se trata de un juego no de la inspiración sino de la inteligencia. Cuesta acierta en sus abundantes paradojas porque se trata efectivamente de una poesía hecha de contrarios en tensión. Así, según el reseñista, el poeta encuentra "en su esclavitud el más digno empleo de su libertad" mientras "la embriaguez no es sino la región donde hay más dificultad en permanecer lúcido".[39] Owen concuerda en que se complementan crítica y creación en *Reflejos*, libro en el cual encuentra una perfecta ejemplificación de la sensualidad intelectual del autor: "función poética es elaborar en metáforas los datos sensoriales o el propio sistema del mundo".[40] Para poder romper "la ley" (se entiende que se refiere a la ley de Valéry ya mencionada), Owen dice que antes hay que haberse sometido a ella y puesto que Villaurrutia es "sin duda su más austero conocedor entre los de su generación, esto le daría el derecho extra-jurídico, pero muy real, de violarla".[41] Ambos comentaristas aprueban la técnica cubista de fragmentar y multiplicar perspectivas para inmovilizar las sensaciones de lo real en naturalezas muertas.

En su reseña Cuesta no menciona la tendencia a reducir el poema a la imagen, pero en una carta polémica a Guillermo de Torre, poeta y convencido teórico del ultraísmo, tal vez movido por el deseo de negar cualquier tipo de influencia vanguardista en los mexicanos, Cuesta exagera al rechazar que Villaurrutia sea "tabladista": "Nada más lejano del *haikai* que las poesías de *Reflejos*".[42] Pero la presencia de Tablada y del haikú es evidente no sólo en el caso de Villaurrutia —sobre todo en la sección "Suite del insomnio"— sino en otros miembros del grupo.

En varios ensayos posteriores Cuesta se dedicaría a construir toda una teoría cultural alrededor de los conceptos de desarraigo, preciosismo y clasicismo: una teoría antirromántica y antina-

---

[38] *Poemas y ensayos*, 2: 30.

[39] *Poemas y ensayos*, 2: 29, 31.

[40] Owen, 222.

[41] Owen, 223.

[42] "Carta al señor Guillermo de Torre" [1927], en *Poemas y ensayos*, 2: 22. Esta explosiva y polémica carta está escrita en respuesta a un texto del teórico vanguardista: "Nuevos poetas mexicanos", *La Gaceta Literaria* (Madrid), 6 (15 marzo 1927): 2. De Torre había reivindicado tanto el carácter vanguardista (ultraísta e imaginista) como la filiación "tabladista" del haikú practicado por varios de los Contemporáneos.

cionalista. En un ensayo que toma a Torres Bodet como pretexto, Cuesta traza la genealogía de la poesía pura a partir de Poe y los franceses hasta llegar a la literatura mexicana actual. En el mismo año de 1927, en un ensayo titulado "Poesía —¿pura?— plena. Ejemplo y sugestión", Owen dibuja un esquema más limitado pero parecido, sólo que emplea su inconfundible estilo irónico para relatar la historia de la "secta religiosa de la poesía pura" con su químico fundador (Poe), sus profetas (Baudelaire), sus herejes y sus apóstatas.[43] "La Iglesia de Occidente de la poesía" resulta ser una historia de fracasos porque el ideal es, como sostuvo Valéry, inalcanzable. La modesta propuesta de Owen es abogar por "una poesía íntegra, resultante del equilibrio de sus elementos esenciales y formales", producto que incluye lo no racional pero corregido por "un despierto criticismo".[44] En una exhortación final se exalta la fórmula de "poesía plena" o "poesía íntegra", fusión de forma y contenido, pero la ironía de Owen esconde una impugnación muy seria dirigida ambiguamente a sus "contemporáneos", una impugnación cuyo argumento se modela en la famosa parábola de Kant acerca de la paloma que, al sentir en sus alas la resistencia del aire, sueña que podría volar mejor en un vacío: "Vamos, contemporáneos de aquí y de todas partes, vamos libertando a la poesía pura, amigos. Démosle un cuerpo digno de ella, porque un alma libre en el vacío es en realidad un alma prisionera".[45] La ironía, el humor y los juegos ingeniosos que Owen se permite son señales de la distancia crítica que ya mantiene con respecto a las doctrinas puristas.

HACIA EL CASTILLO DE AXEL

La exhortación de Owen no fue escuchada en aquel momento. Pero tiempo después Gorostiza, siguiendo la estrategia practicada por otros, toma una obra de Torres Bodet como pretexto para hablar de su generación, sólo que esta vez lo que se pone en tela

---

[43] Owen, 227. En este esquema paródico el químico fundador de Boston es obviamente Poe, pero es posible que la frase "demonio de la lucidez" contenga una alusión cifrada a Jorge Cuesta, químico de profesión, además de ser el miembro del grupo más cercano a las posiciones de Valéry.

[44] Owen, 227.

[45] Owen, 228.

de juicio es el concepto mismo de poesía pura. Años antes, en 1932 y en medio de una violenta polémica acerca de una supuesta crisis en la literatura de vanguardia (los Contemporáneos eran identificados como vanguardistas por sus enemigos), polémica desatada en gran medida por sus propias declaraciones —algunas fueron falsificadas por el periodista Febronio Ortega; otras no fueron rectificadas por el autor—, Gorostiza había prometido un futuro balance de sus opiniones sobre el grupo: "Cuando pase la tormenta, con mucho gusto me aprestaré a escribir lo que pienso y lo que no pienso de mi generación".[46] En 1937 se publica el esperado balance. El texto, "La poesía actual de México. Torres Bodet: *Cripta*", es de suma importancia y no ha recibido la atención que merece. Constituye la autocrítica más severa que jamás haya sido escrita por un miembro del grupo. El haber publicado esta nota en los suplementos de *El Nacional* se puede interpretar como una declaración implícita de intenciones. Con la excepción de Cuesta, que buscaba un intercambio polémico con sus enemigos ideológicos, los Contemporáneos no solían publicar en este periódico desde el cual se había atacado al grupo en varias ocasiones.

La reseña tiene un carácter de doble filo: a través de Torres Bodet se habla del grupo. Aun cuando no sea un libro totalmente logrado, Gorostiza encuentra que *Cripta* es admirable por varias razones. En primer lugar, porque no busca ilustrar ningún "programa de poesía". Pero más importante todavía es la presencia de emociones humanas y dramatismo vital: "No se trata, pues, de poesía pura, sino de poesía fundada en las raíces mismas del sentimiento o 'contaminada' —si así lo quieren algunos— de una sencilla humanidad".[47] Esta poesía no sólo se defiende de la acusación de Ortega sino que se opone al purismo de la forma: "Para Torres Bodet, como para otros poetas de su misma promoción, la idea de pureza se refirió siempre al contenido de la poesía".[48] Por su "mesura" y "moderación" Torres Bodet se salva del formalismo hueco y vacío. Al igual que Owen, Gorostiza aboga no por

---

[46] Carta dirigida a Alejandro Núñez Alonso y publicada en "¿Existe una crisis en la literatura de vanguardia? Una lluvia de rectificaciones. Hablan Gorostiza, Jiménez y Ramos", *El Universal Ilustrado*, 778 (7 abril 1932): 8.

[47] "La poesía actual de México. Torres Bodet: *Cripta*" [1937], en *Prosa*, 178.

[48] *Prosa*, 178.

una poesía de efusión sentimental sino por un equilibrio que no destierre lo dramático y lo vital. El reseñista observa en *Cripta* una rehabilitación de la facultad poética de la memoria, que funciona como filtro emotivo y que permite reconstruir un amor perdido desde una distancia no sólo temporal sino anímica. Así, Gorostiza habla de "un drama inmóvil que el poeta contempla desde su inmovilidad".[49]

Estas características no sólo separan a Torres Bodet de "los cánones poéticos de su generación" sino que prueban, para el comentarista, la falta de homogeneidad del grupo que no es más que "una suma de individualidades irreductibles" que han producido obras múltiples y distintas.[50] Gorostiza identifica dos concepciones opuestas de la poesía que coexisten en el grupo: un ideal musical y temporal del poema como canto, desarrollo y crecimiento y, por otra parte, un ideal plástico y espacial del poema como estructura inmóvil o lo que el autor llama "una forma poética paralítica". Torres Bodet, Novo, Pellicer, Montellano y González Rojo son adscritos a la primera concepción mientras que Villaurrutia y Cuesta son tomados como ejemplos de la segunda.[51] Curiosamente, Gorostiza rescata aquí a Novo y a Pellicer, los dos condenados como "deshumanizados" por Owen once años antes, y ve a los poetas más intelectuales (Villaurrutia y Cuesta) como los verdaderos "deshumanizados".

[49] *Prosa*, 181.
[50] *Prosa*, 182-183.
[51] Hay un error de interpretación en el libro de Guillermo Sheridan, *Los Contemporáneos ayer*. Al hablar del texto de 1937 sobre *Cripta*, Sheridan escribe: "Gorostiza, por su parte, distanciado de Torres Bodet, incómodo más que nadie ante la idea de formar parte de un grupo, estableció muy claramente sus distancias con los demás. De la poesía de Torres Bodet, sobre todo, a la que consideraba 'una forma poética paralítica, que no se desplaza, que no crece, inmóvil'. Él prefería, con Villaurrutia, 'otra noción de la poesía, según la cual ésta es en lo formal un puro canto, es decir, un puro movimiento de la voz, que sólo puede concebirse *desde* y *hacia* pero nunca *en...*'" (167). Pero el texto de Gorostiza no puede ser más claro: Torres Bodet es celebrado como representante de una concepción dinámica de la poesía mientras que Villaurrutia es criticado por haber sostenido la noción "paralítica". Por otra parte, este error es sintomático de una falta total de simpatía hacia la figura de Torres Bodet. Es como si Sheridan no pudiera aceptar que Gorostiza realmente apreciaba la poesía y la obra de Torres Bodet. También son muy injustos los comentarios que el crítico dedica al nada despreciable libro de Torres Bodet, *Contemporáneos: notas de crítica* (321-324). Es una lástima tener que señalar estas injusticias porque *Los Contemporáneos ayer* es, sin duda alguna, el libro más completo y más profundo que tenemos sobre los años de actividad del grupo.

Lo que Gorostiza llama "la tragedia del grupo" consiste en la excesiva importancia concedida al rigor crítico, sobre todo por los defensores del ideal plástico. El "exceso de criticismo" ha desembocado en "un profundo enrarecimiento de la forma poética", una ausencia de dramatismo y un pudor excesivo que constriñe. El resultado no puede ser más que "un estrangulamiento" que se manifiesta como "una poesía de asfixia":

> Hay que ver cómo, nacido de una repugnancia no tanto por la suntuosa vacuidad modernista como por las orgías sentimentales del romanticismo, este rigor evoluciona hacia un ideal de forma —el de mantener puros los géneros dentro de sus propios límites— que empieza por eliminar de la poesía sólo los elementos patéticos, pero que acaba, cada vez más ambicioso, por eliminar todo lo vivo. Así, una clara tendencia hacia lo clásico, se convierte por asfixia en un horror a la vida, en un "testismo" —J'ai raturé le vif— que ha hecho aparecer a toda nuestra generación y no solamente al "grupo sin grupo" como "una generación sin drama".[52]

Con esta referencia a las actitudes del personaje de Valéry, Monsieur Teste, solipsista introspectivo cuya única forma de vida es el ejercicio de la autoconciencia pura, en aislamiento del mundo y de los otros, Gorostiza identifica los ideales poéticos de parte del grupo mexicano con el rigor intelectual del francés y con ciertos valores simbolistas.[53] Hay que recordar que Monsieur Teste forma parte de aquel linaje de los grandes héroes prototípicos del simbolismo, como Des Esseintes (de Huysmans) y Axel (de Villiers de l'Isle-Adam): héroes que huyen del mundo para refugiarse en la realidad interior de la imaginación, en los sueños místicos, en el esteticismo ideal. Gorostiza analiza con gran lucidez la forma en que la doctrina purista de Valéry, si bien empieza por ser un acicate positivo que permite la eliminación de lo inesencial, pronto se convierte en un obstáculo insuperable para la creación poética. Se llega a expulsar del poema no sólo el sentimentalismo superfluo sino todo contenido emotivo y humano:

[52] *Prosa*, 184.
[53] La frase en francés con la cual Gorostiza define el "testismo" es una cita que Valéry atribuye a su personaje. Tal vez por haber citado de memoria, Gorostiza transforma el tiempo verbal. La cita original en *La soirée avec Monsieur Teste* es "Je rature le vif". Paul Valéry, *Monsieur Teste*, en *Oeuvres*, ed. Jean Hytier, vol. 2 (París: Gallimard, 1960), 17.

el poema se convierte en una forma deshabitada, un esqueleto intelectual sin cuerpo. Perfectamente consciente de que el único tema de la poesía pura es la poesía misma y el acto de poetizar, Gorostiza señala la estrechez claustrofóbica provocada por esta excesiva limitación. Condenada a un monólogo interminable, la poesía deja de hablar de todo ámbito de la realidad que sea exterior a ella misma: se enclaustra en el castillo de Axel, ese hermoso pero irrespirable espacio simbólico que Edmund Wilson identifica con el proyecto de autonomía literaria que el simbolismo lega al siglo xx.[54]

Lo más sorprendente y enigmático en el caso de Gorostiza son las oscilaciones y contradicciones de un pensamiento poético que empieza, en 1926, por alabar la "fuga de la realidad" en *Biombo* para luego denunciar, en 1937, la "poesía de asfixia" que resulta de esa fuga. Este cambio, perfectamente comprensible y hasta típico en muchos poetas españoles de la Generación de 1927 que transitan de la poesía pura al surrealismo y/o a la poesía social, no deja de ser paradójico en el caso de Gorostiza, un poeta que no siente la atracción ni del surrealismo ni de la poesía social. Dos años después de haber publicado la nota sobre *Cripta*, sale a la luz *Muerte sin fin*, una fascinante construcción en la cual se podría decir que la poesía se asfixia para siempre. ¿Cómo explicar estas contradicciones? Aventuro una hipótesis.

Con las posibles excepciones de los poemas extensos de Cuesta y Gorostiza, donde hay una asimilación concreta de ideas de Valéry acerca de la composición poética, la influencia del francés entre los miembros del grupo fue más teórica que práctica. El riguroso narcisismo reflexivo que preconizaba el creador de Monsieur Teste desembocó fatalmente en una especie de nihilismo intelectual. Es natural que escritores escépticos que sentían la inmensa atracción de la inteligencia poética se hayan identificado con un espíritu como el de Valéry. En sus búsquedas de las esencias eternas de la poesía pura los tres mexicanos más cercanos a Valéry (Cuesta, Gorostiza y Villaurrutia) tuvieron que encontrar la nada. Si la tendencia religiosa en Ortiz de Montellano es más o menos ortodoxa, la liturgia poética de Cuesta y Gorostiza es diabólica: un misticismo de la razón que postula a la lucidez como

---

[54] En *Axel's Castle: A Study in the Imaginative Literature of 1870-1930* (Nueva York: Charles Scribner's Sons, 1931).

única vía de conocimiento. Al llevar la doctrina purista a sus últimas consecuencias los poetas de la inteligencia descubren un nihilismo metafísico: la búsqueda de un Absoluto puro termina en el encuentro con el silencio, la esterilidad y la nada. Incapaces de ampliar sus universos poéticos o explorar otras vetas con la misma intensidad, tienden a enmudecer: Gorostiza entra en un silencio poético casi total después de *Muerte sin fin*, al menos en cuanto a lo publicado;[55] Villaurrutia no produce poesía de la misma intensidad después de *Nostalgia de la muerte*; Cuesta enloquece y se suicida en circunstancias trágicas. Los más lejanos de Valéry tienden a seguir creando, aunque sus creaciones tal vez no tengan la intensa fascinación que irradian los textos de los otros.

Consciente de los peligros de la doctrina, Gorostiza como poeta fue sin embargo incapaz de dejar atrás el esencialismo restrictivo de la poesía pura. La inteligencia poética fue, en su caso, más poderosa que el impulso lírico. No sorprende encontrar que muchos años después, en "Notas sobre poesía", un texto de 1955 que tiene un aire de testamento o despedida, el poeta se limita a reiterar con gran belleza definiciones clásicas de la poesía pura en las cuales los supuestos teológicos del concepto son evidentes: "la poesía, para mí, es una investigación de ciertas esencias —el amor, la vida, la muerte, Dios—, que se produce en un esfuerzo por quebrantar el lenguaje de tal manera que, haciéndolo más transparente, se pueda ver a través de él dentro de esas esencias".[56] Tuvo por fin que adecuar su poética a lo que había sido su práctica creadora.

En 1937, el mismo año en que se publica la importante nota sobre *Cripta*, José Lezama Lima afirma en un coloquio con Juan Ramón Jiménez: "La poesía empieza a encerrarse en un castillo limitadamente cartesiano".[57] En sus "Notas sobre poesía" Goros-

---

[55] Ahora sabemos, gracias a la disposición de los herederos del escritor, que es posible que Gorostiza haya seguido escribiendo poesía después de haber publicado *Muerte sin fin*. Los borradores, fragmentos, proyectos y embriones (que suelen carecer de fecha) han sido transcritos y comentados por Mónica Mansour, "Armar la poesía", en José Gorostiza, *Poesía y poética*, coord. Edelmira Ramírez (México: Consejo Nacional para la Cultura y las Artes, 1989), 273-304; Julio Hubard, "Los manuscritos de José Gorostiza", *Biblioteca de México*, 1 (enero-febrero 1991): 16-27; y Guillermo Sheridan, en José Gorostiza, *Poesía completa* (México: Fondo de Cultura Económica, 1996), 189-253.

[56] *Prosa*, 205.

[57] José Lezama Lima, *Coloquio con Juan Ramón Jiménez* [1937], en *Obras completas*, vol. 2 (México: Aguilar, 1977), 52.

tiza emplea la misma imagen del castillo para sugerir que el universo poético es un infinito sistema autosuficiente de palabras-espejos que se reflejan entre sí. Se trata de un hermoso símbolo polivalente con una fuerte carga hermética: sus resonancias se extienden en el tiempo y abarcan la mística teresiana, el exotismo gótico, el refugio simbolista y las más modernas e inquietantes alegorías metafísicas de Kafka. Uno de los últimos arquitectos del castillo fue el neosimbolista Paul Valéry, un espíritu cartesiano cuyas ideas sobre la poesía representaban una de las pocas alternativas a las doctrinas vanguardistas en boga en los años veinte. Valéry seguramente no se dio cuenta del debate que habían provocado sus ideas entre un enigmático grupo de poetas mexicanos unidos, como decía uno de ellos, por sus diferencias y por su falta de solidaridad. Espero haber demostrado en estas páginas que sí existió un verdadero debate entre los poetas mexicanos. Esta confrontación de ideas y prácticas en torno a las distintas y a veces incompatibles doctrinas puristas tuvo un resultado nada deleznable: facilitó y aceleró la definición personal de cada poeta.

Como muchas teorías poéticas, las de la poesía pura fueron a largo plazo estrechas y estériles. No es difícil percibir sus insuficiencias y contradicciones. Las definiciones de la poesía pura suelen ser tautologías que caen en un círculo vicioso: para eliminar lo impuro hay que saber primero en qué consiste la pureza, pero se dice que lo puro es lo que queda después de haber eliminado lo impuro. Gorostiza tuvo conciencia de estas dificultades al hablar en 1932 del "arte puro, que si se expresa deja de ser puro y si no se expresa deja de ser arte".[58] En uno de los mejores ensayos de su último periodo, T. S. Eliot llegó a decir que las especulaciones de Valéry representaban un límite insuperable y que ya no podían ofrecer posibilidades creadoras a otros poetas.[59] Pero tal vez deberíamos medir el valor de estas teorías no en términos de su escasa consistencia lógica o su endeble coherencia intelectual sino por las obras concretas que alentaron. En este sentido es difícil no compartir el juicio de Octavio Paz cuando señala que "las reservas que nos inspira el concepto de *poesía pura* se

[58] "El Teatro de Orientación" [1932], en *Prosa*, 19.
[59] "From Poe to Valéry" [1948], en *To Criticize the Critic and Other Writings* (Londres: Faber and Faber, 1965), 27-42.

desmoronan ante su fecundidad en la práctica".[60] Visto así, no cabe duda de que la más poderosa justificación del valor de las teorías puristas en México es la existencia misma de obras como *Nostalgia de la muerte* y *Muerte sin fin*, creaciones inconcebibles sin la experiencia previa de la poesía pura.[61]

---

[60] "Poesía e historia", 59.

[61] Este ensayo se publicó, con algunas modificaciones, en *Los Contemporáneos en el laberinto de la crítica*, ed. Rafael Olea Franco y Anthony Stanton (México: El Colegio de México 1994), 27-43.

VI. SALVADOR NOVO Y LA POESÍA MODERNA

El arte aísla y desnuda. Se queda uno solo y mudo.

SALVADOR NOVO

DESDE el principio, Novo es el *dandy* insolente que asume con placer su papel de innovador. Y recalco la noción de *papel* porque en Novo siempre habrá algo teatral en la forma de inventarse a sí mismo como personaje. Es conocida su trayectoria singular desde la rebelión crítica de la juventud hasta la complacencia oficialista de la madurez. Si bien el escándalo nunca lo abandona, es cierto que —como apunta Carlos Monsiváis— la disidencia se transforma en actitud cínica y oportunista.[1] El marginado no sólo desea pertenecer a aquel mundo de la alta burguesía que antes repudiaba sino que termina por exigir la adulación de esa misma sociedad. Como Salvador Dalí, a quien se parece en más de un aspecto, Novo adopta con gusto los papeles que la sociedad le va asignando y esta postura camaleónica llega a incidir incluso en la parte más personal, más íntima de su obra. Pero aquí surge una duda: ¿existe una zona de sinceridad transparente en la obra de Salvador Novo? Veamos.

En una entrevista con Emmanuel Carballo —y recordemos que la entrevista es un género supuestamente confesional—, Novo juega con los papeles estereotipados y habla a través de una máscara: "Tengo la esperanza de que a diferencia del destino que di a mi prosa, le he conservado a mi poesía la virginidad, la pureza y, en consecuencia, la restricción".[2] ¡Esta declaración viene del autor de los sonetos satíricos más feroces y menos "puros" que se hayan perpetrado en México! Siguiendo con la misma metáfora y adoptando una pose muy estudiada e inconfundible, Novo comenta:

[1] Véase el ensayo "Salvador Novo. Los que tenemos unas manos que no nos pertenecen", en *Amor perdido* (México: Era, 1977), 265-296.
[2] "Salvador Novo. 1904-1974", en Emmanuel Carballo, *Protagonistas de la literatura mexicana* (México: Ediciones del Ermitaño / Secretaría de Educación Pública, 1986), 318-319.

No desconozco el hecho de que antes de mí, y después, los escritores hayan compartido la elaboración lenta, oculta y heroica de su verdadera obra, con el periodismo: la maternidad clandestina con la prostitución pública. Simplemente confieso, relativamente arrepentido, que a mí me arrastró la prostitución, circunstancia de la que me consuela la esperanza de haberla un poco ennoblecido.[3]

Si más adelante el ironista se quita uno de sus disfraces es sólo con el propósito de revelarnos otro: "No sólo he comerciado con la prosa, también lo he hecho con la poesía. Soy la única persona que ha cobrado cuatro mil pesos por un soneto. Cuando se prostituye, mi literatura es productiva".[4] Se ve que en este discurso inestable tanto la pureza como la prostitución, tanto lo privado como lo público, son máscaras asumidas libremente. El ironista goza todas las posibilidades del juego y su "autenticidad" consiste en ser fiel a sus distintas máscaras. Sería un error leer como confesión estas palabras que oscilan entre la defensa de la pureza, la voluntaria contaminación de la misma y el cínico gozo de la fama mercenaria. Digo esto porque varios comentaristas han seguido esta visión maniquea y han preferido rescatar sólo la parte "desinteresada" de la obra. Pero en Novo la ironía, más que una técnica literaria o una figura retórica, es una postura ante la vida. Como ocurre en todo verdadero ironista, resulta difícil privilegiar una parte de la vida o de la obra como lo auténtico. La sensibilidad irónica no reconoce ninguna línea divisoria entre lo verdadero y lo falso porque somete todos los absolutos a una relativización escéptica.[5]

La postura irónica en Novo es total: la burla cruel de los versos satíricos se dirige no sólo en contra de los otros sino también en contra de sí mismo. Las flechas envenenadas alcanzan al arquero. En todas las facetas de su obra (poesía, teatro, narrativa, crónica, ensayo, periodismo...) existe el mismo movimiento inestable entre entusiasmo y desencanto, la misma tensión de un discurso que se propone sólo para descalificarse. Esta oscilación se puede cifrar en una figura (en ambos sentidos de la palabra: personaje y tropo)

[3] Citado en Carballo, 320-321.
[4] Citado en Carballo, 328.
[5] Sobre la importancia de la ironía en la poesía de Novo, es útil el estudio de Peter J. Roster, *La ironía como método de análisis literario: la poesía de Salvador Novo* (Madrid: Gredos, 1978).

que ostenta sus máscaras, su constante desdoblamiento, su inevitable fractura interior. De ahí la imposibilidad, creo yo, de extraer de la obra de Novo un sistema de ideas o lo que se suele llamar una ideología. No hay duda de que desde temprano su talento es, según la observación de Xavier Villaurrutia, "desconcertante".[6]

Novo el personaje es dueño de una formidable leyenda y abundan anécdotas acerca de sus desplantes y ocurrencias, pero en estas páginas me interesa explorar la primera época de su obra poética y ver su papel en la renovación de la lírica mexicana. Al revisar las fases iniciales de su poesía, de la cual todavía carecemos de una edición completa, lo que se nota a cada paso es la facilidad de la asimilación, la destreza técnica, el atrevimiento y la rapidez de los cambios.[7] Incluso en los meros ejercicios que son sus "Poemas de infancia" (1915-1916), ya se vislumbra una sorprendente precocidad: a los once años está versificando pleitos escolares en formas cultas y populares. Coexisten en estos "exóticos versos de una triste lira" la oración y el divertimiento, el deber cívico y el convencionalismo. En los "Poemas de adolescencia" (1918-1923), que escribe entre los 14 y los 19 años, un temperamento ávido reproduce en alejandrinos modernistas los más manidos tópicos de la agonizante melancolía crepuscular y deja ver sus modelos: Enrique González Martínez (en las parábolas de admonición espiritual), Nervo y Darío. En un poema, "La campana", hay un homenaje explícito a López Velarde, a quien Novo imita en el asunto y, sobre todo, en una imagen ("heterogéneas preces") que ostenta la misma adjetivación insólita que empleaba el autor de *La suave patria*. En 1929 opinaría burlonamente sobre este momento de su formación, que es también la de la mayoría de los Contemporáneos: "Todos ellos, como el doctor [Enrique González Martínez], en quien el hecho podía justificarse en vista de su profesión, le habían torcido el cuello al cisne y estaban consecuentemente llenos de lagos, corazones, plenilunios, halagos, sinrazones, junios".[8]

[6] "Salvador Novo", en *Obras*, 2ª ed. aum. (México: Fondo de Cultura Económica, 1966), 850.
[7] A pesar de lo que pueda sugerir su título, la recopilación más completa de la poesía de Novo se encuentra en la *Antología personal. Poesía, 1915-1974* (México: Consejo Nacional para la Cultura y las Artes, 1991). Todas las citas incluidas en el texto remiten a esta edición.
[8] Salvador Novo, "¡Veinte años después...!", *Revista de Revistas*, 1000 (30 junio

Sin embargo, en esta misma sección de "Poemas de adolescencia" sorprende encontrar al lado de los versos convencionales de un modernismo epigonal otros muy distintos que señalan el rumbo que ya empieza a tomar esta poesía. Es Tablada quien le abre un camino hacia cierta modernidad en los experimentos con el haikú y con la poesía ideográfica. Composiciones adolescentes como "Mariposa", "Buda" y "Jarrón" deben su forma espacial al ejemplo de Tablada, mientras otras, como "Mapas", "Paisaje" y "Viaje", son tempranos indicios de su cercanía a Pellicer, el paisajista veloz de la imagen sorprendente. "Paisaje", que no estaría fuera de lugar en los *XX poemas* de 1925, revela en su humor juguetón, su desparpajo y su rápida sucesión de imágenes visuales una clara asimilación de las lecciones de la poesía precursora de Pellicer:

> Los montes se han echado
> a rumiar junto a los caminos.
> (Las hormigas
> saben trazar ciudades.)
> [...]
> Y la piel de la tierra morena
> se irrita en trigo
> y se rasca con sus arados (73).

La nueva poesía norteamericana

Novo ha reconocido en varios lugares la importancia que tuvo en su formación literaria el magisterio de Pedro Henríquez Ureña, el severo ateneísta que le asigna tareas y guía sus lecturas de literatura en lengua inglesa. En el grupo anglófilo del dominicano militan, entre otros, Daniel Cosío Villegas y el poeta nicaragüense Salomón de la Selva, autor de un singular libro publicado en México en 1922: *El soldado desconocido*, único testimonio hispánico de la Primera Guerra Mundial —escrito por alguien que conoció el horror de las trincheras como combatiente del ejército británico— y el texto fundador, según José Emilio Pacheco, de la *otra* vanguardia, la de la antipoesía coloquialista.[9] Bajo la influencia

---

1929), citado en Miguel Capistrán, *Los Contemporáneos por sí mismos* (México: Consejo Nacional para la Cultura y las Artes, 1994), 64.

[9] Véase José Emilio Pacheco, "Nota sobre la otra vanguardia", *Revista Iberoamericana*, 45 (1979): 327-334.

de Henríquez Ureña, Novo publica en 1924 en las "Publicaciones Literarias Exclusivas" de *El Universal Ilustrado* una antología con traducciones —casi todas suyas— de *La poesía norteamericana moderna*. Se trata de un folleto "inconseguible e inconsultable", en palabras de Guillermo Sheridan.[10] He tenido la suerte de encontrar un ejemplar y quisiera comentarlo brevemente para ver lo que era, para Novo, la poesía moderna de los Estados Unidos en aquel momento.

El único antecedente que existía en México para un trabajo de este tipo fue la mínima antología prologada por Rafael Lozano, con tres traducciones suyas, dos de Novo y una de Antonio Dodero, antología que se publicó en el último número de la revista *La Falange* (¿octubre 1923?).[11] De hecho, Novo volvería a usar un año después la traducción de Dodero, una de las tres de Lozano y las dos suyas. Tanto el prólogo como las presentaciones sintéticas de Lozano son informados, aunque delatan un claro criterio nacionalista. Si se comparan las respectivas nóminas de las dos muestras, la filiación directa salta a la vista: los seis poetas incluidos en *La Falange* (Alfred Kreymborg, Edgar Lee Masters, Amy Lowell, Ezra Pound, Carl Sandburg y Sara Teasdale) vuelven a aparecer en la antología de Novo y cuatro de ellos con el mismo poema. De los 17 nombres que figuran en la muestra de Novo, 14 son mencionados en el prólogo de Lozano.

En 1924 se estaba dando una clara bifurcación en la poesía norteamericana. Entre 1912 y 1922 (las fechas son necesariamente aproximadas) había predominado una mezcla de tendencias modernas, todas de signo optimista y conocidas en conjunto como la *new poetry*, pero a partir de 1922 (fecha de publicación de *The Waste Land* de T. S. Eliot) empieza a ejercer su hegemonía un tipo de poesía y de poética conocido en inglés como *high modernism*, estética identificada con Eliot, prototipo de una poesía pesimista, hermética, densa en alusiones intertextuales y con preferencias críticas "clasicistas".[12] Sin embargo, la antología de Novo se limita

[10] *Los Contemporáneos ayer* (México: Fondo de Cultura Económica, 1985), 172.

[11] Es posible que una parte del material publicado en *La Falange* haya sido reproducida de la revista *Prisma*, dirigida por el mismo Lozano en París desde principios de 1922. Sobre *Prisma* Sheridan opina que fue "la primera publicación periódica en lengua castellana que se dedicó a promover de manera sistemática la importancia de la nueva poesía norteamericana" (121).

[12] Este esquema cronológico de la poesía norteamericana se desarrolla con gran

a la fase anterior, la de la *new poetry* (de hecho, Eliot es una de las grandes ausencias). De los 17 poetas incluidos por Novo podemos decir hoy, con el beneficio de nuestra perspectiva histórica, que nueve son más bien tradicionalistas (Sherwood Anderson —mejor conocido como novelista—, Witter Bynner, Hilda Conkling, Adelaide Chapsey, Joyce Kilmer, Edna St. Vincent Millay —famosa por el erotismo desinhibido de su vida—, Harriet Monroe —mejor conocida como promotora y editora de la revista *Poetry*—, Christopher Morley y Sara Teasdale). Si en aquel momento podían parecer novedosos en algún aspecto más bien superficial, ahora nos parecen modernos sólo en el perogrullesco sentido cronológico, pero no por la poesía que escribieron: son los compañeros de viaje de los verdaderos innovadores y hoy casi todos descansan en el olvido.

Sin embargo, los ocho poetas restantes son auténticos modernos, si bien pertenecen a tendencias distintas. Aquí, la selección de Novo es plenamente acertada. Tres de ellos —Vachel Lindsay, Edgar Lee Masters (autor de la famosa *Spoon River Anthology* de 1915) y Carl Sandburg— son poetas conscientemente "americanos" en su elección de temas y en su dicción. Herederos de Whitman, comparten la visión idealista y democrática del padre y enfocan al hombre común como microcosmos de América. En los *Chicago Poems* (1916) de Sandburg, por ejemplo, hay una poderosa visión de la ciudad industrial expresada en un lenguaje directo de crudo realismo. De los demás poetas incluidos, cuatro son de una modernidad claramente vanguardista: Alfred Kreymborg fue miembro de la vanguardia neoyorquina y editor de la revista *Others* (1915-1919); John Gould Fletcher, Amy Lowell y Ezra Pound fueron durante un tiempo (la estancia de Pound fue brevísima: de 1912 a 1914) miembros del *imagism*, movimiento de vanguardia que duró hasta 1917 y en cuyos manifiestos y antologías participaron los tres. En el caso de Pound, el imaginismo no fue más que una etapa de su larga búsqueda estética que lo llevaría a ser uno de los poetas más influyentes del siglo. Por último, Novo acertó también con otro poeta plenamente moderno que no era ningún vanguardista: Robert Frost, el gran solitario de Nueva Inglaterra, el que más que nadie hizo arraigar el lenguaje poético

claridad en David Perkins, *A History of Modern Poetry*, vol. 1, *From the 1890s to the High Modernist Mode* (Cambridge: Harvard University Press, 1976), 293-415.

en la dicción común y coloquial, en la voz dramatizada de un hablante. Por ser Pound y Frost los únicos poetas de primerísimo nivel que figuran en la antología y por ser las traducciones de Novo muy probablemente las primeras al español de estos autores, reproduzco en un apéndice al final de este texto las versiones al español y restituyo los dos poemas originales en inglés.

Si la selección de Novo resulta poco definida o excesivamente amplia, esto puede deberse a varias razones: la abigarrada confusión del momento, la falta de información precisa de que disponía el mexicano o el carácter de divulgación general que evidentemente tenía la antología. Pero la incómoda coexistencia de lo viejo y lo nuevo también puede ser un indicio de los gustos de Novo, poeta moderno que no tiene compromisos con ninguna secta y que mantiene una preferencia por lo novedoso sin abandonar totalmente la tradición. Vista así, la antología nos proporciona una llave para acercarnos a las composiciones contemporáneas de Novo (los *XX poemas*) que manifiestan esta misma ambigüedad de una actitud fascinada pero escéptica ante lo moderno.

En la breve "Nota preliminar" colocada al frente de su antología, Novo nos ofrece un apretado resumen histórico del desarrollo de la nueva poesía y reproduce en forma sintética los seis "mandamientos" del manifiesto imaginista de 1915:

1) Usar el lenguaje común, pero emplear siempre la palabra "exacta", no la meramente decorativa.

2) Crear nuevos ritmos como expresión de nuevos modos. No insistimos en el verso libre como único método de escribir poesía... No creemos que la individualidad de un poeta pueda siempre expresarse mejor en versos libres que en las formas convencionales.

3) Permitir absoluta libertad en la elección de asunto.

4) Presentar una imagen (de aquí el nombre imaginistas). No somos una escuela de pintores, pero creemos que la poesía debe dar las señas exactas y no ocuparse de vagas generalidades por magnificentes y sonoras que sean.

5) Producir poesía que sea ruda y clara, nunca borrosa o indefinida.

6) Finalmente, casi todos creemos que la concentración es la esencia misma de la poesía.[13]

---

[13] *La poesía norteamericana moderna*, traducción, selección y notas de Salvador Novo (México: Publicaciones Literarias Exclusivas de *El Universal Ilustrado*, 1924), 5. En el punto dos del manifiesto, Novo no es fiel al sentido del original que dice:

Pero Novo no termina con esta declaración de principios, lo cual hubiera podido dar la impresión de una afiliación incondicional a la estética imaginista, sino con una reivindicación de la libertad individual como meta y conquista irrenunciables de la modernidad: "Los nuevos poetas no pertenecen a escuela alguna, no representan ya tendencias y difieren ampliamente de sus colegas ingleses actuales. Son ya libres".[14]

"XX POEMAS"

Es indudable que Novo incorpora rasgos de la nueva poesía angloamericana en sus *XX poemas* de 1925: ampliación de la esfera de lo poético, uso del lenguaje común y coloquial, preferencia por el verso libre. Otras características incorporadas son más bien de filiación imaginista: eliminación de lo no esencial, reducción del poema a la imagen o a una secuencia de imágenes, presentación fragmentaria y discontinua. Pero se trata de una asimilación libre y original: hay elementos centrales en Novo, como el humor, que no son frecuentes en el imaginismo mientras que el experimentalismo formal, tan central para los vanguardistas, no es imprescindible para el mexicano.

Los *XX poemas* aparecen por primera vez bajo el título de "Ensayos de poemas" y constituyen la segunda parte del libro *Ensayos* (1925), circunstancia que delata cierta intencionalidad creadora. El título primitivo funciona en dos sentidos: alude a poemas ensayados o tentativas de poemas, recalcándose así la ausencia de definitividad de una práctica dictada por el riesgo y la velocidad; pero también sugiere una consciente hibridez genérica, un intento de hacer cruces sincréticos entre poesía lírica y ensayo prosaico. La primera mitad del libro consta efectivamente de ensayos, pe-

"We believe that the individuality of a poet may often be better expressed in free verse than in conventional forms" —Preface to *Some Imagist Poets 1915*, reproducido en *Imagist Poetry*, ed. Peter Jones (Harmondsworth: Penguin, 1972), 135. Es decir: Novo le resta importancia al verso libre mientras que en el original hay una justificación de éste. El error pasó inadvertido y se reproduce en el prólogo a *101 poemas. Antología bilingüe de la poesía norteamericana moderna*, comp. Salvador Novo (México: Editorial Letras, 1965), 11-13.

[14] *La poesía norteamericana moderna*, 6.

queños textos en prosa que proponen lo que Sheridan, siguiendo
en parte a Monsiváis, llama una "desterritorialización" en la cual
todo puede entrar en juego, desde la erudición fusilada y la elegía
por la pérdida de las costumbres nacionales hasta la celebración
de lo trivial y el ejercicio despiadado de la burla irónica.[15]

Novo ha descrito estas composiciones como "visuales", "extro-
vertidas y cerebrales", como "juegos de inteligencia".[16] Lo cierto
es que rompen con la tradición poética dominante en México y
demuestran que el arte no tiene por qué ser una actividad solemne. Apenas retocados en ediciones posteriores, los XX poemas
exhiben un estilo elíptico de ágil velocidad poblado por sorpren-
dentes metáforas. Su expresión híbrida provoca choques y relativización mutua entre los distintos géneros, lenguajes y registros.
Constituyen una de las muestras más frescas y notables de la
modernidad poética en México.

En el nivel más superficial (el del léxico y de lo temático) abundan elementos de la modernidad vanguardista: desde las nuevas
comunicaciones (telégrafos, cables) y los medios de transporte
(ferrocarriles, trenes, automóviles, trasatlánticos, submarinos, aeroplanos, tranvías) hasta las nuevas artes, los deportes y pasatiempos
(cine, tenis, gimnasia sueca, baño ruso, masajistas), los descubrimientos científicos y las invenciones de la tecnología (transfusión
de glóbulos blancos, inyecciones intravenosas, cortocircuitos,
ventiladores, termómetros, paracaídas, pararrayos), pasando por
personajes célebres (Einstein, Sarah Bernhardt), objetos y productos del nuevo siglo (máquina Steinway, medias, refacciones, ga-
rage) y un sinfín de referencias a la vida urbana.

Pero este autor de 21 años es un vanguardista crítico de las
vanguardias, un admirador de lo novedoso empeñado en ridi-
culizar las modas modernas. Imágenes vanguardistas que sugieren que el progreso tecnológico ha puesto a la humanidad en
contacto con lo divino —"Ha descendido el cielo / por los ferrocarriles de la lluvia" (84); "Carretes de hilo / para enhebrar la
sed infinita / sobre los techos" (96)— coexisten con irónicas de-
nuncias de la sociedad de consumo creada por el imperialismo
mercantilista:

[15] Sheridan, 215.
[16] Citado en Carballo, 317, 319.

> Obrero
> no es que yo sea socialista
> pero tú has pasado el día entero
> cuidando una máquina
> inventada por americanos
> para cubrir necesidades
> inventadas por americanos (97).

Lejos de la modernolatría de los futuristas, los ultraístas y los estridentistas, Novo se revela como un testigo fascinado pero escéptico. Si el prosista escribe divertidos ensayos en defensa de lo usado y de las tradiciones autóctonas, el poeta también reduce las invenciones de la modernidad a las paradojas del sentido común:

> Es necesario viajar en tranvía,
> cultivar el sentido de lo paralelo
> y no tropezar con nadie nunca (105).

El mismo tipo de operación retórica funciona en el juego de palabras que reduce al absurdo el afán ascendente del progreso, recordándonos que la respiración y la muerte son hechos biológicos inalterables:

> El suelo se pega a nuestros pies
> aunque ascendamos
> como se aspira
> para expirar (96).

Este humor corrosivo quiere desengañarnos y vacunarnos en contra de las ilusiones de la modernidad. La poesía misma es una invitación a jugar y en su juego se mofa tanto de los elementos estereotipados del paisaje mexicano como de las señales visibles del progreso: "¿Quién quiere jugar tenis con nopales y tunas / sobre la red de los telégrafos?" (81). Al someter los clichés del folklore nacionalista a este tipo de crítica burlona, Novo es el que, en palabras de Cuesta, "decepciona a *nuestras costumbres*".[17]

En un estrato más profundo que el temático, las innovaciones de esta poesía se pueden resumir en tres aspectos: el uso de la

---

[17] Jorge Cuesta, "¿Existe una crisis en nuestra literatura de vanguardia?" [1932], en *Poemas y ensayos*, ed. Miguel Capistrán y Luis Mario Schneider, vol. 2 (México: UNAM, 1964), 93-94.

imagen insólita; el manejo del lenguaje y del tono; la forma de
construcción del poema. El autor ha recalcado el aspecto plástico
y visual de los *XX poemas* y lo que seguramente sorprendió a los
lectores de la época es la ruptura que las nuevas imágenes establecen con las expectativas convencionales, como en esta visión
del paisaje mexicano en el poema inicial:

> Los nopales nos sacan la lengua
> pero los maizales por estaturas
> con su copetito mal rapado
> y su cuaderno debajo del brazo
> nos saludan con sus mangas rotas (81).

Elementos del paisaje metamorfoseados en niños de escuela
que quieren jugar también. Como lo ha notado Frank Dauster,[18]
muchas de las imágenes logran crear nuevas percepciones mediante un procedimiento de animación y/o personificación de lo
inanimado: "La ciudad se seca los rostros / con deshilados de ne-
blina / y abre los párpados de acero" (107); otras veces este recurso
se invierte y se despersonaliza lo humano para expresar con
humor triste el envejecimiento:

> ¡Nuestro ombligo
> va a ser para los filatelistas!,
> y seremos devueltos al remitente
> ajados, con cicatrices
> y llenos de noticias atrasadas... (89).

Una de las rupturas más notorias que introduce el libro se da en
el uso del lenguaje. Impresionan el sostenido tono lúdico, humorístico e irónico así como la presencia del prosaísmo y de la expresión directa que huye de los adornos y de las palabras "bellas".
Este cambio implica un destronamiento del elevado lenguaje
poético de la tradición simbolista. Coexisten en el libro y con frecuencia en un mismo poema varios registros: el coloquial, el del
anuncio publicitario o de las marcas comerciales —"Sala, dos re-

---

[18] "La poesía de Salvador Novo", *Cuadernos Americanos*, 116 (mayo-junio 1961),
209-233. Este ensayo se reprodujo bajo el título de "La máscara burlona: la poesía
de Salvador Novo" en *Ensayos sobre poesía mexicana: asedio a los "Contemporáneos"*
(México: De Andrea, 1963), 74-94.

SALVADOR NOVO Y LA POESÍA MODERNA 159

cámaras, / comedor, patio, cocina / y cuarto de baño" (88); "hoy los perfumes / son de Guerlain o de Coty / y el té es Lipton's" (103)—, y el científico o tecnológico —"Corto circuito / en mi vital instalación" (105). Inmersos en el cosmopolitismo, los versos de Novo aceptan con naturalidad otros idiomas y en una estrofa conviven el español, el francés y el inglés: "Todos duermen, pero / *Voici ma douce amie* / *si méprisée ici car elle est sage* / *and numerical and temperamental*" (98).

La construcción de los poemas está regida por la elipsis, la discontinuidad y las yuxtaposiciones heterogéneas, rasgos todos heredados de la nueva poesía y de los movimientos de vanguardia. No es que Novo abandone por completo la estructura tradicional (todos los *XX poemas* conservan divisiones estróficas y muchos están en métrica semilibre), pero sí le da al texto un ritmo más veloz debido a las constantes interrupciones y los súbitos cambios de perspectiva: "Y sé que el sol, la noche, el alba... / El sol juega a esconderse. Oigo / el eco de su grito impúber / (la luna llega tras el sol)" (95). La cita anterior nos proporciona un buen ejemplo del uso del paréntesis para romper la continuidad discursiva e introducir otra perspectiva más distanciada que facilita la observación irónica. La interpolación parentética suele tener la función humorística de desinflar lo pretencioso: "Sólo yo sé / por mi método cartesiano / —el mejor método de piano—" (101); "Cuando resurrezcamos / —yo tengo pensado hacerlo—" (99).

Hay dos poemas en el libro que tienen por tema explícito a la creación poética: "La renovación imposible" y "Diluvio". Son textos metapoéticos, característica esencial de la modernidad y que no constituye de ninguna manera "un tema de importancia menor".[19] El primero está dirigido a un poeta por un hablante que podría ser portavoz del programa antiliterario y antitradicional de los movimientos de vanguardia:

> Todo, poeta, todo —el libro,
> ese ataúd— ¡al cesto!,
> y las palabras, esas
> dictadoras.

---

[19] Así lo afirma, refiriéndose a estos dos poemas, Merlin H. Forster, *Los Contemporáneos. 1920-1932. Perfil de un experimento vanguardista mexicano* (México: De Andrea, 1964), 95.

[...]
La luna, la estrella, la flor
¡al cesto! Con dos dedos...
¡El corazón! Hoy todo el mundo
lo tiene...

Y luego el espejo hiperbólico
y los ojos, ¡todo, poeta!,
¡al cesto!
Mas ¿el cesto...? (82)

Las exclamaciones y los imperativos imitan el estilo iconoclasta de los manifiestos vanguardistas. Si tomamos en cuenta que este poema se estrenó el primero de septiembre de 1922 en la revista *México Moderno* (año 2, número 2), es posible que Novo haya tenido en mente la primera proclama de los estridentistas mexicanos, recién lanzada en diciembre de 1921. La orden enfática de tirar a la basura los símbolos prestigiosos de la lírica, especialmente los de la tradición más inmediata: la romántica y simbolista o modernista (luna, estrella y flor), entraña un rechazo de aquella efusión sentimental (lírica del corazón) tan típica del posromanticismo hispanoamericano. La paradoja de los afanes vanguardistas más radicales reside en el siguiente dilema: si todo se rechaza, incluyendo la materia prima de la creación poética (el lenguaje mismo), ¿cómo es posible crear? El verso final plantea en forma de una interrogación irónica este dilema del programa vanguardista en su versión más extrema. Si todos los elementos tradicionales de la poesía se tiran al cesto, ¿qué hacemos con el cesto?

Pero en su brevedad elíptica, el texto permite más de una interpretación. Si leemos en el título una afirmación de que la renovación (o cierto tipo de renovación total) es imposible, entonces el último verso tendría el peso de un recordatorio que invalida los imperativos anteriores.[20] Sin embargo, si incluimos el título en el registro irónico o dubitativo, el verso final abre la posibilidad de una lectura afirmativa: el cesto o el poema sería el recipiente para un nuevo tipo de poesía crítica. Leído así, "La renovación imposible" sería un modelo de cómo hacer poesía a partir de la concien-

---

[20] Ésta es la interpretación de Roster, quien sostiene que el último verso "pon[e] en ridículo a lo propuesto en la primera parte del poema" (112).

cia del agotamiento de cierta tradición; de cómo crear un texto nuevo a partir de un reconocimiento de la insuficiencia de los textos anteriores.

"Diluvio" es el poema final del libro y funciona como una especie de resumen dramatizado de la búsqueda estética de los *XX poemas* o, si se quiere, como una alegoría de la creación poética y del lugar del poeta frente a la tradición. En su alusión al diluvio bíblico del Génesis, el título invita a establecer una relación alegórica paralela: el poema también quiere destruir lo contaminado para crear algo más puro. El yo poético es una "sala de baile", un escenario para la fiesta de disfraces en la cual los protagonistas son las palabras mismas:

> Espaciosa sala de baile,
> alma y cerebro,
> dos orquestas, dos,
> baile de trajes,
> las palabras iban entrando,
> las vocales daban el brazo a las consonantes (108).

Van desfilando elementos de la tradición cultural, desde la escritura más primitiva ("ladrillos cuneiformes, / papiros, tablas, / gama, delta, ómicron") hasta personajes literarios e históricos vestidos con su atuendo postizo: "las pelucas de muchas Julietas rubias, / las cabezas de Iocanaanes y María Antonietas / sin corazón ni vientre" (108). En su ostentación y afectación, el desfile asume las características del arte *camp*, una teatralidad exagerada que es conscientemente *kitsch* y hasta autoparódica. El poeta habitado por esta tradición la siente como algo artificial, como una reliquia preservada en un museo:

> Danzaban todos en mí
> cogidos de las manos frías
> en un antiguo perfume apagado,
> tenían todos trajes diversos
> y distintas fechas
> y hablaban lenguas diferentes (108).

La "mascarada" no tarda en provocar tristeza y lágrimas en el testigo que ahora se vuelve partícipe activo de la destrucción:

Entonces prendí fuego a mi corazón
y las vocales y las consonantes
flamearon un segundo su penacho (109).

El incendio arrasa con todos los adornos de lujo del pasado y
con el lenguaje sentimental. En los versos siguientes, donde un
crítico ha visto "la mueca amarga ante un mundo que el poeta no
logra descifrar",[21] yo veo más bien una interpolación irónica de
falsa seriedad, con todo y yuxtaposición chocante —por incon-
gruente— de dos abreviaturas convencionales en inglés (B. C., es
decir, *Before Christ*; y la de uso comercial: C. O. D. o sea *cash on
delivery*) que el hablante aprovecha, en evidente burla, para paro-
diar los estereotipos heroicos:

También debo decir
que se incendiaron todas las monjas
B. C. y C. O. D.
y que muchos héroes esperaron
estoicamente la muerte
y otros bebían sus sortijas envenenadas (109).

Al final de este proceso destructivo, el hablante busca en "el
confeti de todas las cenizas" en que se ha convertido su corazón
y encuentra un residuo puro, inocente y libre de contingencias
históricas:

una criatura sin nombre
enteramente, enteramente desnuda,
sin edad, muda, eterna (109).

La descripción recuerda el proceso de eliminación o destilación favorecido en aquel momento (a partir de 1920) por Valéry y
otros para aislar ese Absoluto ideal de "pureza" que es la esencia
intemporal e irreductible de la poesía. La "criatura [...] desnuda"
es también una clara referencia al ideal de pureza poética de Juan
Ramón Jiménez, quien en el poema V de *Eternidades* (1918) expresa su búsqueda estética mediante la alegoría de una mujer que se
va quitando ropaje y joyas hasta reconquistar su estado primitivo
de inocencia y desnudez.

---

[21] Dauster, *Ensayos sobre poesía mexicana*, 79.

El poema entero es una alegoría de la creación poética y un comentario resignado a la vez que irónico sobre las doctrinas esen-
cialistas cuyo afán de purificación desemboca necesariamente en
una mutilación. Al final se acepta la pérdida del ámbito sentimental como el precio del proceso catártico y se gana en eternidad y silencio lo que se pierde en modernidad histórica. En los
últimos versos se da un paradójico regreso a la tradición, una
aceptación de una medida más vasta que no está sujeta a las variaciones de la actualidad. De ahí la contraposición entre "música" y "silencio", entre "hoy" y "todos los siglos":

> Se ha clausurado mi sala de baile,
> mi corazón no tiene ya la música de todas las playas
> de hoy, mas tendrá el silencio de todos los siglos (109).

El yo poético nos dice que *su* poesía está al final de una etapa y a
punto de entrar en otra. En la obra de Novo estos versos tienen un
claro valor premonitorio, como veremos después. Se ha cumplido
un rito de pasaje con su paródico acto sacrificial. En el pasado quedan ciertos elementos de la lírica tradicional (se renuncia, por
ejemplo, a la musicalidad del verso), pero en el futuro se vislumbra
la ganancia de un nuevo comienzo que es un retorno a la auténtica
y eterna tradición. En el último verso hay incluso la sugerencia del
advenimiento de una gravedad casi religiosa. "Diluvio" representa una prematura renuncia a cierta poesía moderna: a la manera
de Rimbaud, el poeta desengañado anuncia su despedida en el
momento mismo del estreno. Los *XX poemas* conforman un ciclo
cerrado y son el testimonio de un poeta consciente de que es
irrepetible la experiencia plasmada en ellos.

"NUEVO AMOR" Y OBRAS FINALES

Fiel a la profecía de "Diluvio", la obra poética posterior de Novo
sigue otros rumbos. Por un tiempo no da a la imprenta ningún
libro de versos, pero en 1933 y 1934 aparecen ocho libros o *pla-
quettes* (algunas de éstas constan de un solo poema) que marcan
tendencias distintas y opuestas. Más adelante comentaré estas
tendencias, pero aquí me interesa destacar el libro *Nuevo amor*

(1933), considerado por el autor y por la crítica como su esfuerzo más personal y más confesional. En este largo lamento elegíaco por la pérdida del amor parece que estamos lejos de los juegos dramatizados de la inteligencia, pero el tema de la máscara y de la identidad inasible recorre varios poemas con una profundidad patética, melancólica y hasta escalofriante. El tono es ciertamente muy distinto, pero sería un error leer estos textos como confesiones transparentes que están libres de construcción retórica. Al hablar de su poemario preferido, Novo ha subrayado la importancia de lo sentimental como experiencia vivida *en el texto*:

> En *Nuevo amor* surge desbordada la pasión y los sentimientos alcanzan la madurez. Entraña el acorde (que no el acuerdo) de la vida con su expresión artística. Estos poemas son la experiencia fresca, mediata, directa de lo que están expresando: no son reconstrucciones de estados de ánimo ni de vivencias. Para mí, eso es importante.[22]

El poema, pues, como experiencia estética dramatizada en el presente, a diferencia de lo que ocurre en *Espejo* (1933), donde el texto poético se presenta como meditación *a posteriori* sobre una realidad vivida (en el pasado) que tiene prioridad y plenitud. La excelencia de los poemas de *Nuevo amor* no depende primordialmente de la intensidad de una experiencia sentimental previa que les otorgue autenticidad sino de la capacidad que tienen los textos de crear y recrear en la experiencia estética (del autor y del lector) las dudas, ambigüedades y contradicciones angustiosas de una pasión amorosa. Aunque no se parece a la ironía ingeniosa y humorística de los *XX poemas*, con su carga de frivolidad gratuita, existe en *Nuevo amor* una visión hondamente irónica del mundo, visión que es heredera de la filosofía romántica y cuyas notas dominantes son la creación reflexiva, la paradójica coexistencia de lo subjetivo y lo objetivo, y el constante movimiento dialéctico entre el yo y el otro.

De los once poemas del libro (en su versión definitiva de 1948) los seis primeros carecen de título y conforman una secuencia que traza los vaivenes de una relación amorosa. A este grupo es posible sumar por lo menos dos de los restantes que comparten el mismo asunto: "Glosa incompleta en tres tiempos sobre un tema

---

[22] Citado en Carballo, 317.

de amor" y "Breve romance de ausencia". En la edición que manejo hay dos epígrafes no identificados que provienen de los *Sonetos* de Shakespeare, uno de los ciclos amorosos más célebres y más enigmáticos.[23] Como se sabe, del ciclo total de los 154 sonetos shakesperianos, los 126 primeros están dirigidos por el poeta a un joven rubio y hermoso; los 28 restantes, a una "dark lady". El modelo permite así una implícita apropiación homosexual sin tener que renunciar a la ambigüedad sexual del destinatario o de la destinataria ("the master-mistress of my passion", en palabras del poeta inglés).[24] El primer epígrafe consta de los dos versos iniciales del soneto 31; el segundo, del pareado final del soneto 18. El primero cobra importancia para Novo porque introduce el tema de la comunión íntima entre amante y amado al mismo tiempo que expresa la idea tradicional de que el amado es dueño de la pasión del amante y la idea (no tan tradicional) de que en el amado están vivas todas las pasiones anteriores (que se suponían muertas) del amante: "Thy bosom is endeared with all hearts / Which I by lacking have supposed dead". Veremos la pertinencia de esto en la lectura del poema 4 de *Nuevo amor*. El segundo epígrafe plasma otra noción tradicional que invierte o complementa la anterior: la pasión amorosa puede tener acceso a una vida eterna a través de su inscripción en el poema; lo que por destino está condenado a morir puede sobrevivir la destrucción temporal en la escritura y de esta manera el amante-poeta es dueño del amor: "So long as men can breathe, or eyes can see, / So long lives this, and this gives life to thee".

A diferencia de los sonetos de Shakespeare, los poemas de Novo no exploran la alegría de un amor realizado: su centro obsesivo es el instante de la pérdida, el momento en el cual la conciencia

---

[23] En la recopilación *Poesía* (México: Fondo de Cultura Económica, 1961) y en sus reediciones aparece sólo el primero de los dos epígrafes que figuran tanto en la primera edición de *Nuevo amor* como en la *Antología personal*.

[24] La cita proviene del segundo verso del soneto 20. Ver Shakespeare, *The Sonnets and A Lover's Complaint*, ed. John Kerrigan (Harmondsworth: Penguin, 1986), 86. En *Nuevo amor* el ser amado es presentado de una manera sumamente ambigua y no hay ningún indicio gramatical acerca de su sexo. Por elementos extratextuales y biográficos sabemos que se trata de un amor homosexual. No deja de ser revelador que varios de los mejores críticos (Dauster y Roster, por ejemplo) se hayan sentido obligados a restituir —¿por pudor?— una convencional destinataria de sexo femenino y que hayan hablado de "la amada". Lo mismo ha pasado en la discusión de la poesía amorosa de Xavier Villaurrutia.

percibe el advenimiento inaplazable de la soledad y del vacío. El primer poema, repleto de imágenes de soledad, muerte y encarcelamiento, establece el tono en su verso inicial: "La renovada muerte de la noche" (145). El escenario nocturno, villaurrutiano, está invadido por huellas ominosas: "existe en cada espejo y en cada sitio la evidencia del crimen" (145). El amado-destinatario no aparece explícitamente como un "tú" en este primer texto, pero desde el segundo verso la voz enunciativa del yo oscila con fluidez entre la primera persona del singular y un "nosotros" que alberga a los dos enamorados en una prisión compartida que los condena a asumir nuevas máscaras, más terribles que las anteriores:

> y en esa silla eléctrica en que hemos abandonado nuestros disfraces
> para ocultarnos bajo los solitarios sudarios
> mi corazón ya no sabe sino marcar el paso
> y dar vueltas como un tigre de circo
> inmediato a una libertad inasible (145).

La sábana de la cama erótica convertida en una mortaja que resulta ser un disfraz más que obstaculiza el reconocimiento. Si el yo logra independizarse de la tiranía enajenante del nosotros, su sentimiento de autodegradación sólo permite una dudosa salida hipotética en la inminente "libertad inasible". La única libertad que puede esperar el "tigre de circo", animal obligado a actuar para los demás y a ser observado por éstos, es la de otra jaula. De ahí el doble sentido de "marcar el paso", frase que se aplica al ritmo natural del corazón y también al ritmo impuesto por el amo que exige obediencia pasiva.

El segundo poema parece ofrecer desde el comienzo una identificación reconfortante del yo con el tú, pero las imágenes que siguen son de impotencia e indiferencia:

> Tú, yo mismo, seco como un viento derrotado
> que no pudo sino muy brevemente sostener en sus brazos una
>   hoja que arrancó de los árboles,
> ¿cómo será posible que nada te conmueva,
> que no haya lluvia que te estruje ni sol que rinda tu fatiga?
> Ser una transparencia sin objeto
> sobre los lagos limpios de tus miradas (146).

El procedimiento metafórico busca establecer analogías entre los dos amantes y el mundo natural, analogías que señalan semejanzas pero también diferencias. Frente a la conciencia del fracaso, el yo expresa su ideal mediante la forma impersonal del infinitivo. Aspira a "ser una transparencia sin objeto" y a contemplarse en los ojos del amado, como si la mirada del tú fuera una superficie reflejante sin más función que la de devolver la misma imagen que percibe: narcisismo que no quiere aceptar la alteridad radical del otro sino ver en el cuerpo amado una imagen del yo que desea.

Como en la poesía amorosa de Villaurrutia o de Luis Cernuda —pienso especialmente en los 17 poemas de *Donde habite el olvido* (1932-1933)—, el mundo erótico está poblado de sombras, fantasmas, reflejos, ecos, espejos y cristales. El otro pierde consistencia y si hay una idealización y deificación del amado es con el fin de volverlo pretexto para la autocontemplación. Mientras más progresa la secuencia en *Nuevo amor*, más se apodera el yo de la ambigua imagen del tú: "Si desde entonces busco tu imagen que era solamente mía, / si en mis manos estériles ahogué la última gota de tu sangre y mi lágrima" (146). El motivo de la desolación del amante no es, estrictamente, el haber perdido al amado sino el haberse perdido a sí mismo en aquel momento del pasado en que se entregó al otro: "Lloro porque eres tú para mi duelo / y ya te pertenezco en el pasado" (146). Lo que el amante no puede tolerar es la existencia de un tú independiente que no sea reflejo del yo.

El tercer poema continúa con el empleo de imágenes y símbolos extraídos del mundo natural. El amado es elevado y, simultáneamente, identificado con la naturaleza:

Este perfume intenso de tu carne
no es nada más que el mundo que desplazan y mueven los globos
    azules de tus ojos
y la tierra y los ríos azules de las venas que aprisionan tus
    brazos (147).

La apropiación del amado por el amante ahora puede presentarse como un acto de transubstanciación que implica un sacrificio y la ingestión ritual de la víctima sacrificial. La descripción de este acto remite al sacramento cristiano de la Eucaristía y confirma la autodivinización del amante:

Te arranqué de la tierra por las raíces ebrias de tus manos
y te he bebido todo, ¡oh, fruto perfecto y delicioso!
Ya siempre cuando el sol palpe mi carne
he de sentir el rudo contacto de la tuya (147).

De la secuencia de seis poemas, el más logrado es el cuarto y
vale la pena reproducirlo completo ya que sintetiza la forma ambigua de vivir la experiencia amorosa:

Junto a tu cuerpo totalmente entregado al mío,
junto a tus hombros tersos de que nacen las rutas de tu abrazo,
de que nacen tu voz y tus miradas, clara y remotas,
sentí de pronto el infinito vacío de su ausencia.
Si todos estos años que me falta
como una planta trepadora que se coge del viento
he sentido que llega o que regresa en cada contacto
y ávidamente rasgo todos los días un mensaje que nada contiene
    sino una fecha
y su nombre se agranda y vibra cada vez más profundamente
porque su voz no era más que para mi oído,
porque cegó mis ojos cuando apartó los suyos
y mi alma es como un gran templo deshabitado.
Pero este cuerpo tuyo es un dios extraño
forjado en mis recuerdos, reflejo de mí mismo,
suave de mi tersura, grande por mis deseos,
máscara,
estatua que he erigido a su memoria (148).

Dividido claramente en tres grandes oraciones (vv. 1-4, 5-12,
13-17), este poema en verso libre expresa perfectamente la ambivalencia de la experiencia erótica a través de la inestabilidad de
las personas gramaticales. Los versos iniciales presentan, en el
tiempo presente de la experiencia, un estado de reciprocidad
entre el yo y el tú, situación idílica rota repentinamente por el
verso cuatro que introduce un verbo en pretérito y la primera referencia a un él, definido por "su ausencia". Leído retrospectivamente, el verso tres contiene una anticipación de esta ausencia o
distancia en el adjetivo aplicado a las miradas del tú ("remotas").
La voz y la mirada del primer amado están presentes, pero abren
un hueco y llevan al yo a recordar la ausencia de otro amado
(experiencia vivida en el pasado pero que sigue gravitando en el

presente, como lo demuestra la mezcla de tiempos verbales en esta segunda oración). Lo que le da al segundo amado (él) su persistencia imborrable son también la voz y la mirada, pero se trata de un oído y una vista apropiados por el yo (vv. 10-11).

Después de esta desviación hacia el pasado, hacia alguien ausente pero presente como una herida todavía abierta, el poema parece retomar su curso en la tercera oración que comienza con un adversativo que promete minimizar el recuerdo parentético. La enunciación regresa al presente y la divinización del cuerpo del amado da como resultado un ser "extraño" (fuera de lo normal, pero también desconocido). Tanto el cuerpo del tú como su divinización efectuada por el yo son imágenes que el sujeto percibe de sí mismo. Los dos amados ("tú" y "él") se confunden porque ambos son creaciones del amante, máscaras del yo. La imagen divinizada que el yo rescata de sus amados es una proyección del mismo sujeto que ve su propia imagen idealizada en los otros. La paulatina identificación de los dos amados entre sí y de los dos con el amante llega a su clímax en las ambigüedades del último verso: la imagen del otro que el yo se ha formado es una "estatua", una objetivación distanciada (como el poema) dedicada a la memoria del otro ("su memoria"), pero este posesivo ya no nombra solamente al segundo amado desaparecido sino también al primero (igualmente perdido ahora) y también a la máscara, es decir, al autorretrato que el yo ha robado a sus dos amados.

El poema es un monumento al otro en sus múltiples encarnaciones, pero como la identidad del yo depende de la mirada del otro, el sujeto comparte el estatuto especular de la máscara. El narcisismo implica ver en los otros a uno mismo, pero también ver a uno mismo como otro. El ser amado es un arquetipo, como en el soneto 31 de Shakespeare, porque en su persona uno ve todas las imágenes de todos los seres amados; pero en Novo el amante también resulta ser una encarnación arquetípica siempre incompleta porque ve una imagen parcial y cambiante de sí mismo en cada ser amado.

En "Glosa incompleta en tres tiempos sobre un tema de amor", un poema que se podría sumar a la secuencia mencionada, hay un indicio acerca del motivo del temor angustioso que provoca la posible revelación de la identidad propia. Son versos dirigidos, de nuevo, a un amante perdido:

SALVADOR NOVO Y LA POESÍA MODERNA

> No me conoció cuando aparté la máscara de mi rostro,
> yo no pedía más que su rumor
> pero me daba su compañía (152).

Es el miedo de no ser reconocido, "el miedo de no ser" (como en un poema de Villaurrutia) "sino un cuerpo vacío / que alguien, yo mismo o cualquier otro, puede ocupar".[25] La angustia genera la presencia de una serie de rostros cuya única función es la de ocultar una zona indefensa: "mi alma es como un gran templo deshabitado" (148). Para expresar esta angustia se recurre de nuevo a la ambigüedad inestable. El primer verso citado puede leerse de dos maneras: la revelación del rostro detrás de la máscara es lo que provoca el no conocimiento; el no conocimiento se debe a que el rostro es idéntico a una máscara y al quitarse ésta no queda sino el vacío o, tal vez, otro rostro-máscara. En cualquier caso, la imposibilidad de ser reconocido por el otro y de autoconocerse se debe a la identidad inestable del yo.

La tercera y última parte de la "Glosa..." retoma el juego de reflejos y realiza una inversión de papeles que permite la apropiación del tú por un yo que ahora se fortalece con las propiedades ajenas:

> ¡Apenas si te reconozco!
> Si tu labio en el mío es como el mío mismo,
> si ya tu mano estéril no oprime ni rechaza
> y eres como el azogue que da mi propia luz.
> ¡Ay de mí que amaba tu fuerza,
> si la fuerza está toda en mí!
> ¡Ay de mí que esperé la muerte
> y que te la di! (152)

La quinta composición de la secuencia canta con menos dramatismo la experiencia de la separación como hecho consumado. Predomina ahora la contemplación. Amante y amado son dos universos independientes enlazados apenas por la red de imágenes centradas en el naufragio. La salvación que representa el alcanzar la playa (tocar el cuerpo amado) se manifiesta como solipsismo narcisista:

> Hoy no lució la estrella de tus ojos.
> Náufrago de mí mismo, húmedo del abrazo de las ondas,

---

[25] "Nocturno miedo", en Villaurrutia, 45.

llego a la arena de tu cuerpo
en que mi propia voz nombra mi nombre (149).

El último de los seis poemas sin título representa la despedida y el cierre del ciclo. El fracaso es aceptado, aprovechado y hasta celebrado como tema para la creación poética: "Al poema confío la pena de perderte". Se pide el retorno de aquella noche que apareció en el primer verso del poema inicial, como un espacio de olvido, como un refugio que sirva de coraza:

> Vuelva la noche a mí, muda y eterna,
> del diálogo privada de soñarte,
> indiferente a un día
> que ha de hallarnos ajenos y distantes (150).

El encuentro amoroso ha sido un "diálogo", pero en este intercambio el tú ha sido fabricado por la fantasía del yo. El diálogo real ocurre dentro del sujeto que desea y en este juego de reflejos la presencia del cuerpo del amado ha sido primero un pretexto y después un estorbo: "¡qué bien nos sabe la ausencia / cuando nos estorba el cuerpo!" (155). La ausencia del amado es preferible a su presencia física porque así el amante tiene más libertad para adueñarse de él en su sueño. La paradoja final, que tiene la fuerza terrible de un silogismo, consiste en que la auténtica apropiación del amado exige la muerte de éste:

> No quiero encontrarte nunca,
> que estás conmigo y no quiero
> que despedace tu vida
> lo que fabrica mi sueño.
> […]
> Otro se fue, que no tú,
> amor que clama el silencio
> si mis brazos y tu boca
> con las palabras partieron.
>
> Otro es éste, que no yo,
> mudo, conforme y eterno
> como este amor, ya tan mío
> que irá conmigo muriendo (155).

El resultado final de la experiencia amorosa es la separación de dos identidades transformadas, proceso que la escritura plasma y vuelve irreversible. Las dos últimas estrofas recurren de nuevo al modelo de Shakespeare, ya que Novo también goza con las ambigüedades de "este amor" que significa simultáneamente el acto de amar y el ser amado: sujeto y objeto confundidos en el deseo. La vida del poema exige la muerte y resurrección del amado en el amante; el requisito trágico para el triunfo de la experiencia estética es el fracaso de la experiencia vital y sentimental.

En la exploración de sí mismo, *Nuevo amor* representa un límite nunca superado por el autor. Si se examinan los rumbos que toma esta poesía a partir de 1933, es inevitable la sensación de que todo es declive. *Espejo*, libro publicado en 1933, reúne textos de carácter autobiográfico: poemas que evocan la infancia y la adolescencia en un lenguaje directo y transparente. Estas composiciones, tal vez más perfectas que las de los *XX poemas*, son sin embargo menos ambiciosas y menos arriesgadas. No desaparece el humor, pero hay un tono más contemplativo. El recuerdo y la introspección desembocan en los primeros descubrimientos: de una identidad diferente, en "La escuela"; de la lectura y la literatura, en "Libro de lectura" y "El primer odio"; de la realidad urbana, en "Las ciudades" y "La ciudad"; del amor vivido como pérdida, en "Amor".

Después de la cristalina exploración del pasado en *Espejo* y de la introspección amorosa de *Nuevo amor*, siguen piezas menores. *Seamen rhymes* (1934) tiene más interés como experimento que por su perfección estética: consta de dos poemas, el primero en español y el segundo en inglés. El primero es una visión exaltada del mar, escrito en verso semilibre: la métrica empieza por ser libre pero tiende progresivamente hacia el heptasílabo y el endecasílabo. En contraste total con el lenguaje culto, elevado y lírico del primero, el segundo poema está escrito en un inglés coloquial que podría ser verosímilmente el monólogo del humilde marinero norteamericano. El *Romance de Angelillo y Adela* (1934) es un homenaje sentido a Federico García Lorca. Las divertidas *Décimas en el mar* (1934) muestran la facilidad de Novo para versificar cualquier asunto en formas que van de lo más culto a lo más popular. En los *Poemas proletarios*, publicados en 1934 al iniciarse el sexenio de Lázaro Cárdenas, hay una crítica paródica de la retórica política de la Revolución mexicana y una sátira atrevida de los afanes demagógicos del populismo y de la cultura proletaria. *Frida Kahlo y Never ever*, dos extensos poemas editados también en 1934, representan la modalidad más vanguardista de Novo. En ambos hay un sostenido intento de darle rienda suelta a la corriente poética a través de la técnica surrealista de la escritura automática, técnica mezclada, en el segundo, con el monólogo interior o *stream of consciousness*: textos interesantes y admirables más por su afán experimental que por sus resultados estéticos.

La poesía posterior tiende a seguir uno de tres caminos: la expresión convencional de sentimientos patrióticos, en textos como *Decimos: "Nuestra tierra"* (1945); los múltiples versos de circunstancia, como los sonetos anuales escritos entre 1954 y 1974; y, por último, la poesía satírica, a la manera de Quevedo, que se deleita en el ingenio, la invectiva y la injuria. Esta última veta tiene una importancia considerable y sirve como recordatorio de que la buena poesía no siempre se hace con los más elevados sentimientos. También habría que señalar el valor de haber escrito y publicado sonetos explícitamente homosexuales en la década de los cincuenta.

Si por talento entendemos esa facilidad e intrepidez para explorar todos los géneros con brillo y originalidad, ningún escritor mexicano más talentoso que Salvador Novo. Es cierto que no produjo ninguna obra maestra comparable a las de Villaurrutia o Gorostiza, como si la prisa y la facilidad le hubieran imposibilitado el laborioso trabajo de intensidad y profundidad que requiere la obra poética de grandes proporciones. Sus dones fueron otros, pero su contribución a la poesía mexicana sigue siendo formidable. Junto con Pellicer es el más precoz de los Contemporáneos, el que despliega sus hallazgos con ostentosa maestría. Asombra todavía pensar en la extraordinaria precocidad de Novo, pensar que entre 1925 y 1935 hace más de lo que otros logran en una vida, tal como lo notó Octavio Paz: "En diez años Novo recorre y agota todas las direcciones de la poesía moderna".[26] Es uno de nuestros primeros escritores modernos, un verdadero fundador que eleva el juego a la categoría del arte. La ironía y la máscara,

---

[26] Prólogo a *Poesía en movimiento. México, 1915-1966*, selección y notas de Octavio Paz, Alí Chumacero, José Emilio Pacheco y Homero Aridjis (México: Siglo XXI, 1966), 15.

esas constantes de su obra, le sirven para distanciarse, para verse como otro frente a los demás y frente a sí mismo. La ironía es su arma y su escudo. Entre el humor y el dolor se mueve la poesía de Salvador Novo, una poesía de doble filo que nos invita a contemplarnos en la imagen cambiante de su espejo.[27]

APÉNDICE: DOS TRADUCCIONES DE SALVADOR NOVO

Ezra Pound, "N. Y."

My City, my beloved, my white! Ah, slender,
Listen! Listen to me, and I will breathe into thee a soul.
Delicately upon the reed, attend me!

Now do I know that I am mad,
For here are a million people surly with traffic;
This is no maid.
Neither could I play upon a reed if I had one.

My City, my beloved,
Thou art a maid with no breasts,
Thou art slender as a silver reed.
Listen to me, attend me!
And I will breathe into thee a soul,
And thou shalt live for ever.[28]

Ezra Pound, "New York"

¡Mi ciudad, mi amada, mi blanca!
¡Ah, esbelta!
Escúchame, escúchame y te infundiré un alma
delicadamente sobre el junco, atiéndeme.

[27] Un fragmento de este texto inédito se leyó como ponencia en octubre de 1994 en el Homenaje Nacional a Salvador Novo, organizado por el Instituto Nacional de Bellas Artes y El Colegio de México.
[28] Ezra Pound, "N. Y.", en *Ripostes* [1912], recogido en *Collected Early Poems of Ezra Pound* (Nueva York: New Directions, 1976), 185.

Ahora sé que estoy loco
porque aquí hay un millón de gente aturdida de tráfico.
Ésta no es mujer
ni podría yo jugar sobre un junco si tuviese uno.
Mi ciudad, mi amada,
tú eres una mujer sin senos,
tú eres esbelta como un junco de plata
óyeme, atiéndeme
y te infundiré un alma
y vivirás por siempre.

Restituyo las cursivas que por error no aparecen en la edición de 1924, pero sí un año antes en *La Falange*. Este recurso tipográfico es esencial para crear un contraste irónico. Quizá valga la pena señalar que la traducción no capta un importante doble sentido del original: "play upon a reed", además de significar literalmente "jugar sobre un junco", tiene el sentido de "tocar un instrumento músico (de lengüeta)" y se puede leer como alusión al acto de cantar el poema.

La siguiente traducción, en cambio, se antoja muy justa.

Robert Frost, "Fire and Ice"

Some say the world will end in fire,
Some say in ice.
From what I've tasted of desire
I hold with those who favor fire.
But if it had to perish twice,
I think I know enough of hate
To say that for destruction ice
Is also great
And would suffice.[29]

Robert Frost, "Fuego y hielo"

Dicen algunos que el mundo se acabará en fuego;
Otros que en hielo.

[29] Robert Frost, "Fire and Ice", en *New Hampshire* [1923], recogido en *The Poetry of Robert Frost*, ed. Edward Connery Lathem (Nueva York: Henry Holt and Company, 1979), 220.

Por lo que he saboreado del deseo
Estoy con los que dicen fuego.
Mas si tuviese que morir dos veces
Creo que harto sé del odio
Para saber que en destruir
También es potente el hielo
Y bastaría.

ENCUENTROS Y DESENCUENTROS

VII. OCTAVIO PAZ Y LA SOMBRA DE QUEVEDO

Retirado en la paz de estos desiertos,
con pocos, pero doctos libros juntos,
vivo en conversación con los difuntos
y escucho con mis ojos a los muertos.

QUEVEDO

COMO SI fuera para disipar cualquier posible duda al respecto, Octavio Paz terminó uno de sus ensayos con esta tajante confesión: "Quevedo fue uno de mis dioses".[1] Todo poeta se relaciona con una tradición existente pero sólo algunos logran cambiarla. Sobre el papel de los poetas como modificadores de la tradición, un crítico norteamericano llegó a elaborar una teoría de la poesía moderna como un permanente revisionismo basado en actos deliberados de distorsión: un proceso creador que él denominó *misreading* o *misinterpretation*.[2] Mucho antes, en 1919, T. S. Eliot había descrito la relación entre el escritor y la tradición en términos de una aguda conciencia del orden simultáneo y transpersonal del pasado en el presente. La parte más revolucionaria o vanguardista de esta teoría clasicista es la idea de que la nueva obra de arte, si lo es de veras y si es importante, puede provocar un reacomodo de toda la tradición existente.[3]

Esta posibilidad de transformar un orden establecido no pertenece exclusivamente a las obras que solemos llamar "de creación" sino también a la visión crítica. Como lectores críticos los poetas han hecho contribuciones decisivas al redescubrimiento de figuras olvidadas o desconocidas. El propio Eliot, poeta y crítico, fue responsable en gran medida del redescubrimiento de John Donne y de toda la poesía "metafísica" del siglo XVII, efectuando así un

---

[1] "Quevedo, Heráclito y algunos sonetos", en *Sombras de obras* (Barcelona: Seix Barral, 1983), 130.

[2] Harold Bloom, *The Anxiety of Influence: A Theory of Poetry* (Londres / Oxford / Nueva York: Oxford University Press, 1973).

[3] "Tradition and the Individual Talent" [1919], en *Selected Essays*, 3ª ed. (Londres: Faber and Faber, 1951), 13-22.

cambio de enormes proporciones en el gusto estético de su tiempo. En España sobresale el rescate de Góngora por la Generación de 1927 y, en particular, los estudios del poeta-crítico Dámaso Alonso. En México hay un momento de esplendor del neobarroquismo cuando los Contemporáneos desentierran la figura de Sor Juana Inés de la Cruz.

El año de 1927 marcó el apogeo del neogongorismo. Los jóvenes escritores españoles habían utilizado al poeta cordobés como una polémica justificación de un nuevo tipo de poesía. Pero ya en la década de los treinta, cuando Octavio Paz empieza a escribir, el ambiente es otro. El arte que Ortega había bautizado como "deshumanizado" estaba cediendo terreno a un nuevo humanismo al mismo tiempo que la creciente politización ideológica pedía un arte más acorde con la coyuntura histórica. Estos cambios exigían una nueva lectura de la tradición literaria. Tal como había ocurrido en 1927, se trataba de buscar en la tradición clásica antecedentes o modelos para la nueva poesía que las circunstancias parecían pedir. No tardaron en erigirse dos nombres como estandartes de batalla: San Juan de la Cruz y Quevedo. Mucho se ha escrito sobre la recuperación de Góngora por la generación anterior a la de Paz; muy poco se ha dicho, en cambio, sobre la manera en que son leídos San Juan y Quevedo en las décadas siguientes.

La figura de Quevedo ha fascinado a varios poetas del siglo xx. Entre los hispanoamericanos habría que recordar a Jorge Luis Borges, César Vallejo y Pablo Neruda. En un importante ensayo publicado en 1924 en la *Revista de Occidente* el argentino afirma que "Quevedo... fue innumerable como un árbol, pero no menos homogéneo" y termina por destacar el dominio verbal y la intensidad de la expresión de este "sentidor del mundo".[4] Años después Borges volvería a escribir sobre el Caballero de la Orden de Santiago, describiéndolo como "menos un hombre que una dilatada y compleja literatura".[5] Si Borges ve en Quevedo la inmensa extensión de una obra polifacética, Neruda se interesa sobre todo en el poeta metafísico del tiempo, la muerte y la nada.[6] En su

---

[4] Jorge Luis Borges, "Menoscabo y grandeza de Quevedo" [1924], recogido en *Inquisiciones* (Buenos Aires: Proa, 1925), 40 y 45.

[5] "Quevedo", en *Otras inquisiciones* [1952], recogido en *Obras completas* (Buenos Aires: Emecé, 1974), 666.

[6] Neruda escribió por primera vez sobre Quevedo en *Cruz y Raya*, la revista

estudio pionero, Amado Alonso identificó en muchos de los poemas de *Residencia en la tierra* la huella quevedesca de un sentimiento de dramática angustia ante la omnipresencia de un tiempo corrosivo y de una muerte inevitable. El poeta chileno confesará más tarde que la influencia de Quevedo rebasó por completo el aspecto estético para confundirse con su propia vida: "Quevedo ha sido para mí no una lectura, sino una experiencia viva, con toda la rumorosa materia de la vida".[7] También habría que señalar en el Neruda de *España en el corazón* y el *Canto general* la ascendencia quevedesca de la invectiva satírica.[8]

En la obra de Octavio Paz el diálogo apasionado con la tradición literaria española está presente desde sus primeros textos. Sería fácil trazar sus puntos de contacto con algunas de las grandes figuras de la literatura peninsular: Garcilaso, San Juan, Góngora, Lope, Quevedo y, en la época moderna, Antonio Machado, Unamuno, Juan Ramón Jiménez, Ortega, Alberti, Cernuda... También sería posible dibujar los contornos de la influencia de Paz sobre las nuevas generaciones de escritores españoles. En estas páginas me limitaré a analizar la presencia de Quevedo en dos momentos de la obra de Paz.

EL POETA DE LA SOLEDAD

En un ensayo publicado en 1943, "Poesía de soledad y poesía de comunión", hay una lectura original de Quevedo, lectura que se

madrileña de José Bergamín. En el número 33 (diciembre 1935) el chileno publicó una selección de "Cartas y sonetos de la muerte" de Quevedo.

[7] "Viaje al corazón de Quevedo", en *Viajes* [1947], recogido en *Obras completas*, 3ª ed. aum., vol. 2 (Buenos Aires: Losada, 1968), 15. Según Hernán Loyola, autor de la guía bibliográfica de la obra de Neruda, la versión embrionaria de este ensayo sobre Quevedo data de 1939.

[8] En el único estudio extenso dedicado a rastrear la influencia de Quevedo en la poesía hispanoamericana moderna, Giuseppe Bellini opina acerca de los cinco poetas estudiados: "la huella de Quevedo es clara; no ciertamente la del escritor satírico y festivo, pero sí la del poeta hondamente preocupado por el problema fundamental del hombre, tal como lo expresa en los *Sueños*, en las fantasías morales y, en particular, en su poesía filosófico-moral", *Quevedo y la poesía hispanoamericana del siglo xx: Vallejo, Carrera Andrade, Paz, Neruda, Borges*, trad. J. Enrique Ojeda (Nueva York: Eliseo Torres & Sons, 1976), 8-9. Aunque bastante acertada, esta generalización debe matizarse: la veta satírica quevedesca sí está presente en Pablo Neruda y en otros poetas hispanoamericanos que Bellini no estudia, como el mexicano Salvador Novo.

reflejaría también en la poesía del mexicano en la misma época.[9] El ensayo retoma el texto leído el año anterior en un ciclo de conferencias organizado por la editorial Séneca para conmemorar el cuarto centenario del nacimiento de San Juan de la Cruz.[10] En lo que podríamos llamar la primera mitad del ensayo se distingue entre dos posturas epistemológicas que asume el hombre ante la realidad: una "actitud de dominación", ejemplificada en la magia y la técnica, y una actitud religiosa, la del enamorado o del místico, seres que buscan disolverse en y fundirse con el objeto de su deseo. A pesar de convocar los poderes mágicos de la palabra como medio o instrumento de expresión, la "operación" poética tiene, para el autor, una meta fundamentalmente religiosa: confundirse con el objeto, fusionarse con el absoluto, perderse en lo otro. Se da así un movimiento dialéctico entre dos polos: "El poeta parte de la soledad, movido por el deseo, hacia la comunión. Siempre intenta comulgar, unirse, 'reunirse', mejor dicho, con su objeto: su propia alma, la amada, Dios, la naturaleza".[11] Se desprende de este acercamiento entre poesía y religión que la meta de la poesía es "tornar sagrado el mundo".[12]

La poética histórica que se desarrolla en la segunda mitad del ensayo, lejano antecedente de *El arco y la lira* (1956) y *Los hijos del limo* (1974), construye sobre los dos polos epistemológicos un cuadro histórico en el cual se identifica a San Juan y a Quevedo como los respectivos representantes de una poesía de comunión y una poesía de soledad. Por la época histórica en que vivió, el primero pudo experimentar y expresar una totalidad armoniosa todavía libre de antagonismos: "las fuerzas contrarias de razón e inspiración, sociedad e individuo, religión y religiosidad indivi-

[9] Este ensayo vio la luz en el número 5 de la revista *El Hijo Pródigo* (15 agosto 1943): 271-278. Está recogido en *Primeras letras (1931-1943)*, selección, introducción y notas de Enrico Mario Santí (México: Vuelta, 1988), 291-303.

[10] Para coincidir con la fecha del cuarto centenario del nacimiento del santo, la editorial Séneca, dirigida por José Bergamín, imprimió dentro de su colección "Laberinto" una hermosa y cuidada edición de las *Obras completas de San Juan de la Cruz*, introducción de José Manuel Gallegos Rocafull (México: Séneca, 1942). Asimismo, el influyente poeta y crítico Dámaso Alonso publicó en el mismo año su estudio *La poesía de San Juan de la Cruz (Desde esta ladera)*. La figura y la obra del místico estaban pues muy presentes en el momento en que Paz redactaba "Poesía de soledad y poesía de comunión" en 1942.

[11] *Primeras letras*, 293.

[12] *Primeras letras*, 295.

dual, lejos de oponerse, se complementaban y armonizaban".[13] San Juan parece reunir las tres experiencias unitivas que conforman el centro de la poética de Paz en este momento: poesía, erotismo y misticismo.

Frente a la reconciliación de los contrarios en el místico, Quevedo ejemplifica la conciencia de la caída, la dualidad, la escisión: la incompatibilidad de los contrarios. A diferencia de San Juan, "un poeta que posee conciencia de su inocencia", Quevedo busca inútilmente la trascendencia en la conciencia autónoma, en la subjetividad inmanente: representa, para Paz, "la conciencia de la conciencia, el narcisismo intelectual".[14] El polo divino del santo comunitario encuentra su imagen invertida en el polo diabólico del hereje solitario, señalado aquí como el precursor de un poeta arquetípicamente moderno: Baudelaire. San Juan es visto como el poeta que comparte las creencias de su mundo; Quevedo, como un antecedente del angustiado poeta moderno, encerrado en la soledad de su propia conciencia, marginado de los grandes sistemas metafísicos, enamorado de la nada y de su escisión interior.[15]

Como intenté demostrar en otro lugar,[16] la polarización dualista de esta poética revela la proyección, sobre la historia de la poesía, del principio religioso de la caída: se trata de un esquema teológico de la historia de la poesía, de dudosa objetividad, que obedece al deseo polémico de romper con un pasado inmediato mediante la exaltación de un pasado remoto que se erige en modelo utópico. Se inventa una genealogía.

Tal como ocurre en "Los poetas metafísicos" (1921), el ensayo de T. S. Eliot que seguramente le sirvió de modelo, se postula un

[13] *Primeras letras*, 298.

[14] *Primeras letras*, 299 y 300.

[15] Vale la pena destacar la originalidad de esta interpretación del *Heráclito cristiano*, ciclo que Paz llama "posiblemente el único poema 'moderno' de la literatura española hasta Rubén Darío" (*Primeras letras*, 300). Lo que Paz encuentra en Quevedo y lo que hace de éste un poeta moderno es algo que llamamos "intimidad": un mundo interior, una actitud que reclama espacio para la conciencia, un afán de relativizar los valores absolutos como parte de una incipiente secularización de la conciencia religiosa. Sobre estos aspectos "modernos" de la figura de Quevedo, véase la nota de Enrique Tierno Galván, "Quevedo", recogido en Gonzalo Sobejano, ed., *Francisco de Quevedo. El escritor y la crítica* (Madrid: Taurus, 1978), 29-33.

[16] Véase "La prehistoria estética de Octavio Paz: los escritos en prosa (1931-1943)", *Literatura Mexicana*, 2 (1991): 23-55.

poeta total, anterior a la caída o fractura, cristiano en ambos casos (Dante o Donne para Eliot; San Juan para Paz). Eliot llamó a
esta escisión "la disociación de la sensibilidad"[17] y la vio como un
acontecimiento traumático que dividió a la sensibilidad unificada
en dos partes discordantes (intelecto y emoción; razón y sentimiento). Hay otra coincidencia en los esquemas de los dos poetas-
críticos: tanto Paz como Eliot afirman que la escisión ocurrió en la
misma época determinante, el siglo xvii, aunque es paradójico
que Eliot haya situado el apogeo de la sensibilidad unificada en
la primera mitad del siglo (en Donne) mientras que Paz ve en la
misma época (en Quevedo) una dramática disociación. Pero la gran
diferencia entre los dos esquemas reside en el valor que cada uno
confiere al poeta de la caída: Paz queda fascinado por la figura de
Quevedo mientras que Eliot demuestra escaso interés en los poetas de la escisión —los de la última mitad del xvii, los románticos
del xix y sus sucesores "malditos"—, con la notable excepción de
Baudelaire.

Hay un par de versos de Quevedo que Paz cita en el ensayo y
que vuelve a emplear como epígrafe en una recopilación de su
poesía: "Nada me desengaña, / el mundo me ha hechizado".[18]
Los versos pertenecen al salmo 4 del *Heráclito cristiano y segunda
harpa a imitación de la de David*, escrito en 1613. Pero Paz toma sus
citas de *Lágrimas de un penitente*, versión posterior muy revisada
que fue publicada en forma póstuma por el sobrino del poeta en
1670. Como manejaba seguramente la edición de Astrana Marín,
la primera recopilación más o menos moderna de la poesía de
Quevedo, Paz habría leído la versión disminuida y corregida
de 1670.[19]

---

[17] Véase "The Metaphysical Poets" [1921], en *Selected Essays*, 281-291.
[18] El poema se puede leer en Francisco de Quevedo, *Obra poética*, ed. José
Manuel Blecua, vol. 1 (Madrid: Castalia, 1969), 170-171.
[19] Los espinosos problemas textuales todavía no se resuelven en el caso de
Quevedo. El *Heráclito cristiano* es, en este sentido, un caso ejemplar. Los manuscritos existentes reproducen, con variantes, el ciclo de 26 salmos, además de un
prólogo "Al lector" y una dedicatoria, esta última fechada el 3 de junio, 1613. El
primer editor de la poesía de Quevedo, González de Salas, incluyó una selección
del *Heráclito cristiano* en su edición póstuma de 1648. En 1670 Pedro Aldrete,
sobrino del poeta y el segundo editor, publicó una versión revisada (seguramente
por Quevedo) y nuevamente estructurada de la colección bajo otro título —*Lágrimas de un penitente*—, versión que omite 12 salmos y agrega dos nuevos más una
redondilla. Las variantes entre las versiones publicadas por González de Salas y
por Aldrete son extensas. En su edición de 1932 (Madrid: Aguilar) Astrana Marín

Sabemos que hacia 1613 Quevedo sufrió una aguda crisis de conciencia.[20] El resultado poético de esta crisis espiritual y moral es la colección del *Heráclito cristiano*. Tanto en el prólogo al lector como en la carta-dedicatoria a su tía, ambos incluidos en el manuscrito del siglo XVII, el poeta barroco identifica el tono confesional y el eje temático del ciclo: se trata del pecador arrepentido que expresa, desde el presente, su "llanto" dictado por "el Sentimiento verdadero [...] el conocimiento y la conciencia", oponiendo a esto "la voz de mis mocedades" que el poeta presenta como un "canto" dictado por "el Apetito, la pasión o la naturaleza".[21] Así se establece una red de oposiciones dualistas que atraviesa la colección de poemas: pasado y presente; pecado y arrepentimiento; canto y llanto; pasión y conciencia; el mal y el bien; cuerpo y alma.[22] Curiosamente, el mismo esquema polarizado y varios de sus términos antitéticos aparecen también en el ensayo de Paz, donde se anhela una posible unificación de "toda la claridad de la conciencia y toda la desesperación del apetito".[23]

La gran originalidad de la lectura de Paz consiste en haber identificado en estos poemas varios aspectos sumamente moder-

reproduce la colección formada por Aldrete y agrega, en otro lugar, algunos fragmentos del *Heráclito cristiano* (tres sonetos y un salmo). En el primer tomo de su monumental edición crítica (Madrid: Castalia, 1969) Blecua privilegia las versiones "corregidas" publicadas por Aldrete y, en los otros casos, las que considera versiones "finales", agrupándolas bajo el título del *Heráclito cristiano*. Incluye, como lecturas variantes a pie de página, las versiones anteriores o "primitivas" de los manuscritos. Sin embargo, Blecua agrega al ciclo "original" de los 26 poemas los dos sonetos incluidos por primera vez por Aldrete. En su excelente antología de 1981 (Madrid: Cátedra) Crosby reproduce una selección de poemas del *Heráclito cristiano* según el manuscrito Asensio (del siglo XVII), incluyendo a pie de página los retoques posteriores que figuran en la edición de Aldrete o, a veces, la versión íntegra, sea anterior o posterior al manuscrito.

[20] En realidad no sabemos con precisión la fecha de esta crisis. Henry Ettinghausen opina que la crisis duró desde 1609 hasta 1613 —*Francisco de Quevedo and the Neostoic Movement* (Oxford: Oxford University Press, 1972), 15— mientras que James O. Crosby la sitúa "hacia 1612 ó 1613" en su Nota preliminar al *Heráclito cristiano*... en *Poesía varia* (Madrid: Cátedra, 1981), 97. Todos los críticos están de acuerdo, sin embargo, en que el resultado más importante de esta crisis fue el ciclo del *Heráclito cristiano*.

[21] Las citas del prólogo al lector y de la dedicatoria se toman de Francisco de Quevedo, *Poesía varia*, 98-100.

[22] Se ha discutido mucho la cuestión del dualismo "esquizofrénico" del carácter del poeta. Él mismo se confesó "hombre de bien, nacido para mal" y, en una carta de 1612, se describe en estos términos: "Yo, al revés, malo y lascivo, escribo cosas honestas". Ambas citas se toman de Ettinghausen, 16.

[23] *Primeras letras*, 303.

nos. En primer lugar, la presencia de una escisión psíquica que se expresa como un sentirse enajenado de la divinidad. Aunque Paz no lo hace, se podría analizar la manifestación de esta escisión como desdoblamiento de la voz lírica en varios poemas. Se trata de una experiencia de raíz religiosa que tiene implicaciones seculares. En segundo lugar, Paz destaca la presencia de una angustia determinada por la intuición demoniaca del poeta que se sabe enamorado de la nada, de las apariencias, de algo que sólo existe como creación de su propia conciencia. Aquí también estamos muy cerca de la idea heideggeriana de la angustia. Para el filósofo alemán, *"la angustia hace patente la nada"* mientras *"existir (ex-sistir) significa: estar sosteniéndose dentro de la nada".*[24] La aparente secularización de las experiencias de la angustia y la enajenación en distintas doctrinas filosóficas modernas no debe hacernos olvidar que la primera manifestación de estos sentimientos fue religiosa. Por haber leído estos poemas bajo el prisma de ciertas ideas modernas, Paz nos ha hecho consciente de la sorprendente actualidad de Quevedo.

Finalmente, se señala que en Quevedo la conciencia se vuelve sinónimo de pecado, de lo que Paz llama "ese saberse en el mal, verdadera y gozosa conciencia del mal".[25] El mexicano se asombra ante la herejía narcisista de los versos: "las aguas del abismo / donde me enamoraba de mí mismo". Abundan otros ejemplos de la misma actitud, como en el salmo 6: "tan ciego estoy a mi mortal enredo / que no te oso llamar, Señor, de miedo / de que querrás sacarme de pecado". O en el salmo 14:

Yace esclava del cuerpo la alma mía,
tan olvidada ya del primer nombre
que hasta su perdición compra tan caro,
que no teme otra cosa
sino perder aquel estado infame,
que debiera temer tan solamente.[26]

---

[24] Martin Heidegger, *¿Qué es metafísica?*, versión española de X. Zubiri, nota introductoria de José Bergamín (México: Séneca, 1941), 35 y 41. Esta edición mexicana reproduce la traducción publicada en 1933 en *Cruz y Raya*, la revista que dirigía Bergamín en Madrid.

[25] *Primeras letras*, 300.

[26] *Poesía varia*, 109.

En ciertos poemas de Quevedo es posible leer en el virtuosismo de la exageración retórica la expresión de una moral poco ortodoxa, como en los siguientes versos que juegan con la idea de que la conversión al bien es obra del mal:

> Sólo me da cuidado
> ver que esta conversión tan prevenida
> ha de venir a ser agradecida
> más que a mi voluntad, a mi pecado.[27]

En el salmo 5 se ofrece otro ejemplo de una hipérbole construida con una confesión blasfema:

> Mas, ¡ay!, que si he dejado
> de ofenderte, Señor, temo que ha sido
> más de puro cansado
> que no de arrepentido.[28]

La interpretación de Paz se centra en esta imagen del pecador arrepentido que no quiere sin embargo desprenderse del hechizo de los engaños y que no duda en desafiar la autoridad divina. Claro, la imagen es corregida y hasta negada en otras facetas de la obra quevedesca: por ejemplo, en los sermones del moralista cristiano. Esto es simplemente un indicio de la enorme riqueza contradictoria de la obra de Quevedo. Es verdad que al exaltar al poeta de la angustia existencial y de la orgullosa conciencia escindida, Paz ve sólo una parte de la polifacética obra, rica en contradicciones, y que la ve con ojos distintivamente modernos, pero es precisamente la parcialidad de su perspectiva lo que explica el valor y la originalidad de su lectura.

El Quevedo de Paz es un precursor de Baudelaire, leído a través de Heidegger. El predicador barroco del neoestoicismo, el que escribió "Vivamos no sólo como quien algún día ha de morir, sino como quien cada instante muere",[29] bien pudo parecer en 1942 un prefigurador de la doctrina heideggeriana del ser para la

---

[27] *Poesía varia*, 110.

[28] *Obra poética*, 171.

[29] En el prólogo a su *Epicteto y Focílides en español, con consonantes,* citado por José Mª Balcells en "El neoestoico", *Historia y crítica de la literatura española,* vol. 3, *Siglos de oro: Barroco,* ed. Bruce W. Wardropper (Barcelona: Crítica, 1983), 564.

muerte. Y la muy moderna concepción quevedesca del ser humano que "huye de sujetarse él a sí mismo",[30] ¿no habrá parecido compatible con la idea heideggeriana del ser caído en la temporalidad? No cabe duda: su lectura de Quevedo es conscientemente anacrónica o, mejor dicho, transhistórica.[31] Si San Juan es visto como un poeta protorromántico, una especie de Blake o Novalis que España no tuvo, Quevedo es leído como un poeta existencial —casi existencialista— del siglo xx. Hubo, en 1942, una conjunción de lecturas que se reforzaban entre sí.[32]

La poesía escrita por Paz en ese momento también revela la profunda huella de sus lecturas de Quevedo. Publicado en 1942, el libro *A la orilla del mundo* lleva como epígrafe los versos citados en el ensayo del mismo año: "Nada me desengaña, / el mundo me ha hechizado". El poema-prólogo, llamado "Palabra", establece una correlación entre la palabra poética paciana y el universo quevedesco. En el poema de Paz, la "palabra", surgida del hondo y oscuro sufrimiento personal del poeta, cristaliza en objeto autónomo y anónimo que perdura, tal como la sal de la lágrima sobrevive a la emoción o como el hueso sobrevive a la muerte.

---

[30] Salmo 21 del *Heráclito cristiano*, en *Poesía varia*, 122.

[31] En este sentido, logra hacer en su ensayo de 1942 precisamente lo que intenta hacer Dámaso Alonso unos años después en su fundamental estudio "El desgarrón afectivo en la poesía de Quevedo" [1950]. Al leer a Quevedo como un poeta que anticipa la angustia existencial del hombre del siglo xx, ambos poetas-críticos realizan lo que para Eliot es la tarea más alta de la crítica de los artistas: hacer que el pasado se vuelva presente.

[32] Estando en prensa este libro, leo el fascinante resumen que Octavio Paz acaba de hacer de sus contactos con la poesía de Quevedo. En *Reflejos: réplicas. Diálogos con Francisco de Quevedo* (México: Vuelta / El Colegio Nacional, 1996) Paz ofrece no sólo una recapitulación personal del significado de los dos momentos que yo analizo aquí sino también una inesperada prolongación en forma de un nuevo poema escrito en diálogo con el español. Extraigo de este folleto las siguientes reflexiones que hace Paz sobre su ensayo de 1942, reflexiones que apoyan mi interpretación: "Leí a Quevedo desde una perspectiva ajena a su tiempo y a su persona. Lo más extraño es que esas preocupaciones, en vísperas de la segunda guerra mundial, lejos de alejarlo, lo acercaban: Quevedo resultaba un poeta extraordinariamente moderno, casi un contemporáneo" (14-15); "Vi en Quevedo al protagonista —testigo y víctima— de una situación que, siglos más tarde, vivirían casi todos los poetas de la modernidad: la caída en nosotros mismos, el silencioso despeñarse de la conciencia en su propio vacío. No la muerte universal sino la escisión interior de la criatura humana" (15); "En mi ensayo hacía una afirmación que fue recibida, por los pocos que lo leyeron, con una sonrisa de escepticismo: el primer poema realmente moderno de la literatura española es *Lágrimas de un penitente*. Todavía lo sigo creyendo" (17).

Quevedo también solía utilizar la palabra "diamante" como símbolo de lo que dura:

> Palabra ya sin mí, pero de mí,
> como el hueso postrero,
> anónimo y esbelto, de mi cuerpo:
> sabrosa sal, diamante congelado
> de mi lágrima oscura.[33]

Es revelador que la influencia de Quevedo sea perceptible no sólo en la apropiación de ciertos vocablos y determinadas imágenes, en la presencia de un tono angustiado y sombrío, sino también en la forma. El *Heráclito cristiano* consta de sonetos y silvas; el poema-prólogo citado es una silva. Hacia 1942 Paz parece haber tenido predilección por estas dos formas poéticas. Asimismo, se emplean recursos estilísticos neobarrocos, tales como la antítesis, el oxímoron y las formulaciones paradójicas que mantienen a los contrarios en tensa unión:

> Llama que me provoca;
> cruel pupila quieta
> en la cima del vértigo;
> invisible luz fría
> cavando en mis abismos,
> llenándome de nada, de palabras,
> cristales fugitivos
> que a su prisa someten mi destino.[34]

El tenso y dinámico equilibrio entre los opuestos (llama-fría; quieta-vértigo; cima-abismo; luz-[oscuridad]; lleno-nada; fugacidad-destino) somete la angustia a la cárcel rigorosa de la forma. La fuerza avasalladora que domina al poeta y que es dominada por éste no sólo es producto de una conciencia de la fugacidad temporal y de la proximidad de la muerte, como lo es en Quevedo, sino que es además una propiedad intrínseca de la palabra poética y en esto estriba lo distintivo de la visión de Paz frente a Quevedo: lo que rige el destino del poeta es la palabra en sí y no

---

[33] Octavio Paz, *A la orilla del mundo y Primer día, Bajo tu clara sombra, Raíz del hombre, Noche de resurrecciones* (México: Compañía Editora y Librera ARS, 1942), 10.
[34] *A la orilla del mundo*, 9.

una cosmovisión que intenta sintetizar la ortodoxia cristiana con el neoestoicismo.

En *A la orilla del mundo* figura una serie de nueve sonetos que ostentan todos los artificios retóricos del neobarroquismo,[35] pero será en *Bajo tu clara sombra*, un largo poemario erótico escrito entre 1935 y 1938, publicado en forma completa por primera vez en 1941 e incluido en la colección de 1942, donde se nota un indudable parecido temático, léxico, simbólico y hasta formal con la poesía de Quevedo:

> Atado a este cuerpo sin retorno,
> te amo, polvo mío,
> ámbito necesario de mi aliento,
> ceniza de mis huesos,
> ceniza de los huesos de mi estirpe.[36]

Estos versos no sólo provocan recuerdos del "polvo enamorado" del célebre soneto "Amor constante más allá de la muerte", sino que comparten el mismo sabor blasfemo y hereje que el mexicano notó en Quevedo: se trata del poeta enamorado del polvo, último vestigio de un cuerpo "sin retorno". Se emplea el mismo verbo (atar) para describir los lazos de sujeción entre cuerpo y alma. Compárese con la cita anterior esta suplicación a la muerte en un terceto de una versión primitiva del salmo 16 del *Heráclito cristiano*:

> Desata de este polvo y de este aliento
> El nudo frágil, en que está animada
> Sombra que sucesivo anhela el viento.[37]

En otro canto del mismo poemario de Paz el solipsismo narcisista de los versos

> Estoy aquí otra vez, como al principio,
> absorto ante mí mismo,
> solitaria conciencia
> que en la noche se hunde ensimismada

---

[35] Hay versiones primitivas de cinco de estos sonetos —con variantes— en *Taller Poético*, 3 (marzo 1937): 33-38.

[36] *A la orilla del mundo*, 47.

[37] *Poesía varia*, 112. El mismo poema, fechado erróneamente y desligado de la colección, aparece en la edición de Astrana Marín, *Obras en verso* (Madrid: Aguilar, 1943), 414.

recuerda aquellos de Quevedo citados en el ensayo: "las aguas del abismo / donde me enamoraba de mí mismo". En otro largo poemario de la misma época, "Noche de resurrecciones", hay más resonancias de Quevedo. La acongojada interrogación de Paz ("¿qué abismo hecho de nada, / nos ahonda los fosos de la angustia?") parece modelarse en "la negra habitación del hondo abismo", verso del salmo 21 del poeta español.

"Al sueño", "Al tacto" y "Al polvo", tres extensos poemas reunidos en el libro de 1942, revelan íntimas conexiones con la poesía de Quevedo. El primero incluso toma su título de una silva quevedesca.[38] "Al polvo", la primera parte del cual es una silva, tiene como tema central la obsesión quevedesca por excelencia: el paso arrastrador del tiempo y la destrucción corrosiva que reduce todo a polvo y ceniza. La muerte se presenta así en el poema de Paz:

> y el tallo, el fruto y la dorada grama
> se desangran y ceden,
> oh sitiador callado,
> a tu ejército mudo de cenizas.[39]

Se establece aquí un diálogo con el salmo 19: "¡Qué mudos pasos traes, oh muerte fría, / pues con callado pie todo lo igualas!". Hasta se emplea la imagen tradicional del tiempo destructor como un ejército que asedia la ciudad amurallada, misma que aparece en el verso de Quevedo: "Ya cuelgan de mi muro tus escalas". El neobarroquismo que domina la poesía de Paz en este momento se ve claramente en el uso repetido del oxímoron en el mismo texto: "que tu fuego es tan frío / como la helada llama del pecado". Tal como sucede en el salmo 22 y en otros poemas de Quevedo, el cuerpo humano se ve reducido a una tumba, un sepulcro, un monumento deshabitado, un "aposento" vacío:

> Ay polvo avaricioso,
> con tan callados pasos me penetras

[38] De los tres poemas, agrupados como un pequeño ciclo unitario en *A la orilla del mundo* (117-132), el primero, "Al sueño", se publicó con el título "Oda al sueño" en *Taller*, 4 (julio 1939): 36-39. "Al tacto" y "Al polvo" se publicaron por primera vez en *Cuadernos Americanos*, 3 (mayo-junio 1942): 171-178. Astrana Marín publicó la silva "Al sueño" en su edición citada de 1943 (468-469); Crosby publica una versión posterior titulada "El sueño" en *Poesía varia* (502-504).

[39] *A la orilla del mundo*, 127.

y todo lo que habitas
tan silenciosamente se despuebla,
que ya tan sólo soy lo que yo fui,
la tumba de mí mismo,
el aposento hueco, desangrado,
del polvo en que me guardo y atesoro.[40]

La memorable paradoja formulada en un soneto de Quevedo ("solamente / Lo fugitivo permanece y dura") vuelve a aparecer en el poema de Paz: "sólo en lo que destruyes permaneces".[41] Uno de los versos finales del poema recuerda de nuevo el último endecasílabo del más famoso de los sonetos de Quevedo: "polvo serán, mas polvo enamorado". El endecasílabo de Paz tiene la misma acentuación, la misma cesura, la misma relación adversativa, aunque el peso afirmativo de Quevedo se vuelve aquí resignado nihilismo: "polvo será, sin ojos que lo vean".[42]

Por lo visto, la poesía de Paz registra una honda crisis espiritual en 1942. Es un momento de cuestionamiento de las certidumbres heredadas y hay un intento de escribir una poesía más reflexiva e introspectiva en lugar de una simple prolongación de los cantos eróticos de la juventud. Así se establece un claro paralelismo entre los dos poetas: ambos reaccionan ante la crisis interior mediante un nuevo tipo de poesía que representa un hito en su evolución. Tanto el *Heráclito cristiano* como *A la orilla del mundo* marcan el fin de un ciclo poético y vital, señalando no sólo un cambio estético sino una ruptura en la vida: en 1613 Quevedo se marcha a Sicilia; en 1943 Paz sale de su país para iniciar una odisea que lo llevará a Norteamérica, Francia y otros países de Europa y del lejano Oriente. El tono confesional e introspectivo, tan evidente en el ciclo de Quevedo, empezará a gravitar cada vez más en la poesía de Paz a partir de 1942. En resumen: ambos poetas emprenden una búsqueda de interiorización a raíz de una crisis. El *Heráclito cristiano* no deja de sorprendernos por ser un ejemplo de "poesía confesional" *avant la lettre*.

---

[40] *A la orilla del mundo*, 128. Compárense estos dos versos de uno de los poemas tardíos de Quevedo: "¡Dichoso yo, que fuera de este abismo, / vivo me soy sepulcro de mí mismo!" (*Poesía varia*, 575).

[41] *A la orilla del mundo*, 127. El soneto de Quevedo es "[A Roma sepultada en sus Ruinas]", *Poesía varia*, 135.

[42] *A la orilla del mundo*, 129.

Sin embargo, estos indudables paralelismos no deben ocultarnos las obvias diferencias que atañen no sólo a cuestiones de época histórica, visión del mundo y valores sino sobre todo a la naturaleza específica de la crisis en cada poeta: Quevedo experimenta un remordimiento de conciencia, de signo religioso, que termina en una reconciliación con el Dios cristiano, tal como se esperaría de un poeta español del siglo XVII; en Paz, la crisis espiritual, moral y existencial no desemboca en un conflicto de tipo religioso, aunque sí tiende a expresarse en un lenguaje religioso, cosa paradójica en un poeta que se confiesa no creyente. ¿Es posible que la influencia de Quevedo haya sido tan avasalladora en aquel momento que el joven poeta se haya visto obligado a expresar su crisis existencial en un lenguaje religioso? Veremos un ejemplo más adelante.

Además de los poemas citados del libro *A la orilla del mundo*, hay otros escritos en el mismo año de 1942, aunque no recogidos en libro hasta 1949 en la primera edición de *Libertad bajo palabra*. Se trata de textos como "Al Ausente", "El desconocido" y "Lágrima", y otras series de poemas escritas a raíz de la muerte de dos poetas amigos que se suicidaron: Rafael Vega Albela, a quien está dedicado "Crepúsculos de la ciudad", y Jorge Cuesta, a quien va dedicado "La caída". Tampoco puede ser una coincidencia el que estas dos series de poemas consten de sonetos, la forma estrófica preferida de Quevedo. En el caso de "La caída" el empleo del soneto neobarroco funciona también como un homenaje a Cuesta, quien tuvo predilección por esta forma.

Estos poemas y otros de la misma época están invadidos por la sombría visión de un universo absurdo regido por la destrucción, la muerte, el vacío y la nada. Agrupados en las más recientes ediciones de *Libertad bajo palabra* en la sección "Calamidades y milagros", todos estos textos revelan un solipsismo existencial. Dentro de la dialéctica estética que rige la estructura del libro, la sección articula una "poesía de soledad". Si no representa el modelo único, la figura de Quevedo es seguramente la presencia más notable en este momento de la evolución de Paz.

El primer soneto de "La caída" empieza con una visión de la espantosa fuerza destructiva del tiempo:

> Abre simas en todo lo creado,
> abre el tiempo la entraña de lo vivo,

> y en la hondura del pulso fugitivo
> se precipita el hombre, desangrado.[43]

Hay aquí un descenso vertiginoso hacia un abismo interior donde la conciencia de la fugacidad es, como dice Quevedo, una "muerte viva", donde "Nada, que siendo, es poco, y será nada".[44] El poema de Paz recrea la caída quevedesca hacia la oscuridad de una muerte latente e incluso desemboca en la misma pérdida de identidad:

> El espejo que soy me deshabita;
> un caer en mí mismo inacabable
> al horror de no ser me precipita.[45]

Como en el famoso verso de Quevedo ("Soy un fue, y un será, y un es cansado"), hay una fractura del yo que no puede habitar el presente porque se siente arrastrado por el movimiento interior de la muerte: "he quedado / Presentes sucesiones de difunto".[46] El yo deja de ser homogéneo y asible para volverse plural y discontinuo, en un proceso que un crítico ha llamado, al referirse a Quevedo, "dialéctica de dos nadas".[47] El mismo desdoblamiento psíquico ocurre en el soneto de Paz:

> ¡Vértigo del minuto consumado!
> En el abismo de mi ser nativo,
> en mi nada primera, me desvivo:
> frente de mí yo mismo, devorado.[48]

Este sentimiento desgarrador de angustia ante la pérdida de la identidad se vuelve a expresar en el segundo soneto de "La caída": "Prófugo de mi ser, que me despuebla / la antigua certidumbre de mí mismo"; "¿qué soy, sino la sima en que me abismo, / y qué, si no el no ser, lo que me puebla?"[49] Bastan estas citas

---

[43] *Libertad bajo palabra* (México: Tezontle, 1949), 50.

[44] *Poesía varia,* 174.

[45] *Libertad bajo palabra,* 51.

[46] *Poesía varia,* 158 y 159. Sobre esta interiorización del tiempo y la muerte, proceso que desemboca en la escisión y el descubrimiento de un "yo-objetividad", véase Charles Marcilly, "La angustia del tiempo y de la muerte en Quevedo", en Sobejano, 71-85.

[47] Marcilly, 79.

[48] *Libertad bajo palabra,* 50.

[49] *Libertad bajo palabra,* 50 y 51. El desdoblamiento de la voz lírica también

para indicar el grado de identificación con la funesta interiorización quevedesca del tiempo y de la muerte.

El otro poema de 1942 que comentaré, "Al Ausente", expresa parecidos sentimientos existenciales en un exacerbado tono de blasfemia religiosa. Como varios de los salmos del *Heráclito cristiano*, este poema está dirigido en segunda persona a un interlocutor ausente, un Dios del cual el hablante se siente separado y enajenado. La gran diferencia, por supuesto, es que a pesar del tono un poco hereje y blasfemo de muchos de los poemas de Quevedo, su cuestionamiento de las esenciales cualidades divinas es pasajero y jamás se pone en duda la existencia del Dios cristiano. El poema de Paz, en cambio, se presenta como una iracunda denuncia de un Dios de la crueldad y el rencor, de un Dios inexistente cuya única creación es la nada. El poema comienza con una serie de reiteraciones del nombre del interlocutor seguidas por adjetivos que denotan crueldad, esterilidad o inexistencia: "Dios insaciable", "Dios sediento", "Dios vacío", "Dios desierto", "Dios mudo", "Dios hueco, Dios de nada, mi Dios".[50] Se trata de un Dios que exige sacrificio y destrucción ("la sangre derramada en la noche del sacrificio"). La segunda parte del poema relata una búsqueda desesperada y frustrada de la divinidad, una especie de descenso a los orígenes biológicos de la "nada primera":

> Por ti corro sediento
> a través de mi estirpe,
> hasta el pozo del polvo
> donde mi semen se deshace en otros,
> más antiguos, sin nombre,
> ciegos ríos de cenizas y ruina.[51]

En la tercera y última parte, el Dios inexistente es dotado de una insidiosa y terrible presencia: "no existes, pero vives, / en

ocurre en uno de los sonetos de "Crepúsculos de la ciudad": "yazgo a mis pies, me miro en el acero" (54), así como la misma fragmentación psíquica y la misma caída vertiginosa hacia el vacío:

> mi ser, que multiplica en muchedumbre
> y luego niega en un reflejo impío,
> todo, se arrastra, inexorable río,
> hacia la nada, sola certidumbre (56).

50 *Libertad bajo palabra*, 35.
51 *Libertad bajo palabra*, 36-37.

nuestra angustia habitas, / en el fondo vacío del instante".[52] La actitud desafiante y hereje de Quevedo se ha llevado a un extremo. Antonio Machado decía, a través de sus filósofos apócrifos, que Dios era el creador del Gran Cero, de la nada. De modo parecido, el Dios del poema de Paz no es otro que el de la aniquilación, el vacío y el no ser:

> Dios vacío, Dios sordo, Dios mío,
> lágrima nuestra, blasfemia,
> palabra y silencio del hombre,
> signo del llanto, cifra de sangre,
> forma terrible de la nada.[53]

Estas lágrimas de dolor y angustia no son las del penitente barroco que busca reconciliarse con la divinidad para tener acceso a la vida eterna; son las de un desilusionado nihilista moderno que acepta, con amargura, que todo destino humano desemboca en la aniquilación y la nada. El poema termina no con una advertencia moralista o una humillación ante Dios, como ocurre tantas veces en Quevedo, sino con el reto impasible de un obstinado hereje: "muestra tu faz que aniquila, / que al polvo voy, al fuego impuro".[54]

EL POETA DEL AMOR

La sombra de Quevedo jamás vuelve a dominar toda una época de la obra de Paz, pero sí resurge con fuerza en 1960 cuando el mexicano escribe "Homenaje y profanaciones". El Quevedo que le interesa ahora ya no es el poeta metafísico de la escisión, la angustia y la caída, sino el poeta amoroso de los sonetos a Lisi. Y escoge de este ciclo neoplatónico y petrarquista el soneto más célebre de todos: el que los editores titularon "Amor constante más allá de la muerte", considerado por Dámaso Alonso "seguramente el mejor de Quevedo, probablemente el mejor de la literatura española".[55] Tiempo después Paz confesaría que "estos catorce versos me

[52] *Libertad bajo palabra*, 38.
[53] *Libertad bajo palabra*, 39.
[54] *Libertad bajo palabra*, 39.
[55] "El desgarrón afectivo en la poesía de Quevedo", en *Poesía española: ensayo de métodos y límites estilísticos*, 4ª ed. (Madrid: Gredos, 1962), 526.

fascinaron durante muchos años" y agregaría que "no es extraño que haya sentido la tentación de enfrentar el soneto de Quevedo a la imagen de la pasión moderna".[56]

El "enfrentamiento" tuvo como resultado "Homenaje y profanaciones", un extenso texto de 118 versos divididos en tres poemas titulados "Aspiración", "Espiración" y "Lauda". A la cabeza de estos textos se imprime el soneto de Quevedo, en abierta declaración del modelo de inspiración. Los dos primeros poemas de Paz, divididos cada uno en tres partes numeradas, forman entre sí una imagen casi simétrica: las tres partes constan de dos poemas de 10 versos (semilibres en "Aspiración"; endecasílabos en "Espiración"), subdivididos, a su vez, en dos estrofas de cinco versos. La tercera parte de ambos poemas es un soneto de 14 endecasílabos, carente de rima y de puntuación, aunque sí se respeta la organización tradicional en cuartetos y tercetos.

El tercer poema, "Lauda", sólo tiene dos partes numeradas pero éstas se subdividen en tres estrofas, lo cual restablece la apariencia de simetría general. Las dos partes de "Lauda" forman entre sí una imagen simétrica invertida: la primera está constituida por un quinteto seguido por dos estrofas de 10 versos, todos sin rima; la segunda consta de dos estrofas de 10 versos, seguidos por un quinteto, también sin rima. En "Lauda" hay una progresiva desarticulación de la regularidad métrica que termina, sin embargo, en una vuelta a la norma regular: las dos primeras estrofas contienen endecasílabos; la tercera mezcla arbitrariamente endecasílabos y alejandrinos; la cuarta y la quinta son irregulares; y en la última se regresa a los endecasílabos.

Este vaivén contrapuntístico entre simetría y asimetría, tanto estrófica como métrica, es de suma importancia ya que articula en los estratos formal y estructural las variaciones que tienen lugar en los estratos semántico y temático. El poema es, como dice su título, un homenaje y una serie de profanaciones: es decir, unas recreaciones, transformaciones y deformaciones en torno a un modelo tradicional. En este caso el modelo es un soneto de rigurosa simetría formal y conceptual.

Paz ha descrito su texto como "un soneto de sonetos",[57] con lo

---

[56] "Quevedo, Heráclito y algunos sonetos", 123 y 124.
[57] Nota sobre "Homenaje y profanaciones", incluida en *Poemas (1935-1975)* (Barcelona: Seix Barral, 1979), 676. Para el texto de "Homenaje y profanaciones",

cual quiere decir que la estructura general de "Homenaje y pro-fanaciones" reproduce, a escala mayor y con duplicaciones inte-riores, la estructura tripartita del soneto tradicional: "Aspiración" es el primer cuarteto, "Espiración" es el segundo, y las dos partes de "Lauda" son los tercetos. Incluso se respeta una relación exac-ta de proporción matemática entre las grandes divisiones de este macrosoneto: "Aspiración" tiene 34 versos; "Espiración", el se-gundo "cuarteto", también tiene 34 versos; los dos "tercetos" de "Lauda" tienen 25 versos cada uno. Además, cada uno de los tres poemas que constituyen el macrosoneto reproduce en su interior las divisiones estucturales del soneto (la tripartita o "general" y la bipartita de los cuartetos y los tercetos). La presencia de una "construcción en abismo" (la tercera parte de "Aspiración" y de "Espiración" es un soneto entero) aumenta el efecto lúdico a la vez que subraya la estricta convencionalidad del modelo tradi-cional. Por último, la relación de simetría invertida entre las dos partes de "Lauda" refleja, en este caso específico, la estricta co-rrelación gramatical y conceptual que existe entre los tercetos del soneto de Quevedo. El resultado que se desprende de todo esto es una especie de juego geométrico de reflejos —fieles, cam-biantes y deformes— entre los dos espejos enfrentados que son un soneto barroco y su "réplica" (en ambos sentidos de la pala-bra) del siglo xx.

Quevedo asume como su inevitable punto de partida los tópi-cos y las convenciones de la tradición renacentista y petrarquista, pero se distancia de la ortodoxia neoplatónica y de la cristiana al afirmar que lo que sobrevive a la muerte no es el alma sino el cuerpo o, más bien, lo que queda del cuerpo: el "polvo enamora-do", los despojos materiales. Esta terca y sorprendente afirma-ción, que ha llamado la atención de muchos lectores, surge de la intensidad de la pasión amorosa, fuerza delirante que parece ca-paz de resistir y vencer a la ley inexorable de la muerte. En cada terceto se da una gradación ascendente que culmina en el clímax pasmoso del último verso, la grandeza del cual se debe sobre todo a su locura, una locura poéticamente justificada, si bien ló-gica y ortodoxamente falaz.

La crítica ha notado cómo en este soneto Quevedo lleva a sus

sin embargo, prefiero citar de la primera versión, reproducida en *Salamandra*, 2ª ed. (México: Joaquín Mortiz, 1969), 47-56.

consecuencias últimas, ineludibles y absolutas el sistema de tópicos, temas, imágenes y clichés amorososos que se encontraban en
la tradición renacentista, sobre todo en la petrarquista.[58] El resultado es un alarde de ingenio que logra imponer sobre las verdades de la lógica y la teología una verdad *poética*. La de Quevedo
es una visión que está simultáneamente dentro y fuera de las
tradiciones que asume como su modelo: es un homenaje y una
profanación.[59]

Creo que ahora podemos ver la manera en que el poema del
siglo xx es fiel a Quevedo precisamente en sus infidelidades. Es
un homenaje no *a pesar de* sino *a causa de* ser una serie de profanaciones. El texto de Paz reproduce y multiplica en su desarrollo
estructural la lógica dialéctica del modelo clásico: tesis, antítesis
y síntesis. Aquí las cuestiones de forma y estructura se van inte-
grando con aspectos temáticos. Al ofrecernos el siguiente esquema de su poema, el autor explicita la oscilación dialéctica entre
fidelidad y transgresión, oposición que se resuelve en culminación sintética:

"Aspiración" = inhalación = afirmación = homenaje; "Espiración" =
exhalación = negación = profanación; "Lauda" = ni fechas… ni no-
fechas… sino el instante = la muerte no es negada y ella misma exalta
a la vida = homenaje y profanación.[60]

Veamos cómo funciona este esquema en cada uno de los tres
poemas. En el primero, "Aspiración", se reiteran las creencias afir-
mativas de Quevedo utilizando un arreglo de sus propias palabras:
el alma liberada del cuerpo y del tiempo ("El alma / Desatada del
ansia y de la hora"); la inmortalidad del amor en la memoria

[58] Esta interpretación la hace Carlos Blanco Aguinaga en "'Cerrar podrá mis
ojos…': tradición y originalidad" [1962], en Sobejano, 311-312.
[59] No pretendo ofrecer aquí una lectura detenida del célebre y muy comentado
soneto de Quevedo, pero debo decir que me apoyo en los siguientes estudios:
Amado Alonso, "Sentimiento e intuición en la lírica", en *Materia y forma en poesía*
(Madrid: Gredos, 1955), 15-20; Carlos Blanco Aguinaga, "'Cerrar podrá mis
ojos…'"; Carlos Blanco Aguinaga, "Dos sonetos del siglo xvii: amor-locura en
Quevedo y Sor Juana", *Modern Language Notes*, 77 (1962): 145-162; Fernando Lázaro Carreter, "Quevedo, entre el amor y la muerte. Comentario de un soneto"
[1956], en Sobejano, 291-299; Arthur Terry, "Quevedo and the Metaphysical Con-
ceit", *Bulletin of Hispanic Studies*, 35 (1958): 211-222.
[60] *Poemas*, 677.

("Memoria, llama nadadora", "Y arde tu cuerpo en mi memoria, / Arde en tu cuerpo mi memoria"). Como en el soneto barroco, la "llama" de la pasión amorosa es capaz de atravesar el "agua fría" de la muerte y así "perder el respeto a ley severa". Este último verso de Quevedo podría funcionar como metacomentario textual: tanto el poeta barroco como el del siglo xx demuestran escaso respeto por las "leyes severas" de sus modelos. Se sienten con derecho a romper la ley porque la han practicado previamente. Dicho de otra manera, los dos comprenden que la "originalidad" es posible nada más a partir de una "imitación". Importantísimo descubrimiento que Rubén Darío expresó mejor que nadie en una ingeniosa formulación bilingüe que sugiere que la creación original es una especie de traducción o imitación creadora: *"Qui pourrais-je imiter pour être originel?*, me decía yo. Pues, a todos".

El tópico del alma encarcelada por el dios del amor (o, como se ha sugerido en lectura alternativa, el Dios cristiano prisionero del alma enamorada) también podría interpretarse como metáfora metatextual: la energía de la pasión frenética tiene que canalizarse o encarcelarse dentro de límites estrictos. Las normas tradicionales de realización estética del soneto petrarquista exigen que la transgresión desbordante sea expresada en un molde de implacable rigidez geométrica.[61]

Léxico, sintaxis, puntuación y sentido son transformados en una violenta dislocación estilística seguida por un reacomodo, pero el proceso no es tan violento que el modelo resulte irreconocible:

> Sombra del sol Solombra segadora
> Ciega mis manantiales trasojados
> El nudo desanuda Siega el ansia
> Apaga el ánima desanimada

Hay un continuo movimiento que va de la imagen reconocible del modelo a su desarticulación fragmentaria y a la inversa. Nun-

---

[61] Sobre este punto véase Lázaro Carreter, 297. El propio Paz subraya este aspecto de tensión resuelta en los sonetos de amor de Quevedo al hablar de "una intensidad conseguida no a despecho sino a través de una forma ceñida y perfecta. Estos sonetos muestran, de nuevo, que la pasión, más que un desorden, es exceso vital convertido en idea fija. La pasión es idolatría; por eso adora la forma y en ella se consume", "Quevedo, Heráclito y algunos sonetos", 122-123.

ca se pierde el vínculo que relaciona los dos textos: una relación hecha de citas, ecos, imágenes invertidas, parodias, negaciones, transformaciones y réplicas.

El segundo poema, "Espiración", introduce el mundo moderno mediante el léxico de la ciudad ("latidos de motores") para luego iniciar y consumar el proceso de negación de las creencias quevedescas. La duda del hombre moderno se expresa primero como interrogante sobre la inmortalidad de la pasión en la memoria ("¿En tu memoria / Serán mis huesos tiempo incandescente?") para después ridiculizarse ("Vana conversación del esqueleto / Con el fuego insensato y con el agua / Que no tiene memoria"). Aunque no es realmente una parodia, el poema de Paz utiliza algunos recursos paródicos, como el del retruécano "Nada contra la nada". Se trata de una exageración hiperbólica de los recursos barrocos, proceso que se lleva a un extremo paródico en la tercera parte de "Espiración", en este festín de aliteraciones y asonancias acumuladas:

> Los laúdes del laúdano de loas
> Dilapidadas lápidas y laudos
> La piedad de la piedra despiadada
> Las velas del velorio y del jolgorio

El empleo del retruécano humorístico reduce al absurdo los ingeniosos conceptos barrocos:

> Lo nunca visto nunca dicho nunca
> Es lo ya dicho el nunca del retruécano
> Vivo me ves y muerto no has de verme.[62]

"Lauda", el último poema, yuxtapone a la violenta visión quevedesca, ya desarticulada y fragmentada, otra visión del erotismo que exalta no la identificación del amor con la eternidad cristiana sino el amor como experiencia de reconciliación de dos personas en el presente. "Lauda" es, en este sentido, una síntesis de los dos poemas anteriores y una resolución de la disyuntiva entre afirmación y negación: ante el sí y el no, "Lauda" dice otra cosa. Se

---

[62] En una versión posterior Paz revisó totalmente el último terceto de este poema. La corrección suaviza y casi elimina el humor irreverente a la vez que dota a los versos de más gravedad: "cerrar los ojos en el día blanco / el día nunca visto cualquier día / que tus ojos verán y no los míos", *Poemas*, 344.

ofrece una versión alternativa de la pasión amorosa: una resolución que no es ni la afirmación de Quevedo ni su negación paródica.

En la primera estrofa de "Lauda" la fragmentación y la desarticulación se agudizan, pero en cinco endecasílabos:

> ojos medulas sombras blanco día
> ansias afán lisonjas horas cuerpos
> memoria todo Dios ardieron todos
> polvo de los sentidos sin sentido
> ceniza lo sentido y el sentido

Aquí, la enumeración caótica con asíndeton parece ser una parodia del hipérbaton, pero cada elemento del modelo es perfectamente reconocible en forma aislada (de hecho, todas las palabras aparecen en el soneto de Quevedo). En los dos últimos versos citados se restablece cierta coherencia sintáctica a la vez que los homónimos paradójicos recalcan la destrucción del sentido, de lo sentido y de los sentidos, en clara oposición a la afirmación de Quevedo: "serán ceniza, mas tendrán sentido".

Si el modelo ha sido mutilado, desarticulado, parodiado y reconstituido, tanto en su forma como en su contenido, ¿qué pasa con el mensaje final de Quevedo? La respuesta de Paz se da cuando se presenta el acto de amor como experiencia instantánea en el presente:

> Festín de dos cuerpos a solas
> Fiesta de ignorancia saber de presencia
> Hoy (conjunción señalada
> y abrazo precario)
> Esculpimos un Dios instantáneo
> Tallamos el vértigo

Como indica su nombre, "Lauda" (o laude) es la lápida sepulcral donde los herederos inscriben las alabanzas y los méritos del desaparecido, a veces mezclando sus propias palabras con las del muerto, sobre todo si se trata de un poeta (de ahí el empleo de los verbos "esculpir" y "tallar" en la cita anterior). Me parece que "Lauda" cumple precisamente esta función: es la inscripción de una diferencia, una imitación crítica, un acto que es simultáneamente sagrado y profano, un homenaje y una profanación.

Paz ha contrastado su texto con el soneto de Quevedo de la siguiente manera: "Mi poema, escrito desde creencias distintas, quiso afirmar no la inmortalidad sino la vivacidad del amor".[63] De hecho, se trata de una visión secular del amor que utiliza, sin embargo, una comparación religiosa: el Dios cristiano de la eternidad se ha transformado en el "Dios instantáneo". Pero aquí, tal vez, reside la mayor paradoja de todas puesto que el concepto nietzscheano de la vivacidad nombra lo que es *siempre* presente. Se reintroduce así un elemento metatemporal que si bien no se identifica con la eternidad cristiana, al menos sugiere que la experiencia amorosa no es una experiencia puramente histórica, es decir, reducible a la sucesión lineal de las fechas. El último verso y la última palabra del poema de Paz intentan apuntar hacia este presente perpetuo "sin fecha": "Antes después ahora nunca siempre".

Me he detenido en la presencia de Quevedo en dos momentos de la obra de Octavio Paz: el primero, que se cristaliza hacia 1942, significó una influencia avasalladora sobre su poética y su poesía de aquella época. En 1960, en cambio, se trata más bien de un diálogo en forma de una confrontación de textos. Este segundo momento revela la distancia crítica del autor maduro que ya no se siente totalmente hechizado por la figura de Quevedo. Esta actitud más irreverente delata una independencia estética difícil de imaginar en el poeta en formación que buscaba su propia voz en 1942. Sin embargo, incluso en este segundo momento se nota una profunda admiración y hasta obsesión por Quevedo. Dos momentos muy diferentes; dos aspectos distintos de la vasta obra quevedesca; dos maneras de acercarse a un clásico de acuerdo con las cambiantes necesidades de un poeta moderno. En ambos casos, un acto de apropiación recrea la tradición poética. Al actualizar el pasado el poeta descubre su identidad como "un latido en el río de las generaciones".[64] El acto de leer y escribir poemas implica un diálogo permanente con la tradición. Cuando hablamos con los poetas muertos, éstos se reaniman para recordarnos nuestra propia mortalidad. Quevedo entendió la naturaleza de esta intensa y lúcida conciencia de ser partícipe activo en la tradi-

[63] "Quevedo, Heráclito y algunos sonetos", 125.
[64] Octavio Paz, "La búsqueda del presente", *Vuelta*, 170 (enero 1991): 12.

ción y lo supo expresar muy bien en los cuatro versos que encabezan estas páginas:

> Retirado en la paz de estos desiertos,
> con pocos, pero doctos libros juntos,
> vivo en conversación con los difuntos
> y escucho con mis ojos a los muertos.[65]

---

[65] Se trata del primer cuarteto de "Desde la Torre", soneto así titulado por los editores y que puede leerse en Francisco de Quevedo, *Poesía original completa*, ed. José Manuel Blecua, 3ª ed. (Barcelona: Planeta, 1990), 98.

Una versión abreviada del presente ensayo se publicó en *Anthropos*, 14 (1992): 68-75.

VIII. ALFONSO REYES, OCTAVIO PAZ Y EL ANÁLISIS DEL FENÓMENO POÉTICO

> Sólo en contacto con lo otro, real o aparente, puede ser fecundo [el pensamiento poético].
>
> Es cosa triste que hayamos de reconocer a nuestros mejores discípulos en nuestros contradictores.
>
> ANTONIO MACHADO, *Juan de Mairena*

UNO DE los más ilustres ex becarios de El Colegio de México es indudablemente el poeta y ensayista Octavio Paz. Gracias a la generosidad de Alfonso Reyes, a la sazón presidente de la institución, el Premio Nobel de Literatura de 1990 pudo gozar de una beca por un periodo de casi cinco años entre 1953 y 1958.[1] Durante este tiempo publica los poemas de *Semillas para un himno* (1954), un extenso libro sobre la poesía, *El arco y la lira* (1956), y, en colaboración con Eikichi Hayashiya, una traducción de Basho, *Sendas de Oku* (1957); escribe también los ensayos finales de *Las peras del olmo* (1957) y los dos últimos poemas de *La estación violenta* (1958), entre ellos *Piedra de sol*.[2] Un periodo, pues, de gran fertilidad que marca una madurez tanto poética como intelectual.

En estas páginas me ocuparé exclusivamente de *El arco y la lira*,

[1] La beca duró desde el 1° de diciembre de 1953 hasta el 7 de noviembre de 1958. Al igual que en todos los otros casos de escritores becados, el "subsidio" terminó abruptamente cuando Daniel Cosío Villegas fue nombrado "director" de la institución a finales de 1958. Tomo estos datos del expediente personal de Octavio Paz, número 333, conservado en el Archivo Histórico de El Colegio de México (en adelante AHCM). Para más datos sobre este periodo en la historia de El Colegio de México y sobre los otros distinguidos ex becarios (entre ellos Juan José Arreola, Luis Cardoza y Aragón, Luis Cernuda, Alí Chumacero, Augusto Monterroso, Marco Antonio Montes de Oca, Alejandro Rossi, Juan Rulfo y Tomás Segovia), véase Clara E. Lida y José A. Matesanz, *El Colegio de México: una hazaña cultural* (México: El Colegio de México, 1990), 315-325.

[2] Esta lista se basa en la relación que hace Paz de su producción en este periodo en una carta a Cosío Villegas fechada el 1° de noviembre de 1958 (AHCM). El nuevo director le había pedido a Paz, como a los otros becarios, una justificación de la beca que venía recibiendo.

cuya terminación se lleva a cabo gracias a la ayuda concedida por Reyes en nombre de la institución. Trazaré, en primer lugar, la génesis de esta obra, según se desprende de la correspondencia inédita entre Reyes y Paz. En segundo lugar, intentaré construir un diálogo entre los dos autores mediante una confrontación de sus respectivos análisis del fenómeno poético.[3]

LA GÉNESIS DE "EL ARCO Y LA LIRA"

El intercambio epistolar entre Reyes y Paz se inicia en 1941 y se intensifica considerablemente a partir de 1948 cuando Paz, ya en el servicio diplomático, le escribe desde París con el objeto de solicitar la ayuda del escritor consagrado para la publicación de un libro de poemas, *Libertad bajo palabra*, que saldría al año siguiente con el pie editorial "Tezontle", que Reyes describe como "nombre ficticio que hemos usado Cosío Villegas y yo para los libros total o parcialmente pagados por el autor y que no caben en las series didácticas de El Colegio de México".[4] Se entendía que el Fondo de Cultura Económica se encargaría de la venta y distribución del libro. Dos años después se publica con el mismo arreglo editorial otro texto clásico: *¿Águila o sol?* (1951).

Sin embargo, la primera referencia al libro que nos interesa aparece en una carta enviada desde la Embajada de México en París en mayo de 1951. Al comentar "otros proyectos y cosas en preparación", Paz habla de "un libro de ensayos" sobre arte, literatura y mitos americanos. Aunque el proyectado libro todavía carece de título, se puede deducir con seguridad que se trata de *Las peras del olmo*, un conjunto de ensayos que se publicaría en 1957. Pero se menciona un texto que no llegará a formar parte del

[3] Aunque Enrico Mario Santí cita algunos fragmentos pertinentes de la correspondencia entre Reyes y Paz —en su Introducción a *Libertad bajo palabra* (Madrid: Cátedra, 1988), 48—, no existe de hecho ningún estudio sobre la génesis de la primera edición de *El arco y la lira*. Tampoco existen análisis que relacionen el texto de Paz con *El deslinde*. El único estudio comparativo de los dos escritores que me es conocido es el ensayo de Aralia López González, "Alfonso Reyes y Octavio Paz: lengua, poesía, creación", *Cambio* (México, D. F.), 3 (1976): 75-81, en el cual la autora se limita a relacionar *El arco y la lira* con *La experiencia literaria*.

[4] Carta de Reyes a Paz, fechada el 11 de febrero de 1949, conservada en la Capilla Alfonsina (en adelante CA). Agradezco a la doctora Alicia Reyes su permiso para consultar y citar de la correspondencia entre los dos escritores.

libro: "un ensayo de unas 60 páginas sobre la poesía en el mundo moderno".[5] Aquí tenemos la semilla de lo que cinco años después sería un libro de casi 300 páginas: *El arco y la lira*. El texto, como veremos, va creciendo paulatinamente y no tarda en independizarse de *Las peras del olmo*.

En 1952, en la segunda carta que manda desde la Embajada de México en Nueva Delhi, Paz describe los primeros rasgos de la criatura nonata:

> Tengo listo un pequeño libro sobre la poesía. No me atrevo a llamarlo Poética —no lo es, en realidad— pero tampoco Retórica. Es un manuscrito de 120 páginas: cuatro capítulos y un apéndice que, con ejemplos, ilustra la lucha que entablan en la entraña de todo lenguaje prosa y poesía, razón y ritmo, oración e imagen. El libro aún no tiene título.[6]

En la tercera y última carta desde la India, el escritor más joven le agradece a Reyes el envío de su traducción de la *Ilíada*, cuyos alejandrinos describe en una carta posterior como "una de las pocas defensas realmente eficaces contra lo que, sin exagerar, puede llamarse la fascinación metafísica de Oriente".[7] Después de quejarse, en un tono más mundanal, de las mujeres hermosas que carecen de "la llama fresca de la sensualidad y la alegría", Paz resume la historia y el contenido del libro que ha tenido que interrumpir por el inminente traslado a Tokio:

> El cambio llegó cuando acababa de copiar el tercer capítulo de mi libro. He tenido que aplazar el trabajo. Creo que podré continuarlo en Tokio, apenas me instale. Hay algo contra ese libro. Hace años que lo pienso. Poco a poco se fue haciendo en mi interior. Lo escribí el año pasado —una primera versión garrapateada junto al mar— en Córcega. (Ahí sentí la nostalgia de lo griego.) Cuando quise pasarlo en limpio, me trasladan a la India. Y aquí, a medio hacer, otro cambio. Todas estas dilaciones me permitirán corregirlo un poco y repensarlo. Pero acaso le quiten unidad. Será, me temo, un libro demasiado fabricado. Y, sin embargo, coincide —lo noté ayer, que cometí el vanidoso error de releer algunos de mis poemas— con lo que he dicho ya en mis versos. Pero acaso sea malo que un poeta explique, justifique o

[5] Carta fechada el 24 de mayo de 1951 (CA).
[6] Carta fechada el 26 de marzo de 1952 (CA).
[7] Carta mandada desde Ginebra el 25 de marzo de 1953 (CA).

defienda sus hallazgos y maneje ideas, libros y citas. El mito del poeta
adánico, en el fondo, es justo. O debería serlo. Uno debería escribir
desnudo e inerme. La poesía es —combate o amor— actividad a cuerpo limpio. ¿No cree? En fin, espero que podré mandarle el libro dentro de un mes y medio.[8]

Esta referencia a un primer borrador escrito en Córcega nos
permite fechar la redacción inicial de *El arco y la lira* en 1951, probablemente en el verano. Sin embargo, las vicisitudes de la vida
diplomática no permitirán la terminación del libro en aquel momento. El plan de concluir la redacción en "un mes y medio" no
fructifica, como se ve en la carta que manda desde Tokio, en la
cual hay una escueta mención del "libro sobre la Poesía —termi-
nado en sus dos terceras partes con el último capítulo por escribir
y el penúltimo que corregir".[9] Ginebra es la última ciudad en esta
odisea diplomática que constituye la vida de Paz antes de su regreso a México a finales de 1953. Desde la ciudad suiza, en julio
de 1953, le informa a Reyes:

> Aquel librillo sobre la poesía se ha transformado en un libro de cerca
> de trescientas páginas. Nunca creí que fuese capaz de escribir tanto.
> Ahora duerme en mi escritorio. En agosto, si tengo tiempo, pienso co-
> rregirlo y buscarle título y editor. Se me ha ocurrido llamarlo "La Otra
> Orilla" —alusión al saber, o mejor dicho: al estar en el saber, de los
> budistas: Prajnaparamita quiere decir, según parece, "saber (o 'estar')
> en la otra orilla". En suma, la poesía como salto mortal.[10]

Hay dos puntos de interés que se desprenden de la cita anterior. En primer lugar, el manuscrito ya tiene aproximadamente
su extensión final. En segundo lugar, el título provisional, luego
desechado, revela la incorporación de elementos del pensamiento oriental. En la versión final, "La Otra Orilla" sería el título de
un capítulo de la segunda parte. Como se sabe, el título definitivo del libro proviene de un fragmento de Heráclito, pero la correspondencia con Reyes revela que esta forma de confrontar y
sintetizar elementos de la filosofía oriental con tradiciones occi-
dentales ya había comenzado a principios de los cincuenta. Por

[8] Carta fechada el 13 de mayo de 1952 (CA).
[9] Carta fechada el 30 de julio de 1952 (CA).
[10] Carta fechada el 25 de julio de 1953 (CA).

lo visto, el autor sintió esa "nostalgia de lo griego" no sólo en Córcega sino sobre todo en la India.

En una de las cartas enviadas desde Nueva Delhi se puede apreciar con toda claridad esta manera de contrastar las tradiciones oriental y occidental. Al recibir la traducción o "traslado" hecho por Reyes de las nueve primeras rapsodias de la *Ilíada*, Paz se encuentra leyendo el *Ramayana*, uno de los textos sagrados clásicos de la literatura épica de la India. Estas circunstancias provocan una comparación de los dos textos y de las dos culturas. La preferencia "humanista" por la cosmovisión griega, que Paz comparte con Reyes, es una interesante prefiguración de muchas de las páginas de *El arco y la lira*:

Y volviendo a la *Ilíada*. En los días que me llegó, leía también el *Ramayana*. De nuevo: no quiero ser injusto ni parcial, pero me sentí más en mi casa entre los griegos. No porque sean más humanos, sino porque esos héroes y sus actos sobrehumanos dan la medida sobrehumana del hombre. En cambio, los héroes indios dan la medida de los dioses. Achican por ende a los hombres.[11]

La actitud ambivalente ante el Oriente y sus creencias se encuentra en varias de las cartas y en "Mutra", un poema contemporáneo que recoge sus impresiones de "este fascinante, repelente y maravilloso país".[12] Es una actitud que se repetiría en parte años después, cuando Paz vuelve a vivir en la India como embajador de México entre 1962 y 1968.

Al regresar a México a finales de 1953 el poeta pide una beca en El Colegio de México. El proyecto presentado detalla el contenido de un trabajo que ostenta ahora otro título provisional: "Investigación sobre la experiencia poética". Tendrá, nos informa, "una extensión aproximada de 250 cuartillas", de las cuales tiene "escritos algunos capítulos de la primera parte, notas y parte del capítulo final". Anticipa que piensa poder terminar el libro en el plazo de un año.

Por el indudable interés que tiene este documento inédito, transcribo a continuación la parte pertinente:

[11] Carta fechada el 13 de mayo de 1952 (CA).
[12] "Mutra", uno de los poemas de *La estación violenta*, fue escrito en Delhi en 1952. Tomo la cita de la carta fechada el 26 de marzo de 1952 (CA).

Tema. Investigación sobre la experiencia poética.

PRIMERA PARTE. EL POEMA.

1) Poema y poesía. (Lo poético y lo poemático.)

2) Poema y lenguaje. (Distinción entre el lenguaje hablado, el escrito y el propiamente poético.)

3) El ritmo.

4) Ritmos y metros. (Con especial énfasis en la doble característica del lenguaje español, que combina la versificación acentuada con la silábica.)

5) La imagen.

SEGUNDA PARTE. LA EXPERIENCIA POÉTICA.

1) La otra orilla. (Común origen de las experiencias poética y religiosa.)

2) Escrituras poéticas y sagradas escrituras.

3) La idea de inspiración.

4) Poesía y sociedad. (Épica y teatro.)

5) Poesía y sociedad. (La aventura de la poesía moderna.)[13]

Al comparar este esquema del proyecto con el libro publicado en 1956, se notan varias semejanzas que permiten deducir que el trabajo tiene su forma casi final, al menos en lo que se refiere al armazón conceptual. La principal diferencia reside en que el proyecto contempla sólo dos partes mientras que el libro tendrá tres. El contenido de la primera parte parece coincidir en ambos casos e incluso se conserva el mismo título, "El poema", si bien existen variantes en los títulos de algunos de los cuatro capítulos. Lo que está pensado como el primer capítulo del proyecto ("Poema y poesía") constituiría la Introducción en la versión definitiva.

Pero la segunda parte del proyecto, titulada "La experiencia poética", se dividirá en dos partes en el libro: "La revelación poética" y "Poesía e historia". Es decir, de los cinco capítulos de la "segunda parte" contemplada en el proyecto, tres formarían —con algunas variantes en sus títulos— la segunda parte del libro mientras que los otros dos pasarían a la tercera parte del mismo, con nuevos títulos y acompañados por dos capítulos enteramente nuevos sobre las relaciones entre poesía e historia ("La consagración del instante") y sobre el desarrollo de la novela ("Ambigüedad de la novela"). Esto permite suponer que estos dos capítulos fueron los últimos en concebirse y en redactarse. La

---

[13] Carta de Paz a Reyes fechada el 25 de noviembre de 1953 (AHCM).

versión publicada en 1956 incluye, a diferencia del proyecto, un epílogo y tres apéndices.

Al día siguiente de haber recibido el proyecto, Reyes le contesta con su habitual puntualidad, anunciándole la concesión de "un subsidio de investigación por valor de $600.00 mensuales",[14] beca que duraría hasta finales de 1958. Hasta aquí la génesis de *El arco y la lira*.

VISIONES ENFRENTADAS

¿Cuál fue la opinión de Reyes acerca de este libro que él había visto nacer y que había patrocinado hasta cierto punto? No hay ningún registro de un juicio ni en la correspondencia ni en los escritos del regiomontano. Por lo visto, tampoco hubo comunicación oral al respecto.[15] Pero esto no fue porque Paz no le haya preguntado su parecer ya que en la última carta enviada desde la India le había escrito explícitamente: "Me interesa muy de verdad su opinión. Y no sólo porque lo considero nuestro maestro en estas cuestiones. También por razones prácticas: su juicio me ayudará a corregir lo que esté mal".[16] Paz sabía perfectamente bien que, con la posible excepción de las reflexiones de Antonio Machado en *Juan de Mairena* (libro muy diferente en el fondo, aun cuando algunas de sus ideas hayan influido hondamente en Paz), el único antecedente, en lengua española, de un libro como *El arco y la lira* estaba en los estudios que Reyes había dedicado al fenómeno literario, sobre todo en dos libros: los ensayos heterogéneos de *La experiencia literaria* (1942) y el gran esfuerzo sistemático de *El deslinde* (1944).[17] De hecho, en la "Advertencia" al lector en *El arco y la lira* Paz menciona específicamente estos dos libros como fuentes de estímulo. Era natural entonces que el escritor más joven solicitara la opinión del maestro.

[14] Carta fechada el 26 de noviembre de 1953 (AHCM). En esta carta Reyes especifica que la beca correrá a partir del 1° de diciembre de 1953.

[15] Esta afirmación se basa en una comunicación personal del poeta Octavio Paz.

[16] Carta fechada el 13 de mayo de 1952 (CA).

[17] Otro curioso texto sobre el mismo tema salió de las prensas de El Colegio de México en aquel entonces: Arturo Rivas Sáinz, *Fenomenología de lo poético (notas de asedio)* (México: Tezontle, 1950). Sin embargo, después de revisar su contenido, no creo que haya influido en Paz. El mismo Rivas Sáinz escribió una reseña impresionista de *El arco y la lira* en el número 3 de la revista *Estaciones* (otoño 1956): 402-404.

Lo extraño fue el silencio de Reyes. Es verdad que éste era más bien parco en sus juicios públicos sobre las obras de sus contemporáneos y es cierto que no solía emitir opiniones sobre las obras de autores más jóvenes. A lo largo del intercambio epistolar con Paz, Reyes asume una posición discreta, limitándose a ayudar y alentar al primero. En este sentido, la correspondencia entre ambos escritores es mucho más elocuente por lo que revela de las búsquedas e inquietudes de Paz que por las escasas confesiones de Reyes. Sin embargo, éste no vacila en expresar en sus cartas opiniones muy favorables sobre *Libertad bajo palabra* y *¿Águila o sol?*, así que en este caso el silencio no puede explicarse por indiferencia o por falta de aprecio. Se trata de una señal enigmática que debe ser descifrada con cuidado. Me parece que hay que buscar la causa de este silencio en las concepciones divergentes del fenómeno poético y en los diferentes tipos de análisis que cada uno juzgaba pertinente para su estudio. Sigamos pues con la reconstrucción de un diálogo imaginario mediante la confrontación de los estudios que los dos autores consagraron al fenómeno poético.

La necesidad de reflexionar sobre la naturaleza de la literatura está presente en ambos escritores desde sus primeros textos. Así como *El arco y la lira* tiene una prehistoria que se remonta a los primeros ensayos de Paz,[18] también *El deslinde*, el análisis más sistemático que Reyes dedicó al fenómeno literario, tiene semillas en su primer libro, *Cuestiones estéticas*, publicado en 1911. *El arco y la lira* tiene múltiples secuelas que incluyen una "segunda edición, corregida y aumentada" del mismo texto y otros libros que culminan en *La otra voz*, aparecido en 1990. Aunque sabemos que Reyes abandonó el proyecto del trabajo de sistematización iniciado en *El deslinde*,[19] siguió escribiendo ensayos sobre ciencia literaria y teoría literaria, dos campos independientes para él, aunque la diferenciación no resulta convincente desde la perspectiva de hoy. Una recopilación póstuma de estos materiales salió en 1960 bajo el título de *Al yunque*. En ambos autores, entonces, el apre-

---

[18] Para un análisis de las semillas de las ideas estéticas de Paz, véase mi ensayo "La prehistoria estética de Octavio Paz: los escritos en prosa (1931-1943)", *Literatura Mexicana*, 2 (1991): 23-55.

[19] Para una reconstrucción de la prehistoria y las secuelas de *El deslinde*, véase Alfonso Rangel Guerra, *Las ideas literarias de Alfonso Reyes* (México: El Colegio de México, 1989).

mio obsesivo de desdoblarse en analista crítico de lo literario está presente a lo largo de su producción.

En "Aristarco o anatomía de la crítica", un ensayo de 1941 recogido en *La experiencia literaria,* Reyes describe la naturaleza del hombre moderno como "entidad múltiple y cambiante… somos Poética y somos Crítica, acción y juicio, Andrenio y Critilo".[20] En seguida concibe la crítica como "este enfrentarse o confrontarse, este pedirse cuentas, este conversar con el otro, con el que va conmigo".[21] Tanto para Reyes como para Paz el diálogo suscitado por el desdoblamiento crítico del creador es una característica de la edad moderna. El escritor debe encarnar este movimiento dialéctico, esta lucha entre principios antagónicos: su obra debe expresar, en palabras de Reyes, el "anverso y reverso, y el tránsito que los recorre".[22] A pesar de esta compartida insistencia en la idea de que crítica y creación se implican recíprocamente, los dos escritores elaboraron trabajos muy diferentes acerca del fenómeno literario. Veamos las diferencias principales, limitándonos a los textos de mayor aliento: *El deslinde* y *El arco y la lira.*

Difieren los dos libros no sólo en cuanto al objeto de estudio sino en cuanto a la concepción total, el alcance, los propósitos, la estructura, el estilo, el método empleado, la genealogía implícita o explícita, y los resultados finales. Veamos cada uno de estos puntos en detalle.

El deslinde se concibió como una investigación científica de carácter teórico con pretensiones abiertamente sistemáticas y exhaustivas: es un tratado que aspira a la objetividad desinteresada y que presenta conclusiones de validez universal. Resulta revelador que en "Carta a mi doble", un curioso texto autocrítico escrito años después, en 1957, y recogido en *Al yunque,* Reyes haya explicado su motivación al escribir *El deslinde* de la siguiente manera: "Me incomodaba que, entre nosotros —y aun en ambientes más cultivados— quien quiere escribir sobre la poesía se considere obligado a hacerlo en tono poético (¡ya con esa Musa hemos cumplido caballerosamente a su tiempo y lugar!), y se figure que el tono científico o discursivo es, en el caso, una veja-

[20] *Obras completas de Alfonso Reyes,* vol. 14 (México: Fondo de Cultura Económica, 1962), 105.
[21] *Obras completas,* 14: 106.
[22] *Obras completas,* 14: 105.

ción".[23] *El arco y la lira*, en cambio, se anuncia como un libro parcial, interesado y personal, un libro cuyo punto de partida está en la experiencia subjetiva. Constituye una especie de alegato en defensa de la poesía: es, en palabras del autor, "el testimonio del encuentro con algunos poemas".[24] El afán impersonal y sistemático de Reyes se opone al carácter apasionado del testimonio de Paz. Fue seguramente la naturaleza íntima y confesional de *El arco y la lira* la que dictó que la traducción al inglés fuera saludada como "uno de los diarios más elocuentes y con más fuerza del proceso poético de nuestro siglo".[25] Aunque no asume realmente la forma de un diario (si lo hace, lo hace sólo esporádicamente), la escritura sí transmite una necesidad profundamente personal que, a diferencia de *El deslinde*, da la impresión de haber nacido de una fatalidad impostergable.

También son distintos el objeto de estudio y la meta principal para cada uno: Reyes intenta "establecer el deslinde entre la literatura y la no-literatura";[26] Paz ensaya un análisis del poema, la experiencia poética y la inserción de la poesía en la historia y la sociedad. El autor de *El arco y la lira* nos explica que "las tres partes en que se ha dividido este libro se proponen responder a estas preguntas: ¿hay un decir poético —el poema— irreductible a todo otro decir?; ¿qué dicen los poemas?; ¿cómo se comunica el decir poético?"[27] Son tres preguntas distintas pero íntimamente relacionadas y que articulan tres búsquedas paralelas: una investigación de carácter formalista y fenomenológico, seguida por una exploración introspectiva y psicológica, y finalmente la cuestión

[23] *Obras completas de Alfonso Reyes*, vol. 21 (México: Fondo de Cultura Económica, 1981), 249.

[24] *El arco y la lira* (México: Fondo de Cultura Económica, 1956), 26. Cito exclusivamente de esta primera edición del libro ya que la "segunda edición, corregida y aumentada", que salió en 1967 y que se sigue reimprimiendo en la misma editorial, registra múltiples variantes que la transforman en un texto que representa otra etapa del pensamiento estético del autor. Las variantes han sido estudiadas por Emir Rodríguez Monegal, "Relectura de *El arco y la lira*", *Revista Iberoamericana*, 37 (1971): 35-46.

[25] Helen Vendler, "Diary of the Poetic Process: *The Bow and the Lyre*", *New York Times Book Review*, 30 junio 1974: 23-24, 26. Cito de la traducción al español: "*El arco y la lira*", en Pere Gimferrer, ed., *Octavio Paz. El escritor y la crítica* (Madrid: Taurus, 1982), 86.

[26] *Obras completas de Alfonso Reyes*, vol. 15 (México: Fondo de Cultura Económica, 1963), 30.

[27] *El arco y la lira*, 26.

de las relaciones entre poesía, historia y sociedad. Se parte del elemento más concreto para desembocar en lo más complejo. El campo de Reyes es más amplio y más abstracto: no sólo considera todos los géneros literarios y sus interrelaciones sino que se esfuerza por aislar lo literario de lo extraliterario. Sin embargo, ambos autores tienden a emplear la palabra "poesía" en un sentido aristotélico, viendo en ella la función más radical de la literatura.

Asimismo, se nota un contraste en el alcance de las dos investigaciones. Reyes, en *El deslinde*, se limita a enfocar lo que llama "la postura pasiva" (el estudio de la literatura como un objeto ya existente) y elimina de consideración "la postura activa", que se ocupa de "leyes y modos de la creación".[28] Paz no distingue entre estas dos posturas porque ve tanto la escritura como la lectura y la crítica como operaciones creadoras. De hecho, *El arco y la lira* es a la vez una apasionada descripción y un minucioso análisis del proceso de creación, sea en su modalidad de escritura o de lectura. Además, la distinción que establece Reyes no es muy satisfactoria puesto que sugiere que la recepción de una obra literaria es una operación esencialmente pasiva. Si Paz tiende a borrar la frontera entre creación activa y crítica pasiva, Reyes tiende a subrayarla con excesiva nitidez.

Estas concepciones divergentes se reflejan a su vez en la estructura, arquitectura y organización de los dos libros. *El deslinde* tiene un diseño geométrico: párrafos numerados, cuadros, incisos ordenados jerárquicamente, y un caudal de definiciones, ejemplificaciones y referencias cruzadas. Esta construcción, que intimida por los resabios de esquemas escolásticos, obedece al deseo de superar la dispersión fragmentaria de los estudios anteriores de Reyes sobre estos temas. Al principio y al final de su tratado se refiere a este afán de sistematizar: "la tarea que con este libro inauguro obedece al anhelo de organizar las notas dispersas de mi experiencia"; "Se engendró este libro en el anhelo de dar alguna coherencia, alguna figura de unidad, siquiera cambiante y en movimiento como la bandada de aves, a las reflexiones recogidas en el curso de la experiencia literaria".[29] *El arco y la lira*, por contraste, tiene una estructura muy libre. Más que un tratado, es un

[28] *Obras completas*, 15: 27.
[29] *Obras completas*, 15: 19, 417.

ensayo en cuyo interior conviven varios tipos de discurso. Frente
a la rígida construcción racional que anhela respuestas definiti-
vas y categóricas se dibuja otro tipo de investigación que asume
la forma nomádica y plural de una búsqueda incesante a través
de varias disciplinas y distintos estilos.

Esto nos lleva al contraste estilístico. Conforme a su afán sistemático y científico Reyes adopta un lenguaje sobrio y preciso
aunque no prescinde de su brillo metafórico habitual. Describe
su propósito como el de consagrar a la poesía no "un himno"
sino "una sucesión de fríos discrímenes" y, aunque confiesa que
"no hemos logrado ofrecer una lectura fácil", se justifica diciendo
que "aquí no era caso cantar, sino definir".[30] En *El arco y la lira*, en
cambio, el canto lírico coexiste con la introspección, la descripción
y el análisis. Más accesible y de lectura deleitosa, el texto oscila
entre diferentes tipos de discurso y carece de la terminología
técnica que el propio Reyes calificó años después, en tono de autocrítica, como "denominaciones abstrusas".[31] En Paz, la pluralidad
de vías de acercamiento a lo poético parece exigir una pluralidad de estilos.

En lo que se refiere al método empleado, parece haber cierta
coincidencia, al menos en la superficie. Ambos textos pueden considerarse, en términos generales, acercamientos fenomenológicos
a la literatura, en el sentido de que intentan un análisis de los
datos concretos e inmediatos de la conciencia tal como se revelan
en la experiencia irreductible del fenómeno. El autor de *El arco y
la lira*, por ejemplo, declara que su meta es la de "interrogar a los
testimonios directos de la experiencia poética"[32] y habla repetidamente de la *experiencia* poética: la poesía como un acto que tiene
que ser vivido por el autor y el lector. Lejos de ser un objeto de
contemplación, la poesía es aquí una actividad que borra la frontera entre sujeto y objeto. Coinciden los dos libros en su rechazo
del reduccionismo tradicional: al intentar explicar la obra literaria a través de otras disciplinas el reduccionismo se muestra incapaz de decirnos algo acerca de la naturaleza intrínseca de la obra.

Se puede afirmar que ambos autores parecen ver en el método
filosófico de Husserl un instrumento que permite enfocar el fenó-

---

[30] *Obras completas,* 15: 419, 32, 281.
[31] *Obras completas,* 21: 247.
[32] *El arco y la lira,* 14.

meno desde su esencia interior, en su autonomía, inmanencia y especificidad. Reyes hasta emplea algunos términos técnicos de Husserl ("lo noético" o acto de conciencia y "lo noemático" o contenido de dicho acto, siguiendo la traducción de José Gaos), además de insistir repetidamente en la premisa husserliana que postula el carácter intencional de todo acto de conciencia. En ambas investigaciones se puede apreciar la deuda contraída con Gaos, uno de los más importantes traductores y divulgadores de la fenomenología de Husserl y del existencialismo de Heidegger.[33]

Sin embargo, ninguno de los dos estudios es fenomenológico en un sentido riguroso. Fueron precisamente las críticas a su uso del término "fenomenología" en un sentido no estrictamente husserliano las que obligaron a Reyes a sustituirlo después por el de "fenomenografía". El cambio del término se registra a partir de 1952 en la segunda edición de *La experiencia literaria* y se hace extensivo a *El deslinde* y otros textos después. Esta modificación motivada por las críticas adversas ha sido estudiada.[34] Cabe señalar que en Hispanoamérica el primer estudio teórico de la literatura que puede llamarse con propiedad "fenomenológico" fue publicado años después por un discípulo chileno de Roman Ingarden, discípulo a su vez de Husserl.[35]

En el caso de Paz, la fenomenología es una sola de las doctrinas presentes en *El arco y la lira*. De hecho, uno de los problemas que la crítica aún no enfrenta en la obra de Paz es el de la naturaleza de esta síntesis ecléctica efectuada entre discursos y doctrinas

---

[33] José Gaos fue el traductor de la obra magna de Heidegger, *El ser y el tiempo* (México: Fondo de Cultura Económica, 1951). Esta primera edición contiene una importante *Introducción a "El ser y el tiempo"*. El mismo Gaos tradujo en la misma época dos importantes obras de Husserl: *Meditaciones cartesianas* (México: El Colegio de México, 1942) e *Ideas relativas a una fenomenología pura y una filosofía fenomenológica* (México / Buenos Aires: Fondo de Cultura Económica, 1949). Al llegar a México en 1938 este discípulo de Ortega y Gasset empezó a ejercer una poderosa influencia sobre la historia de las ideas, sobre todo en lo referente a la propagación de las corrientes filosóficas germanas. Rangel Guerra (65-70, 73-75) describe los estrechos contactos entre Reyes y Gaos en la época de redacción de *El deslinde*. Por otra parte, sabemos que Paz asistió al curso sobre filosofía y estética que impartía Gaos en la recién fundada Casa de España. Sobre esto último, véase Clara E. Lida, *La Casa de España en México* (México: El Colegio de México, 1988), 79-80.

[34] Véase Rangel Guerra, 92-97, 119-120.

[35] Se trata del libro de Félix Martínez Bonati, *La estructura de la obra literaria* (Santiago de Chile: Ediciones de la Universidad de Chile, 1960).

acaso inconciliables entre sí, como lo son, por ejemplo, la fenomenología esencialista de Husserl (que aspira a la intuición de
esencias o invariantes universales y que carece de una noción
de historicidad) y el existencialismo hermenéutico de Heidegger
(para quien el ser es inseparable de la temporalidad y la historia).
En su estudio desconstruccionista —uno de los pocos análisis que
intenta cuestionar la coherencia conceptual interior del libro de
Paz— Santí señala con perspicacia el difícil o tal vez imposible
matrimonio entre el argumento "logocéntrico" y las distintas filosofías que tienden a minar este argumento, pero no parece percibir
ninguna incongruencia entre los supuestos de la fenomenología y
los del existencialismo.[36]

Por último, tenemos la cuestión del linaje, de la genealogía literaria y espiritual de los dos libros. Aunque *El deslinde* no contiene
una poética histórica, no es difícil percibir en el título mismo su
espíritu aristotélico: está impregnado del deseo de especificar,
clasificar y establecer categorías que despejen lo informe. En el
otro extremo, Paz no vacila en proclamar su filiación a una tradición literaria y vital al exponer en su libro una poética histórica
muy explícita, de signo neorromántico. Predomina aquí el afán
no de deslindar sino de reintegrar, poner en relación, vislumbrar
analogías y semejanzas entre experiencias de diferentes órdenes.
¿Cómo hubiera reaccionado Reyes ante esta tentativa neorro-
mántica de reconstruir puentes analógicos? Es difícil saberlo con
certeza pero sospecho que hubiera desconfiado de las repetidas
analogías que Paz formula entre las experiencias poética, mística
y erótica. Si Paz suele hablar del "origen común de amor, religión y
poesía"[37] y emplear para las tres experiencias un lenguaje religioso ("comunión", "revelación", "encarnación", "consagración"),
el temple laico del regiomontano dictó que en las páginas de *El
deslinde* se subrayaran mucho más las diferencias que las sim-
patías entre poesía y mística. Reyes el humanista desconfió de la
conjunción de arte y religión: "Cuando ambos sentimientos [el
místico y el literario] se juntan en constelación de fanatismo ("Dios
con nosotros", etcétera) la humanidad suele padecer las consecuencias".[38]

---

[36] Enrico Mario Santí, "Textos y contextos: Heidegger, Paz y la poética", *Iberoro-
mania*, 15 (1982): 87-96.
[37] *El arco y la lira*, 130.
[38] *Obras completas*, 15: 394. Sin embargo, Reyes se mostró más comprensivo de

Pero tal vez el punto de mayor desacuerdo residía en la apropiación hecha por Paz de muchos elementos de la poética y la ética surrealistas. En *El arco y la lira* el surrealismo es visto como una desesperada y virulenta actualización del programa romántico: "hacer poética la vida y la sociedad".[39] Al mostrar una abierta simpatía por las tentativas surrealistas de conciliar poesía y revolución y al recoger de Breton la noción de que la misión del arte de nuestro tiempo es la de "fundar [...] un nuevo sagrado",[40] Paz entraba en un terreno inhabitable para Reyes, quien siempre se había mostrado cauteloso cuando no hostil ante las vertiginosas propuestas vanguardistas. En *El deslinde* no hay referencias directas al surrealismo, pero "Jacob o idea de la poesía", un ensayo escrito en 1933 y recogido en *La experiencia literaria,* empieza con un ataque violento en contra de la doctrina de la escritura automática.[41] Es obvio que su estética neoclásica no podía admitir estas desmesuras y transgresiones porque parecían romper violentamente lo que para Reyes era "el equilibrio esencial de las cosas".[42] Es precisamente la palabra "desmesura", con sus connotaciones de ruptura violenta y transformación utópica, la que resume la visión de la poesía expresada en *El arco y la lira,* tal como se ve en la primera oración del epílogo: "La historia de la poesía moderna es la de una desmesura".[43]

Después de considerar estas múltiples y profundas diferencias entre los análisis que cada uno de los dos escritores dedicó al fenómeno literario, no es de extrañar el silencio de Reyes a la hora en que apareció *El arco y la lira.* Para él, seguramente, el libro no sólo tenía un enfoque demasiado parcial con propósitos polémicos que no podía aceptar sino que también expresaba una visión totalmente distinta y casi opuesta de lo que constituye la tradición poética moderna, además de ser un acercamiento que enlazaba peligrosamente muchas cosas que él había intentado distinguir.

las semejanzas entre estas experiencias en otros escritos: véase, por ejemplo, "Del conocimiento poético", un texto del mismo año de 1944, en *Al yunque,* libro recopilado en *Obras completas,* 21: 251-257.

[39] *El arco y la lira,* 242.

[40] *El arco y la lira,* 243.

[41] *Obras completas,* 14: 100.

[42] Pedro Henríquez Ureña, "Alfonso Reyes", en *Obra crítica,* ed. Emma Susana Speratti Piñero, pról. de Jorge Luis Borges (México: Fondo de Cultura Económica, 1960), 298.

[43] *El arco y la lira,* 251.

La generosidad bondadosa del autor consagrado le aconsejó el silencio como la única respuesta posible, un silencio que espero haber iluminado y descifrado un poco a través de esta reconstrucción de los dos diálogos, el real y el imaginario, entre ambos escritores.[44]

---

[44] Una primera versión reducida de este ensayo se leyó como ponencia en noviembre de 1990 en la mesa redonda "Los investigadores de El Colegio de hoy hablan sobre los escritores becarios de El Colegio de ayer", sesión que formó parte de los actos conmemorativos del cincuentenario de El Colegio de México. Agradezco las atinadas sugerencias de Flora Botton quien revisó aquel texto. Esta versión más extensa se publicó, con mínimos retoques, en *Hispanic Review*, 61 (1993): 363-378; fue reproducida en *Festejo: 80 años de Octavio Paz* (México: El Tucán de Virginia / Casa Lamm, 1994), 89-104.

IX. LUIS CERNUDA Y OCTAVIO PAZ: CONVERGENCIAS Y DIVERGENCIAS

A James Valender

Immature poets imitate; mature poets steal.

T. S. ELIOT

Pocos escritores mexicanos estuvieron tan vinculados con los poetas del exilio español como lo estuvo Octavio Paz. En Valencia, en 1937, con motivo del Segundo Congreso de Escritores Antifascistas, el poeta mexicano conoce a la plana mayor de la literatura hispánica, colabora en revistas como *Hora de España* y el mismo año ve salir un libro suyo de la imprenta de Manuel Altolaguirre.[1] Participa, como todos, en recitales y actos de solidaridad con la causa republicana. Dos años después, cuando llegan a México los primeros exiliados, Paz se convierte en uno de los principales puentes entre los escritores del viejo y del nuevo mundo. Este papel de mediador se realiza especialmente en revistas *(Taller, Romance, Cuadernos Americanos, El Hijo Pródigo)* y en la elaboración de dos antologías: *Voces de España* (1938) y *Laurel*, publicada en 1941. De hecho, la revista *Taller* (1938-1941) debe considerarse la primera publicación hispanomexicana en la cual conviven escritores de los dos países en la época posterior a la guerra civil. Pero no es mi intención hacer el recuento de estas actividades o describir los múltiples lazos de amistad entre Paz y los poetas desterrados. Más bien me gustaría examinar la presencia en su obra de un poeta español que llega a México años después: Luis Cernuda.

Si uno piensa en la notable simetría que habían reflejado hasta aquel momento las corrientes poéticas hispánicas de ambos lados del Atlántico, tal vez resulte sorprendente la escasez o incluso la ausencia de influencias poéticas específicas, entre españoles y

---

[1] Octavio Paz, *Bajo tu clara sombra y otros poemas sobre España*, con una "Noticia" de Manuel Altolaguirre (Valencia: Ediciones Españolas, 1937).

mexicanos, en el periodo posterior a la guerra civil. Lejos de detenerme en las razones de este fenómeno poco comentado, que parecería cuestionar o al menos relativizar la difundida visión de fraternidad idílica entre ambos grupos, en estas páginas quisiera explorar uno de los pocos casos en que sí se dio una notable influencia que no se limitó a ideas sobre la poesía sino que se extendió a la práctica misma de ésta. Se trata de una serie de entrecruzamientos poéticos que la crítica especializada apenas ha explorado.[2]

La poesía en la poética

Paz conoce a Cernuda en 1937 en Valencia, en la imprenta de *Hora de España*. El sevillano, doce años mayor, pertenece a la generación anterior y es ya un poeta con obra. El mexicano había conocido algunos poemas de Cernuda incluidos en la *Antología* (1932) de Gerardo Diego, pero debió ser determinante la lectura, en plena guerra civil, de la primera edición de *La realidad y el deseo*, publicada en 1936 en las ediciones de Cruz y Raya que dirigía José Bergamín. Además de algunos comentarios posteriores sobre este impacto,[3] tenemos un precioso testimonio de la época en forma

---

[2] Sólo dos críticos han estudiado los vasos comunicantes que existen entre Paz y Cernuda. En su primer libro sobre la obra del mexicano, *Octavio Paz: A Study of His Poetics* (Cambridge: Cambridge University Press, 1979), Jason Wilson apunta brevemente ciertas coincidencias en la apreciación del surrealismo (4, 20) y en la importancia del deseo en las respectivas poéticas de los dos escritores (100). Sin embargo, el crítico no entra en detalles y no comenta ningún texto poético. En su segundo libro, *Octavio Paz* (Boston: Twayne, 1986), el mismo crítico inglés agrega a sus observaciones anteriores unos breves comentarios sobre algunos parecidos entre poemas de Paz (de la sección "Puerta condenada" de *Libertad bajo palabra*) y otros de Cernuda (29-32). El otro crítico que ha explorado el tema es Manuel Ulacia en "Octavio Paz y Luis Cernuda: un diálogo en la tradición", ensayo publicado en la revista *Anthropos*, 14 (nueva edición) (1992): 75-77. Este crítico también destaca similitudes entre las dos poéticas y, en los últimos párrafos de su ensayo, señala elementos de un diálogo intertextual entre tres poemas de Paz ("Pregunta", "El ausente", "Soliloquio de medianoche") y otros tantos de Cernuda ("La gloria del poeta", "Soliloquio del farero", "La visita de Dios") (77). Al igual que Wilson, el crítico dedica muy poco espacio al análisis de poemas específicos y cuando lo hace se limita a observar semejanzas en los temas y los tonos.

[3] Los más importantes textos en prosa de Paz sobre Cernuda son los siguientes: "Luis Cernuda, *Ocnos*", *El Hijo Pródigo*, 3 (junio 1943): 188-189; "Apuntes sobre *La realidad y el deseo*" [1959], recogido en *Corriente alterna* (México: Siglo XXI, 1967), 11-16; "La palabra edificante (Luis Cernuda)" [1964], recogido en *Cuadrivio* (México: Joaquín Mortiz, 1965), 165-203; "Juegos de memoria y olvido (Luis Cernu-

de una desconocida entrevista que Luis Cardoza y Aragón le hace a Paz a su regreso de España en enero de 1938, y en la cual éste habla de "Luis Cernuda, para mí el mejor poeta de España en la actualidad, entre los poetas de la nueva generación".[4] Este elogio es realmente singular si se piensa que en aquel momento casi todos veían a Cernuda como un oscuro poeta menor en comparación con Guillén, Salinas, Lorca o Alberti.

El sevillano pasaría los nueve primeros años de su exilio en Inglaterra y Escocia, luego unos cinco años en los Estados Unidos, antes de instalarse definitivamente en México en noviembre de 1952, lugar donde permanece, salvo algunas breves estancias en los Estados Unidos, hasta su muerte en 1963. A partir de 1953 se reanuda la amistad con Paz, pero durante los años transcurridos mantienen una relación epistolar. Por lo que Paz ha contado de esta relación, sabemos que en el verano de 1944 Cernuda le confía el manuscrito inédito de *Como quien espera el alba*. Paz lo guarda durante año y medio y en diciembre de 1945 se lo devuelve en Londres.[5] El libro fue editado por Losada en Buenos Aires en 1947. Lo asombroso no es que Cernuda haya querido salvar su manuscrito de un posible bombardeo alemán en Inglaterra (él, que siempre creyó que la obra es la única justificación de la vida del poeta), sino que lo haya entregado a un joven poeta que apenas conocía. Hay que reflexionar sobre lo que significó este acto de confianza recíproca mediante el cual Paz se vuelve custodio del manuscrito inédito de un poeta mayor que está en un momento de plena madurez.

Es evidente que la amistad que no tuvo tiempo de echar raíces en 1937 se fue ensanchando en la correspondencia. Desde un momento temprano (a partir del mismo año de 1937) Paz se vuelve comentarista de la obra de Cernuda, dedicándole una reseña elogiosa de *Ocnos* en 1943 y, en 1959, unos apuntes que constituyen el borrador fragmentario del largo e importante ensayo de 1964,

da)" [1985], recogido en *Convergencias* (Barcelona: Seix Barral, 1991), 75-93; y "La pregunta de Cernuda" [1988], recogido en *Al paso* (Barcelona: Seix Barral, 1992), 41-44.

[4] Luis Cardoza y Aragón, "México en el Congreso de Valencia. Conversando con Carlos Pellicer, Octavio Paz y Fernando Gamboa", "Suplementos de *El Nacional*", 450 (16 enero 1938): 2.

[5] Estos datos se toman de "Juegos de memoria y olvido", ensayo citado en la nota 3.

"La palabra edificante", texto que no ha cesado de nutrir a la crítica cernudiana.[6] En 1985 nos depara la sorpresa del hallazgo de una obra de teatro inédita del sevillano, encontrada por azar entre sus papeles. Además, Paz dedica en distintas épocas dos poemas a Cernuda.[7] Por su parte, Cernuda hace dos referencias elogiosas a Paz en sus ensayos, además de dedicarle un poema (él, tan parco en sus dedicatorias).[8] No es difícil entender la admiración compartida. Por encima de la diferencia de edad los unían muchas cosas, como el hecho de ser dos poetas conscientemente modernos que buscaron expresar esta conciencia tanto en sus versos como en su prosa. Una conciencia que implica, en ambos, un diálogo constante con ciertos poetas fundadores de la tradición moderna. Además de la coincidencia en sus predilecciones por determinados nombres del pasado literario español (como San Juan), comparten una intensa fascinación por algunos románticos alemanes e ingleses (Hölderlin, Blake) y por ciertas figuras modernas, como Eliot.

Por un lado, estos gustos remiten a la concepción romántica del poeta como un ser disidente y marginal cuya verdad interior es incompatible con los valores sociales dominantes —marginalidad acentuada en Cernuda por su condición homosexual—, al mismo tiempo que subrayan una idea ética de la poesía como aventura espiritual de autoconocimiento. En los dos autores, un tema constante y obsesivo de sus versos y su prosa es la situación

---

[6] Para referencias completas a estos textos véase la nota 3. La primera referencia —pasajera— a Cernuda en un escrito de Paz aparece en "Notas", *El Nacional* (8 mayo 1937): 1 y 3; este texto se recoge en *Primeras letras (1931-1943)*, selección, introducción y notas de Enrico Mario Santí (México: Vuelta, 1988), 129-133.

[7] Los poemas dedicados son "La poesía" y "Luis Cernuda". "La poesía" se publicó por primera vez en *Letras de México*, 3.9 (septiembre 1941): 3. En sus primeras publicaciones no llevaba dedicatoria, ni siquiera cuando fue incluido en *A la orilla del mundo...* (México: ARS, 1942) o en *Libertad bajo palabra* (México: Tezontle, 1949). La dedicatoria aparece a partir de su inclusión en la edición de 1960 de este último libro y se mantiene en la de 1968, pero desaparece a partir de su inclusión en *Poemas (1935-1975)* (Barcelona: Seix Barral, 1979). El poema "Luis Cernuda" está recogido en *Salamandra* (México: Joaquín Mortiz, 1962). A partir de su inclusión en *Poemas (1935-1975)*, se agregan al título las fechas que delimitan la vida de Cernuda (1902-1963).

[8] Las dos referencias se pueden encontrar en Luis Cernuda, *Prosa I*, ed. Derek Harris y Luis Maristany (Madrid: Siruela, 1994), 758; y en *Prosa II*, ed. Derek Harris y Luis Maristany (Madrid: Siruela, 1994), 802. "Limbo", el poema dedicado a Paz, se puede leer en *Poesía completa*, ed. Derek Harris y Luis Maristany (Madrid: Siruela, 1993), 460-462.

del poeta en el mundo moderno y la necesidad de asumir su "tarea" como un destino. Para ambos, el exilio no es un fenómeno histórico que empieza en un momento determinado sino que es la condición esencial, *ontológica*, del poeta moderno. Por otro lado, sus respectivas nociones acerca de lo que constituye la tradición poética moderna recalcan la importancia de la inteligencia y la lucidez como elementos consustanciales a la práctica de la poesía. Aunque el tema de la inocencia es central en ambos, ninguno es un poeta ingenuo. En los términos de la dicotomía establecida por Friedrich Schiller, los dos serían poetas "sentimentales".

En distintos momentos (Cernuda hacia 1929; Paz a partir de 1945) los dos adoptan actitudes parecidas ante el surrealismo, negándose a verlo como escuela literaria o estilo retórico. Al hablar de los comienzos de su generación, Cernuda describe al surrealismo como un movimiento de protesta y rebelión, subraya sus aspectos morales por encima de los literarios y utiliza este criterio para apartar a Salinas y Guillén de la generación y colocarlos como "poetas de transición", junto con Moreno Villa y León Felipe.[9] Por su parte, Paz se ha convertido en el principal defensor de esta concepción del surrealismo como "actitud del espíritu humano [...] movimiento de rebelión total", viéndolo como "un nuevo sagrado extrarreligioso, fundado en el triple eje de la libertad, el amor y la poesía".[10]

Estas coincidencias no se limitan a sus actitudes ante el surrealismo sino que inciden decisivamente en la concepción y práctica de la poesía. Ambos conciben sus obras poéticas como biografías espirituales, es decir, comparten la idea de que la verdadera biografía de un poeta es su obra y que la vida debe estar en función de la obra. En este sentido, es indudable que *La realidad y el deseo* constituye uno de los principales modelos para *Libertad bajo palabra*: dos libros que van aumentando y cambiando en sus distintas ediciones hasta ofrecer el retrato del crecimiento de la figura del poeta en sus distintas edades, desde la adolescencia hasta la madurez. Se construye lo que Paz ha llamado, refiriéndose al libro de Cernuda, "el mito del poeta moderno".[11] Se forja el "mito"

[9] *Estudios sobre poesía española contemporánea* [1957], en *Prosa I*, 192.
[10] "El surrealismo", conferencia pronunciada en 1954, publicada por primera vez en 1956 y recopilada en *Las peras del olmo* (México: Imprenta Universitaria, 1957), 165, 166 y 180.
[11] "La palabra edificante", *Cuadrivio*, 171.

cuando el hablante histórico individual (el poeta) se identifica con el modelo ejemplar del Poeta, operación que se puede apreciar en estos versos de uno de los mejores poemas de Cernuda, dirigidos a un lector (poeta) futuro: "Ámame con nostalgia, / Como a una sombra, como yo he amado / La verdad del poeta bajo nombres ya idos".[12] Aquí, el poeta individual se vuelve el lugar de manifestación de las verdades eternas de la Poesía y asume su destino "mítico" al comprender que su verdad personal e intransferible es, en realidad, transpersonal y transhistórica. A este aspecto se refiere Paz al destacar como el logro principal de Cernuda el haber escrito "unos cuantos poemas en los que la voz del poeta es la de la poesía misma".[13] Una idea parecida permea muchos poemas del mexicano, como "La poesía", donde se dirige a la fuerza poética para decirle: "tan sólo existo porque existes, / y mi boca y mi lengua se formaron / para decir tan sólo tu existencia".[14]

Los dos autores tienden a confundir o poner en estrecha relación hombre y poeta, vida y obra. Cernuda confiesa que su intención al escribir el ensayo autobiográfico "Historial de un libro" en 1958 fue: "Para ver, no tanto cómo hice mis poemas, sino, como decía Goethe, cómo me hicieron ellos a mí".[15] Paz termina "La palabra edificante" con la misma sentencia: "Su libro fue su verdadera vida".[16] Los títulos mismos de las dos colecciones (*La realidad y el deseo* y *Libertad bajo palabra*) aluden a una concepción dialéctica de la poesía como lucha entre contrarios que son interdependientes pero irreconciliables. Como en Baudelaire, uno de los poetas fundadores de la modernidad, la obra nace de una perpetua tensión entre el yo y el mundo de los otros, entre el ideal y la realización, entre la voz personal y la lengua colectiva, entre pasión y lucidez.

LA POÉTICA EN LA POESÍA

Sin embargo, los puntos de contacto no se limitan a estas convicciones acerca de una poética que es inseparable de una ética: se

---

[12] "A un poeta futuro", *Poesía completa*, 342.
[13] "Apuntes sobre *La realidad y el deseo*", *Corriente alterna*, 16.
[14] "La poesía", *Libertad bajo palabra*, 13.
[15] *Prosa I*, 660.
[16] *Cuadrivio*, 203.

manifiestan en la práctica misma de la poesía. Sorprende que la crítica no haya estudiado con detenimiento estos vasos comunicantes menos abstractos. Hay que aclarar, desde luego, que la influencia se localiza en un periodo muy definido (el primer lustro de la década de los cuarenta) y que va en un solo sentido: el poeta maduro ofrece modelos al poeta más joven. Me refiero a algunos textos de Cernuda escritos entre 1934 y 1944, los años que van desde *Invocaciones* a *Como quien espera el alba*, y ciertos poemas de Paz escritos entre 1940 y 1945, recopilados en 1949 en la primera edición de *Libertad bajo palabra*. En el sevillano es un periodo de madurez, posterior a los contactos con el surrealismo; en el mexicano, un momento de aprendizaje y conquista, de búsqueda de la voz propia a través de una exploración de otras voces. Si Cernuda representa en aquel momento una influencia, hay que reconocer que como poeta "fuerte" (en el sentido que Harold Bloom da a esta palabra) Paz se apropia de ciertos elementos para hacer algo distinto, para crear un espacio imaginativo propio.[17] En la formulación de Eliot, tal como aparece en el epígrafe del presente ensayo, se trataría no tanto de una "imitación" como de un "robo". Entre las diversas semejanzas formales, expresivas y temáticas, comentaré a continuación la cuestión de la heterodoxia religiosa, el procedimiento de desdoblamiento de la voz poética y, por último, el problema de la dicción poética.

Paz ha señalado la ausencia total de una nota cristiana, de un sentimiento de culpa o pecado en Cernuda. Efectivamente, es notorio el odio que le provocan a éste los "dioses crucificados", "el exangüe dios cristiano" y el "triste dios" de los sacerdotes católicos. Sin embargo, hay una intensa religiosidad que aparece en algunos poemas de Cernuda, sobre todo a partir de 1935, época en que descubre y traduce poemas de Hölderlin.[18] Los dos últimos poemas de *Invocaciones*, "Himno a la tristeza" y "A las estatuas de los dioses", recrean la visión del romántico alemán: el

---

[17] Harold Bloom describe esta relación entre el padre precursor y el hijo-poeta en ciernes de la siguiente manera: "The later poet opens himself to what he believes to be a power in the parent-poem that does not belong to the parent proper, but to a range of being just beyond that precursor", *The Anxiety of Influence: A Theory of Poetry* (Londres / Oxford / Nueva York: Oxford University Press, 1973), 15.

[18] Estas traducciones, realizadas con la ayuda del poeta alemán Hans Gebser, aparecieron en el número 32 de la revista *Cruz y Raya* (noviembre 1935) y están recopiladas en Luis Cernuda, *Poesía completa*, 731-744.

poeta debe rescatar y preservar la memoria de los dioses paganos
desaparecidos. En un poema tardío Cernuda expresa la misma
idea con una claridad enigmática: "Lo divino subsiste, / Proteico
y multiforme, aunque mueran los dioses".[19] Los poetas, "seres se-
midivinos", son los amantes de los dioses. Lejos de ser un clasicismo ortodoxo, este culto expresa una transgresión moral: los
dioses tienen la forma hermosa del cuerpo masculino de un ado-
lescente. En Cernuda, pues, hay una divinización no sólo del deseo erótico homosexual sino de la poesía misma: ambos deseos se
funden. La misma divinización de la poesía, expresada en forma
de plegaria, aparece en un texto clave de Paz, una composición
que tiene la importante función de cerrar *A la orilla del mundo*, la
recopilación poética de 1942, y abrir la primera edición de *Libertad bajo palabra* en 1949. En las dos siguientes ediciones del último
libro, el poema lleva dedicatoria: a Luis Cernuda. Se llama "La
poesía" y termina de la siguiente manera:

> Llévame, solitaria,
> llévame entre los sueños,
> llévame, madre mía,
> despiértame del todo,
> hazme soñar tu sueño,
> unta mis ojos con tu aceite,
> para que al conocerte, me conozca.[20]

En esta letanía o himno a una musa, la poesía aparece como el
sueño eterno de una divinidad que es capaz de revelar la verdad
del autoconocimiento. Se trata de la noción romántica del Sueño
(un absoluto que es simultáneamente divino y demoniaco y que
permite vislumbrar la unidad cósmica del ser) que ha sido explo-
rada en el clásico estudio de Albert Béguin.[21]

En los dos autores, las expresiones más exacerbadas de este
sentimiento religioso se dan en textos que hablan de la ausencia
de lo divino y en los cuales la blasfemia sustituye a la oración, dos
caras de una misma moneda, como decía Antonio Machado. Paz
habla del "ateísmo religioso" de Cernuda,[22] concepto paradójico

[19] "Desolación de la quimera", *Poesía completa*, 528.
[20] *Libertad bajo palabra*, 14.
[21] *El alma romántica y el sueño* [1937], trad. Mario Monteforte Toledo (México,
Fondo de Cultura Económica, 1954).
[22] "La palabra edificante", *Cuadrivio*, 196.

que es aplicable también al autor de la frase. En Cernuda, a partir de *Las nubes*, poemas escritos entre 1937 y 1940, los dioses paganos son desplazados momentáneamente por el Dios cristiano.[23] Sin embargo, la divinidad cristiana, tan presente en estos textos, no es sino una sombra, uno más de los fantasmas engendrados por el deseo. Para Cernuda, Dios es como la persona amada: carece de realidad objetiva o existencia autónoma y resulta ser una invención del sujeto que añora su presencia mientras comprueba su ausencia.

Varios poemas de *Como quien espera el alba*, compuestos entre 1940 y 1944, tienen la forma de un monólogo dialogado, tan común en Cernuda, para expresar la lucha encarnizada entre el poeta y su Dios, entre el poeta y su doble:

> Oh Dios. Tú que nos has hecho
> Para morir, ¿por qué nos infundiste
> La sed de eternidad, que hace al poeta?
> [...]
> Mas tú no existes. Eres tan sólo el nombre
> Que da el hombre a su miedo y su impotencia,
> [...]
> Yo no te envidio, Dios; déjame a solas
> Con mis obras humanas que no duran:
> [...]
> Esto es el hombre. Aprende pues, y cesa
> De perseguir eternos dioses sordos
> Que tu plegaria nutre y tu olvido aniquila.[24]

Abundan en esta colección actitudes de desencanto, sufrimiento existencial y una angustia que se endurece en rebelión hereje y acusaciones blasfemas:

> Sólo resta decir: me pesan los pecados
> Que la ocasión o fuerza de cometer no tuve.
> He vivido sin ti, mi Dios, pues no ayudaste
> Esta incredulidad que hizo triste mi alma.[25]

---

[23] Para una discusión de la atracción que en este momento ejercen sobre Cernuda tanto las religiones paganas como el cristianismo, véase Derek Harris, *Luis Cernuda: A Study of the Poetry* (Londres: Támesis, 1973), 65-74; 79-85.

[24] "Las ruinas", *Poesía completa*, 325-326.

[25] "Apologia pro vita sua", *Poesía completa*, 347-348.

El mismo poema termina por invertir la ortodoxa expresión de la dependencia humana con respecto a la divinidad: "Para morir el hombre de Dios no necesita, / Mas Dios para vivir necesita del hombre".[26]

En "Noche del hombre y su demonio", un poema dramático dialogado que objetiva el conflicto interior del poeta, el demonio, que tiene el último parlamento, le recuerda al hombre que la voz interior del poeta puede ser indistintamente divina o demoniaca: "Después de todo, ¿quién dice que no sea / Tu Dios, no tu demonio, el que te habla?"[27] Tanto en Cernuda como en Paz, Dios es engendrado en la conciencia del desesperado que busca la presencia de la divinidad como fuente de consolación al mismo tiempo que verifica su inexistencia. En ambos poetas, se trata de un Dios indiferente al sufrimiento humano.

Varios poemas contemporáneos de Paz adoptan la misma forma del monólogo o soliloquio que se vuelve diálogo interior: el poeta a solas hablando con su doble, su conciencia, su memoria o su imaginación. Esta otra voz aparece con frecuencia como un Dios (o Demonio) interiorizado. Pienso en composiciones como "Soliloquio de medianoche", "Al Ausente", "Pregunta", "El egoísta", "El muro", "El joven soldado", "Cuarto de hotel" o "Elegía interrumpida". Son textos conversados cuyo tono oscila entre la meditación melancólica, la confesión y la imprecación. Como en varios poemas de *Como quien espera el alba* ("Las ruinas", "La familia", "A un poeta futuro", *"Apologia pro vita sua"*, "Elegía anticipada", "Noche del hombre y su demonio" y "Vereda del cuco"), el desdoblamiento de la voz poética dramatiza la experiencia, dando así una dimensión objetiva a lo que de otra manera no pasaría de ser una confesión narcisista.

Sin embargo, es importante notar que Paz no se siente atraído por la innovación formal más característica de Cernuda en este momento: el monólogo dramático. Éste es un recurso que Paz no suele emplear, ni entonces ni en su obra posterior. Aunque Cernuda ya lo había practicado en poemas anteriores, como "Soliloquio del farero" y "Lázaro", es en el poema "Quetzalcóatl" de la colección *Como quien espera el alba* donde perfecciona esta técnica aprendida de Browning y otros poetas de lengua inglesa. Más

---

[26] *Poesía completa*, 349.
[27] *Poesía completa*, 369.

que la posibilidad dramática que ofrece este tipo de monólogo para proyectar la experiencia subjetiva sobre situaciones históricas o legendarias, a Paz le interesa la posibilidad de introspección que ofrece el desdoblamiento del yo poético en el presente. De ahí que éste se interese no en el monólogo dramático sino en lo que he llamado el "monólogo dialogado" del poeta mayor, un recurso que permite crear un diálogo interior entre un yo y otro yo objetivado como un tú.[28]

En "Soliloquio de medianoche", poema de Paz escrito en los Estados Unidos en 1944, durante la segunda Guerra Mundial, se presenta una meditación insomne, hecha de preguntas y dudas, que sigue el hilo dictado por la memoria, la confesión y la reflexión. Como en los poemas "La familia" y "Elegía anticipada" de Cernuda, la voz de la conciencia moral interpela a la memoria y así se genera el diálogo. En los dos poetas hay un intento de escapar de la soledad de un presente asfixiante y, mediante el recurso poético de la memoria, buscar refugio en la fantasía o el pasado (aparece invocada con frecuencia la infancia). El "Soliloquio" de Paz rechaza las creencias establecidas, "elocuentes vejigas ya sin nada: / Dios, Cielo, Amistad, Revolución o Patria", y la conciencia fantasea la existencia de una personificación de la carnicería de la Guerra en forma de un "Dios que tiene sed, sed de nosotros, / sima que nada llena, Nada que sólo tiene sed".[29]

La angustia nihilista se manifiesta como una desesperada teología negativa que sólo busca desengaño. Paradójicamente, mientras más ausente se muestra la divinidad, más palpable es su presencia: "no existes, pero vives, / en nuestra angustia habitas, / en el fondo vacío del instante".[30] Ecos existencialistas provocados por la experiencia de la guerra y, tal vez, por reminiscencias de Heidegger. Pero este Dios que se hace presente en su ausencia, que es común a los poemas de Paz y Cernuda, ¿no recuerda también la búsqueda agónica de Unamuno o, más aún, el extraño Dios de Antonio Machado: el creador del gran cero, de la nada?

En este periodo ambos poetas suelen tener predilección por un ambiente urbano y estéril, un mundo infernal simbolizado por

[28] Es el mismo recurso que el crítico Derek Harris ha llamado "the device of the self-contemplative monologue in the second person", *Luis Cernuda: A Study of the Poetry*, 125.

[29] *Libertad bajo palabra*, 28, 32.

[30] "Al Ausente", *Libertad bajo palabra*, 38.

ceniza, polvo o la barrera del muro que prohíbe (en Cernuda: "el triste infierno de las ciudades grises"; en Paz: "grises muros y calles" donde no hay más que "el breve infierno de la espera"). A este mundo se yuxtapone un espacio mítico y paradisiaco, un lugar abierto a los deseos y repleto de imágenes cernudianas de cuerpos dorados, playa y mar. El polo geográfico y simbólico del "sur" funciona en los dos poetas como emblema nostálgico de la sensualidad y de los deseos realizados. Cernuda localiza su paraíso o "edén remoto" en "la costa del sur", en el mítico lugar de Sansueña: "A la orilla del mar, donde la espuma sueña / Tibia sobre la arena, vagan dejos de amores".[31] En Paz, el erotismo también aparece como recuerdo o fantasía: "(—Las muchachas del Sur corren desnudas / en la noche. Sus huellas en la arena / son estrellas caídas, / joyas abandonadas por el mar)".[32]

Pero no todo es coincidencia: en ciertos poemas de Paz, como "Conversación en un bar", las yuxtaposiciones de mundos y de lenguajes (el sensual y el coloquial) llegan a ser mucho más violentas que en Cernuda, quien no rompe la unidad lineal y discursiva de sus textos. En Paz, las combinaciones de distintos planos se acercan cada vez más a las formas simultaneístas heredadas de la vanguardia cubista, mientras que Cernuda tiende a regresar a formas tradicionales y clásicas. Dos direcciones opuestas. Un poema como "Himno entre ruinas", de 1948, marca ya un claro distanciamiento formal entre los dos poetas.

Quisiera mencionar otro aspecto que enlaza a los dos poetas al mismo tiempo que los separa: me refiero a la cuestión de la dicción poética. Cernuda hablaría retrospectivamente de su preferencia por "el lenguaje hablado y el tono coloquial hacia los cuales creo que tendí siempre" y destacaría como rasgo característico de su obra poética de madurez el empleo de "un ritmo doble, a manera de contrapunto: el del verso y el de la frase".[33] En los poemas extensos de *Como quien espera el alba* predomina un tono reflexivo e introspectivo, íntimo e interiorizado: es la voz de la conciencia que medita. Métricamente, estos largos monólogos están escritos en verso semilibre sin rima, con una clara oscilación entre los dos extremos marcados por el endecasílabo y el alejandrino. Las divi-

---

[31] "Resaca en Sansueña", *Poesía completa,* 281.
[32] "Conversación en un bar", *Libertad bajo palabra,* 99.
[33] "Historial de un libro", *Prosa I,* 650 y 651.

siones estróficas tienden a ser regulares. El lenguaje se salva de los excesos de la estilización artificiosa, pero sus largos periodos y su sintaxis no siempre sencilla se apartan bastante de la lengua hablada y más todavía del coloquialismo. Paz ha expresado sus dudas sobre este aspecto del estilo de Cernuda:

> Con frecuencia su verso es prosaico, en el sentido en que la prosa *escrita* es prosaica, no el habla viva: algo más pensado y construido que dicho. Por las palabras que emplea, casi todas cultas, y por la sintaxis artificiosa, más que "escribir como se habla", a veces Cernuda "habla como un libro".[34]

Este juicio severo es muy revelador de una diferencia fundamental entre los dos poetas. En un momento en que viven en países de habla inglesa (Cernuda escribe todos los poemas de *Como quien espera el alba* en Inglaterra y Escocia; Paz escribe gran parte de los poemas mencionados en los Estados Unidos), ambos autores descubren e incorporan a su obra elementos de la poesía moderna de lengua inglesa: cierto prosaísmo, un tono confesional, el recurso del monólogo y aspectos de la versificación acentual, más libre que la silábica.[35] Las asimilaciones, sin embargo, tienen resultados distintos en cada caso. Citaré a continuación un largo fragmento del poema de Paz titulado "Conversación en un bar":

> —Éramos tres: un negro, un mexicano
> y yo. Nos arrastramos por el campo,
> pero al llegar al muro una linterna…
> (—En la ciudad de piedra
> la nieve es una cólera de plumas).
> —Nos encerraron en la cárcel.
> Yo le menté la madre al cabo.
> Al rato las mangueras de agua fría.
> Nos quitamos la ropa, tiritando.
> Muy tarde ya, nos dieron sábanas.
> (—En otoño los árboles del río
> dejan caer sus hojas amarillas

---

[34] "La palabra edificante", *Cuadrivio,* 182.

[35] Paz ha reconocido esta confluencia de intenciones al hablar de aquella época en una entrevista: "Cernuda conocía admirablemente la poesía inglesa y su ejemplo me sirvió para penetrar en ese mundo", Héctor Tajonar, "Con Octavio Paz y España como tema", *Siempre!,* 1246 (11 mayo 1977): 34.

en la espalda del agua.
Y el sol, en la corriente,
es una lenta mano que acaricia
una garganta trémula).
—Después de un mes la vi. Primero al cine,
luego a bailar. Bebimos tres cervezas.
En una esquina nos besamos...[36]

La intencionalidad de estos versos y su impacto sobre el lector son marcadamente distintos al efecto producido por el estilo meditativo de Cernuda. Tanto la forma de construcción como las yuxtaposiciones y rupturas violentas (reforzadas por los signos tipográficos) producen el efecto de un choque entre dos mundos y dos lenguajes: uno cotidiano y brutalmente coloquial (los pasajes introducidos sólo por guiones); el otro tradicionalmente poético y densamente metafórico (los pasajes encerrados entre paréntesis). El coloquialismo se expresa en frases muy breves con una sintaxis sencilla y un ritmo entrecortado; la elipsis es frecuente y el vocabulario es cotidiano. Es un lenguaje que podría ser verosímilmente una conversación en un bar; hasta su contenido es intencionalmente mundanal y anticulto (el trato injusto del racismo norteamericano; la búsqueda no idealizada de una mujer). "Conversación..." es un poema que Cernuda no hubiera podido —ni querido— escribir. Debo aclarar que no pretendo hacer un juicio de valor a partir de la dicción poética. La presencia o ausencia del coloquialismo no le confiere valor estético a un poema: este valor depende de cómo el autor utiliza este lenguaje y los otros elementos de la composición poética. Sólo he querido ver cómo cada poeta sigue un camino distinto a partir de un impulso inicial parecido.

Las coincidencias entre los dos poetas fueron muy reales durante unos pocos años y propiciaron la definición de una voz más personal en el caso de Paz. Es imposible hablar aquí de todos los puntos de contacto: estoy consciente, por ejemplo, de que el amor y el erotismo son un puente importante, puesto que en ambos autores el deseo se presenta como transgresión de la moral social vigente. Sin embargo, cada uno lleva este mismo punto de partida a una conclusión diferente: el erotismo de Cernuda casi no

[36] *Libertad bajo palabra*, 99-100.

sale de los confines del narcisismo egocéntrico, mientras que en Paz la persona amada parece tener una existencia real que transforma y completa al yo que desea, en lugar de ser un pretexto para la realización de la fuerza impersonal del deseo, como suele suceder en Cernuda.

Aun cuando en esta época muchos de los poemas del mexicano no sean tan perfectos como algunos de Cernuda, los de aquél demuestran la asimilación de una dimensión de complejidad y profundidad que no existía en su obra anterior. En este sentido, se podría decir que Cernuda le enseñó, entre otras cosas, las posibilidades del diálogo interior que multiplica las voces del poeta y que permite ahondar en el autoconocimiento. Tal vez fue el reconocimiento de esto o de algo parecido lo que motivó, en 1954, la única confesión retrospectiva de Paz —que yo sepa— sobre una influencia directa de Cernuda en sus poemas de entonces: "La poesía de Luis Cernuda —tras varios contactos anteriores— contribuyó a iluminarme por dentro y me ayudó a decir lo que quería".[37] Durante un corto periodo Cernuda le ofrece la posibilidad de ensanchar y enriquecer su poesía, en lo que atañe a los temas, las formas expresivas y la incorporación de elementos de la poesía de lengua inglesa, pero también le ofrece algo que resultó ser más perdurable: un modelo de fidelidad a los valores de la poesía en una época de nihilismo y pérdida de fe.[38]

---

[37] "Poesía mexicana moderna" [1954], recogido en *Las peras del olmo*, 73.
[38] Este ensayo se publicó, con algunas modificaciones, en *Poesía y exilio: los poetas del exilio español en México*, ed. Rose Corral, Arturo Souto Alabarce y James Valender (México: El Colegio de México, 1995), 231-243.

ÍNDICE

Encuentros y desencuentros

Este libro se terminó de imprimir y encuadernar en el mes de marzo de 1998 en Impresora y Encuadernadora Progreso, S. A. de C. V. (IEPSA), Calz. de San Lorenzo, 244; 09830 México, D. F. En su composición, parada en el Taller de Composición del FCE, se utilizaron tipos Paltino de 12, 10:12, 9:11 y 8:9 puntos. La edición, de 2 000 ejemplares, estuvo al cuidado de *Mario Ignacio Aranda.*